AU NOM DU CORPS

Roman Initiatique

Caroline Gauthier

Editions 2014

A ma Mère

A mes filles

TABLES DES MATIERES

1. PROLOGUE

Je suis un Journal intime : celui de Charline. Mes mots ne sont bons que pour celle qui m'a écrit, et éventuellement pour ceux qui voudront s'intéresser à l'itinéraire d'une âme, et de sa nuit obscure. Mais il y a un danger véritable. Et il est de mon devoir de vous prévenir.

La raison de ce péril possible est simple : je vais vous mettre en lien avec votre propre traversée du désert ! Et il faut être prêt pour cela ! Ne s'y aventure pas, qui veut. Personne ne doit lire ce que vous êtes en train de lire, s'il n'est pas prêt ! Personne ! Car le risque n'est rien d'autre que celui de sa propre mort.

Vous commencez à avoir peur ? Vous vous dites que vous auriez mieux fait de ne pas me toucher ? Vous voulez me remettre à ma place et ne pas me lire ?

Trop tard. Dès le moment où vous m'avez ouvert, dès le moment où vous êtes dans l'énergie que je dégage, vous êtes piégés.

Vous qui me tenez entre vos mains, je suis l'histoire d'un itinéraire personnel : celui de l'héroïne... Grâce à elle, je vais vous montrer l'exploration d'un territoire, celui qui est inscrit sur ma couverture, celui de mon titre : celui du Corps.

Son exploration demande du courage. C'est une terre laissée en friche depuis trop longtemps. C'est même un lieu très peu engageant pour celui qui s'y aventure. Sentez-vous la peur qui s'installe au creux de votre ventre à la lecture de mes mots ?

Sachez que vous allez tous, vous qui lisez ce livre, mais aussi vous qui vivez dans la civilisation d'aujourd'hui, finir par être forcés à faire la découverte de cette terre chargée d'abîmes, celle où vous êtes implantés depuis votre naissance : votre corps ! Par qui ? Pourquoi ? Je vous laisse le découvrir.

Bien ! Vous êtes en train de prendre conscience que vous vous êtes plongés dans une histoire hors du commun ! N'est-ce pas ?

Vous allez sûrement résister de toutes vos forces, pour ne pas plonger dans l'aventure que je vous propose. Vous allez peut-être même dire non plusieurs fois, en me mettant de côté pendant une longue période... C'est que vous n'êtes pas prêts ; pas tout de suite... Vous avez besoin de murir intérieurement et tranquillement.

Mais je dois vous avertir. Vous n'avez plus le temps. Les choses s'accélèrent... Et vous le sentez, n'est-ce pas ? Rien n'est plus comme avant, hein ? Plus rien ne tourne rond en ce bas monde... Tous vos anciens repères s'écroulent un à un, non ?

Voilà pourquoi vous m'avez choisi parmi tant d'autres. Voilà pourquoi je suis venu jusqu'à vous. Et ce n'est pas un hasard cette trouvaille... Je peux vous l'assurer.

Vous irez donc jusqu'au bout, jusqu'à mon point final, quoiqu'il arrive. Vous reviendrez à moi, même si vous me laissez sur la table de nuit pour un temps, parce que vous savez déjà intuitivement que je détiens des clés ; des clés qui vont vous permettre de cerner ce qui est à l'œuvre, non seulement dans notre société, mais aussi et surtout à l'intérieur de votre propre demeure.

Et si je vous disais que vous êtes à côté de vos pompes depuis toujours, qu'est-ce que vous me diriez ? Et si je vous disais que vous allez connaître la chose la plus importante que vous ayez besoin de connaître, me croiriez-vous ?

Je ne le pense pas... Pourtant, vous aurez de la lumière sur cette connaissance qui sera révélée dans mes pages. Mais pour cela, vous allez devoir explorer toutes vos zones d'ombre : celles que vous vouliez pourtant protéger et maintenir cachées coûte que coûte ; celles que vous aviez scellées au plus profond de vous, jusqu'à en oublier l'existence.

Et il n'y aura pas d'échappatoire possible... Voilà ma seule promesse...

Si vous éprouvez un malaise à ma lecture, c'est bon signe... Si vous voulez me mettre au feu, c'est bon signe... Si vous me détestez, c'est bon signe... Si vous avez peur, c'est bon signe... Si vous êtes étonnés et surpris, c'est bon signe... Si vous m'aimez, c'est bon signe... Si vous m'adorez, c'est bon signe... Tout cela est le signe que vous ressentez quelque chose et que pour une fois vous vibrez. C'est enfin le signe que la vie circule de nouveau en vous, et qu'elle n'est plus réprimée. J'aurais alors rempli un de mes objectifs.

J'aimerais tellement à l'issue de ma lecture, vous voir hurler, crier, rugir, rire, danser, pleurer, jouir, et sourire..., afin d'avoir la preuve que vous êtes de nouveaux vivants !

Ici, je m'adresse à tout le monde et à personne en particulier. Nul ne se reconnaîtra vraiment à travers moi. Mais chacun sera touché à un niveau bien plus profond que ce qu'il aura au préalable imaginé avec sa tête ; car c'est à l'intelligence de vos tripes que je vais parler. N'en déplaise au puriste qui recherche de la poésie...

Les tripes ne parlent pas avec le langage de la tête ou de la beauté. Elles n'ont pas de style. Mais elles ont un cerveau à qui il est urgent de s'adresser. Et beaucoup trop de tripes sont endormies sur cette terre. Et moi, je veux les réveiller...

Pourquoi ? Les tripes ont en leur sein une pierre précieuse : un diamant, cette pierre qui est aussi et d'abord une pierre qui provient du carbone, matière noire et peu noble. Comme le lotus fleurit dans un marécage, c'est dans vos tripes et dans la prima materiae qu'un trésor se cache...

Celui qui va entamer ce voyage n'est au départ ni dans son centre ni dans son corps. Il est éparpillé, pas présent, pas là, car balloté par ce que son mental et sa tête lui racontent... Comme vous qui me lisez à cet instant précis... n'est-ce pas ?

Je vous imagine déjà en train de vous poser pleins de questions et d'avoir une pensée à la seconde : «Qu'est-ce que c'est que ce bouquin ? », « Qui est la dingue qui a écrit ce livre ?».

Mais les seules questions qui vaillent vraiment la peine d'être posées pour retrouver votre vraie présence sont celles-ci : êtes-vous là ? Êtes-vous conscients de vous-même ? Sentez-vous vos pieds, votre ventre ou votre corps pendant que vous me lisez ? Êtes-vous vivants ? Ou, ne faites-vous que vous questionner ou faire marcher votre cerveau, ce seul organe soi-disant noble ?

Bien sûr que non, vous n'êtes pas là. Vous êtes absents de votre territoire, comme d'habitude. Vous n'avez donc pas de racines, et moi je veux vous y faire plonger. Mais les racines plongent dans la terre et dans l'ombre, et ce n'est pas facile d'y pénétrer. Et c'est pour cela que vous allez être tentés de me fuir. Mais c'est à ce seul endroit qu'existe votre vraie nourriture pour monter jusqu'aux cieux, et enfin trouver ce que vous convoitez tant ! Sinon vous êtes exsangues, sans sève, froids, secs, rigides, perdus, éparpillés et égarés.

Vous cherchez votre salut à l'extérieur de vous-même, mais il n'y a point de salut en dehors de votre centre, de votre terre, de votre corps qui est votre maison. Et il est temps de l'habiter cette demeure laissée sans propriétaire depuis trop longtemps. L'ayant désertée, trop d'étrangers se sont autorisés à y squatter. Pas étonnant que vous soyez mécontents, dépressifs ou violents, sans élans ou victimes. Pas étonnant que vous avaliez tout ce que vous trouvez sur votre route, avec vos ventres vides et avides : vêtements, nourritures, maisons, argent, amants et amantes...

Alors, si vous êtes paumés au démarrage de ma lecture vous êtes sur la bonne voie. C'est que le travail de la déstructuration de ce en quoi vous avez toujours cru est à l'œuvre. Cette déstructuration n'a qu'un seul objectif : vous faire retrouver vos vraies fondations. Plus vous allez avancer et plus vous allez sombrer dans des profondeurs abyssales. Et qu'est-ce qu'il y a au fond de ce trou ? Êtes-vous prêts ?

Derrière votre mort possible... votre vie ?

Dans votre vide... votre plein ?

Dans votre ombre ... votre lumière ?

Dans votre terre... votre ciel ?

Dans votre épreuve... votre pépite et votre trésor ?

Dans votre corps... Dieu ?

PARTIE I : LE DÉCLIC

2. LA DAME EN ROUGE

« Moi, j'ai dit bizarre, comme c'est bizarre ! », Louis Jouvet

Vendredi 21 juin

10h00 : Me voilà assise en tailleur en position de méditation.

Qui aurait cru qu'au lieu de me retrouver sous une pile de dossiers, après avoir pris deux "prozac", je serais là en pleine nature en position du Lotus ! Personne n'aurait parié là-dessus ! Même pas moi !

Attendez que je vous explique : il y a un mois, j'ai lu un livre trouvé dans les rayons de la FNAC sur les bienfaits du développement personnel. Comme ma vie actuelle est bien monotone, j'ai décidé à la suite de sa lecture de me prendre en main et de m'occuper enfin un peu de moi. Mes enfants et mon mari ayant toujours été jusqu'à présent une priorité, il était vraiment temps que cela change.

Je me suis par conséquent, inscrite à un stage d'une semaine de coaching de vie. Et, me voilà donc dans cette position pour le moins absurde par rapport à mes bonnes vieilles habitudes.

Qu'est-ce que le coaching de vie ? ... Ben euh, c'est... C'est un peu compliqué...

D'après ce que m'a expliqué l'animateur du stage et pour être brève, c'est : « une méthode qui réunit un ensemble d'outils et un état d'esprit qui permettent de faciliter les changements et de relever les défis de la vie. Il éveille la personne vers une prise de conscience dans tous les domaines de la vie. Il apporte une nouvelle vision. En bref, le coaching permet de définir, clarifier, mobiliser ses ressources, pour libérer sa puissance et atteindre ses objectifs. »...Vaste Programme, n'est-ce pas ?

En fait, je ne sais pas trop si j'y crois à tout cela, mais bon, il faut bien que je commence par quelque chose pour concrétiser mon élan de prendre soin de moi. Non ?

Alors je suis là... Et, si je suis ici, en position du Bouddha, outre le fait que je matérialise mon premier désir de m'octroyer du temps, c'est aussi parce que je ne supporte plus mon travail actuel. Il est donc dans mes projets de me reconvertir professionnellement et de changer de vie. Et j'espère que le coaching va également m'aider dans cette voie.

En fait, je n'arrive plus à venir bosser dix heures par jour dans un boulot qui ne m'apporte aucun épanouissement personnel. Je ne comprends plus, non plus, le sens de cette existence… Pourquoi travailler comme une forcenée pour avoir un appartement de 100 m2, un 4X4, et cinq semaines de congés payés par an ? Est-ce pour cela que je suis venue sur terre ?

Donc pour résumé, si je fais ce stage, c'est parce que comme vous l'avez compris, je suis en pleine crise existentielle ! Et, j'ai bien l'impression que je ne suis pas la seule dans ce monde de fou en plein marasme économique, à me poser ce genre de question !

Je veux par conséquent tout recommencer à zéro.

Mais, comme toute personne un tant soit peu lucide, je ne peux pas partir de mon travail sur un coup de tête ! Si ?

Je suis quand même une femme responsable ! Pas vous ?

Et puis, comme tous les habitants de cette planète, j'ai besoin d'un revenu. Je ne peux pas vivre d'amour et d'eau fraiche ! Vous n'êtes pas d'accord ?

Pourtant, si je continue, je sens que je vais être le vingtième employé de mon entreprise en « burnout », c'est sûr...

Bon, revenons à nos moutons : mon fameux stage.

Le dernier jour de cette semaine de coaching, je suis donc assise en position du lotus, pour une méditation guidée. Des piles de revues sont étalées devant moi.

Les directives de l'animateur du stage sont simples : nous devons suivre le son de sa voix ; et à la fin, une fois revenus de notre voyage intérieur, nous aurons pour tâche de réaliser un collage avec des photos des magazines qui nous inspirent. Simple non ?

Je ne sais pas trop à quoi cela va servir, mais je m'exécute comme mes vingt-deux compagnons de stages.

10 h 02 : J'écoute sagement la voix de l'animateur.

— Installez-vous confortablement en position assise ou allongée...

J'ai choisi la position assise. Cela fait plus sérieux. J'ai pour le coup l'impression de vraiment ressembler à Bouddha.

— … Fermez les yeux. Prenez conscience de votre respiration, de son mouvement, de son rythme. À chaque cycle de votre respiration, vous vous détendez, depuis la tête jusqu'aux pieds. Portez toute votre attention sur votre monde intérieur et laissez émerger dans votre champ de conscience, la présence d'un paysage naturel…

Moi je vois le parc Borely[1], parc arboré de la ville de Marseille. Il y a mieux comme paysage naturel, non ? Mais c'est tout ce qui me vient pour l'instant dans mon champ de conscience, alors je me débrouille avec les moyens du bord.

— ... Il s'agit de votre terre intérieure...

Hou, la, la… flute ! Si j'avais su, j'aurais choisi autre chose. Avoir le parc Borely comme terre intérieure, ce n'est vraiment pas terrible !

— … Elle est le fruit du mariage de la mémoire de toutes les terres que vous avez foulées jusqu'à ce jour...

Il faut vite que je m'en trouve une autre de terre. Celle-là, elle ne va pas du tout ! Mais la voix de l'animateur va trop vite. Tant pis, je garde le parc Borely.

— …Votre corps se détend et se relaxe. Votre mental se calme et vos pensées passent. Tout simplement…

Pas vraiment, mais, bon. Je suis complètement crispée et j'analyse la moindre de mes réflexions.

— … Imaginez que vous marchez sur un chemin. Et pas à pas, il vous mène à votre profondeur. Et grâce à vos cinq sens, explorez quelques instants cette nature qui vous entoure…

J'ai une de ces envies de dormir ! C'est d'ailleurs la plupart du temps ce que je fais quand je suis au parc Borely.

— … Et maintenant, laissez-vous contacter par les 4 éléments…

Les 4, quoi ?

— … Prenez conscience de la Terre sous vos pieds qui possède les énergies de solidité, de fermeté, et laissez-vous recevoir cette énergie.

Mes paupières sont de plus en plus lourdes. Je crois même que je me suis un peu endormie, parce que j'ai zappé tous les autres éléments (Eau, Air, Feu). J'entends vaguement qu'il faut traverser un pont lumineux, et qu'après ce pont se trouve un lieu où résiderait mon vrai temple intérieur.

Et là, je n'entends plus rien. Toute perception extérieure disparaît.

Mais, une vision s'impose à moi.

Je suis dans une grotte gigantesque. J'aperçois au loin une magnifique et majestueuse dame, vêtue d'une immense robe rouge. Cette femme s'approche de moi avec un large sourire. Elle a de grands yeux noisette magnifiques. Je ne vois qu'elle. Je suis comme hypnotisée. Elle dépose alors quelque chose dans ma main. Je ne vois pas tout de suite ce que cela représente. Et, je la regarde partir, figée sur place…

Je regarde donc ma main, curieuse de ce que je vais y trouver. Je desserre mes doigts... Et là, je vois à l'intérieur... : un crâne de cristal.

Cette vision me rend perplexe. Mais je suis étonnamment paisible, malgré cet objet insolite niché au creux de ma paume. Ce n'est pourtant pas le genre de relique que j'affectionne tout particulièrement. Néanmoins , je me sens incroyablement bien.

Je suis tentée d'appeler la créature habillée de rouge pour lui demander des explications. Mais je suis d'un coup catapultée dans la réalité présente, loin de la grotte, où j'entends l'animateur terminer les phrases de sa méditation, sans que je puisse obtenir la moindre réponse du pourquoi je me retrouve dans cette situation incongrue.

— ...Vous reprenez petit à petit conscience de votre corps, de votre respiration de la réalité autour de vous. Et quand vous vous sentirez prêts, vous ouvrirez vos yeux...

Je suis là, les yeux ouverts, me demandant si j'ai bien suivi les directives de la méditation. Pour le coup, je n'ai rien contrôlé du tout ! Je ne sais pas s'il est normal d'avoir ce genre d'expériences suite à un exercice de ce type, mais je me garde bien de poser la question.

Je me retrouve donc en face d'une grande feuille de Canson jaune, pour réaliser le collage un peu spécial demandé par l'animateur en début de méditation, tout en m'interrogeant réellement sur les raisons de ma présence dans ce stage de fou.

10h15 : L'animateur, qui soit dit en passant s'appelle Pierre, explique pourquoi nous devons réaliser nos collages. Il précise que si les images que nous trouvons dans les revues ont un rapport avec ce que nous avons expérimenté dans notre rêve éveillé, cela voudra sûrement dire que cela a un sens très important pour nous. Il souligne même que si jamais c'était le cas, le vécu de cette méditation serait même vraisemblablement en voie de se réaliser dans notre vie concrète de tous les jours.

Je ne comprends vraiment pas ce qu'il entend par là. Je ne cerne pas du tout le sens que pourrait avoir dans ma vie l'histoire que je viens de vivre. Et encore moins comment une telle chose pourrait se produire dans ma réalité : l'arrivée dans mon quotidien d'une femme vêtue de rouge, dans une grotte avec un crâne, a une probabilité d'occurrence proche de zéro ! Cela j'en suis sûre et certaine !

Malgré mes interrogations, je feuillette les revues pour réaliser mon Œuvre.

Et là, je reste perplexe ! Je me trouve en face d'une très grande photographie d'une mannequin avec une immense robe rouge magnifique à volants. Je suis subjuguée par cette photo, et je m'empresse de la découper pour la coller au centre de ma feuille. Puis, je tourne deux pages de la même revue ; et je me retrouve face à la publicité du film d'Indiana Jones, « les Crânes de Cristal ». Un beau crâne me regarde alors droit dans les yeux !

Là, je ne sais plus trop quoi penser. Cela doit être le fruit du hasard ! Ce n'est pas possible ! C'est tout de même hallucinant de trouver les deux symboles de ma méditation aussi rapidement ! Je n'ai finalement tourné qu'une dizaine de pages ! Pas plus !

Je regarde tous mes camarades sagement assis en train de réaliser leur collage. Personne ne sourcille ou ne semble avoir fait la découverte du siècle ! Tout le monde réalise son travail bien tranquillement.

Je découpe donc cette magnifique boîte osseuse pour la coller à côté de la dame en rouge, en me posant la question de savoir si je ne suis pas en train de devenir dingue ! C'est d'ailleurs une question que je me pose beaucoup depuis le début de ce stage !

Je ne comprends pas comment une telle coïncidence a pu se produire. Mais, je continue à tourner les feuilles machinalement. Comme il reste des trous dans mon tableau, je colle un pommier, un serpent et une représentation d'Ève, la femme d'Adam. Rien que ça ! Je fais cela machinalement, sans y mettre le moindre mental. J'attends ensuite dans un état semi-cotonneux que les autres terminent leurs créations.

11h00: Vient le moment où il faut partager ce que nous avons vécu. Nous sommes là, tous assis en cercle ; et chacun prend la parole à tour de rôle. On dirait les alcooliques anonymes…

Je me ferme comme une huître et n'entends plus rien. Je n'envisage pas de raconter à tous ces inconnus ce qu'il vient de m'arriver dans ma méditation ! Je n'ai qu'une envie, c'est de rentrer chez moi pour faire le vide. Et quand vient mon tour, je précise que je n'ai rien vécu de spécial, et que je n'ai rien à dire de particulier.

17h00 : Le stage se termine à mon grand soulagement. Il n'y a plus qu'une formalité à accomplir. Chacun doit déposer un cadeau, que nous devions acheter avant de venir au stage, au centre du cercle que nous avons formé.

J'ai acheté un pot de fleurs, sans fleur, avec une graine dedans. Pour moi, c'est le symbole de la graine qui doit germer avant d'éclore. Je trouvais que c'était bien comme image pour une semaine de coaching… Mais en fait avec le recul, je trouve cela plutôt idiot.

Pierre nous explique que nous allons prendre et ouvrir les cadeaux posés au centre de notre groupe, au hasard et à tour de rôle, et que cela pourra avoir du sens pour nous… Encore cette histoire de sens ! Remarque, c'est normal qu'il parle de sens. On a tous l'air un peu paumés dans ce stage ! Tous en quêtes d'un je ne sais quoi !

Pierre ajoute que souvent, il se passe des choses magiques dans ce genre d'instant de partage. Je l'écoute d'une oreille distraite, en regardant les autres se lever pour piocher dans le petit tas de cadeaux.

Je décide de rester assise et d'attendre qu'il n'en reste plus qu'un.

17h10 : Ça y est, il n'en reste qu'un, là dans un petit papier cadeau vert. C'est le plus petit de tous, et je suis un peu déçue… Mais je me lève pour aller l'attraper, tout en regardant en coin Monique, parce que c'est elle qui est tombée par hasard sur celui que j'ai acheté.

Et je trouve cela vraiment étonnant ! Figurez-vous que Monique avait fait toute une tirade deux jours avant, parce qu'elle avait comparé sa vie du moment à une graine qui n'arrivait pas à sortir de terre. Elle avait même mimé la scène en procédant à une espèce de danse, un soir. Pour rigoler, elle s'était lovée par terre et mimait la lutte d'une graine qui essayait d'éclore. On l'avait tous acclamée pour l'aider à se mettre debout. Au bout d'un quart d'heure, et avec nos encouragements, elle avait fini debout les bras en V, en signe de victoire et d'ouverture à la vie. Et, Monique avait terminé cet exercice en larme.

Elle n'était d'ailleurs plus la même depuis. Elle affichait un sourire radieux à toutes les personnes qu'elle croisait sur sa route, et affirmait à qui voulait l'entendre qu'à partir de ce moment-là, elle sentît que quelque chose s'était transformé en elle.

Je ne demandais qu'à la croire ! Mais bon, je ne voyais pas comment, une petite danse de ce genre pouvait transformer quelqu'un de cette manière ! Je n'avais d'ailleurs pas caché mes doutes. Mais, comme tout le monde m'était tombé dessus à bras raccourci, je n'ai plus ouvert la bouche de la semaine !

Mais, j'avoue que là, je trouve la coïncidence assez phénoménale !

Avec mon pot et sa graine entre les mains, Monique s'est de nouveau mise à pleurer à chaudes larmes, ébahie par cette concordance des évènements.

Mais revenons à moi. Je me tiens là, debout avec mon paquet vert entre les mains. Je suis la seule qui ne l'ait pas ouvert. Et tout le monde me regarde en coin.

Je décide que je ne l'ouvrirai pas devant tout le monde. Je n'en ai aucune envie !

Puis, chacun se met à partager alors ce qu'il ressent avec son cadeau et sa petite histoire. Tout cela devient au-dessus de mes forces ! Je veux juste rentrer chez moi ! Cette semaine, et tout ce qui s'y est passé, c'est un peu trop pour ma petite personne ! On a remué tellement de choses, que je ressens une espèce de chaos intérieur ! J'étais venue ici pour me ressourcer, et j'ai l'impression d'être anéantie.

Je proclame que je l'ouvrirai seule. Et de nouveau, tout le monde me reproche de ne pas jouer le jeu.

Pierre met fin au débat, en décrétant que je suis libre de faire comme je l'entends.

Bien sûr que je suis libre ! Pour une fois ! Non, mais !

3. LE LIVRE DE l'ÉLUE

« Je plains ceux pour qui il n'y a pas de mystère : ils n'ont de mystère pour personne ; et aussi peu de vie, à proportion », André Suarès.

Samedi 22 juin

10h00 : Je suis rentrée du stage tard hier soir. Pour cette raison, je me suis autorisée une petite grasse matinée. Mes enfants, qui se sont eux levés à l'aube, sont dans le salon en train de regarder leur dessin animé préféré.

Paul, mon mari est parti pour un Week-end de Golf avec ses copains. Et si je ne suis pas partie avec lui, c'est non seulement parce que je déteste le golf, mais aussi parce qu'il a régulièrement besoin de prendre l'air entre amis. Je passe d'ailleurs souvent mes week-ends avec mes enfants sans mon mari. Cela ne me blesse plus aujourd'hui d'être seule la plupart du temps en fin de semaine… J'en ai pris l'habitude et je me suis fait une raison…

10h15 : Je viens de prendre mon petit déjeuner, et je vide ma valise pour mettre une machine en route, corvée habituelle du samedi matin !

Et bien sûr, je tombe sur le fameux petit paquet vert, que j'avais d'ailleurs complètement oublié, aspirée dans mes obligations matinales et familiales. Je le pose sur le côté en me disant que j'aurai besoin d'être tranquille pour l'ouvrir. Je découvrirai donc ce qu'il y a à l'intérieur ce soir. J'ai trop de choses à faire aujourd'hui !

Après avoir fini, le ménage, le repassage, j'ai promis d'amener les enfants au parc Borely cet après-midi. Maxime veut essayer ses nouveaux rollers que je lui ai achetés, pour faire suite à ses bons résultats scolaires annuels.

Je rigole soit dit en passant toute seule, en pensant que ce fameux parc représente ma terre intérieure de la méditation d'hier !

21h00 : J'ai couché les enfants. Maxime s'est bien sûr écorché tous les genoux. Lucie a râlé toute la journée, car elle voulait elle aussi faire du roller ! Le vélo rutilant qu'elle avait eu en cadeau à Noël dernier et qu'elle n'avait utilisé que deux fois ne lui suffisait pas ! Dur métier, celui de mère !

Éreintée par cette journée, je décide tout de même d'ouvrir ce fameux cadeau. Et je découvre… : un livre.

Bof… Pas de révélation sur cet objet. C'est juste un livre. Pas de prise de conscience énorme comme Monique. Le fameux sens que l'on doit découvrir, dont nous parlait Pierre pendant le stage, ne me saute pas à la figure.

Mais, le titre m'interpelle tout de même : « *Marie-Madeleine, le livre de l'Élue* »[2]. Encore un Titre pour mystique. Et pourquoi sur Marie-Madeleine ? J'en ai à peine entendu parler au catéchisme quand j'étais enfant, et mes vagues souvenirs ne sont qu'à propos d'une prostituée que Jésus aurait délivrée de Sept Démons ; mais rien, à propos d'une élue ou quelque chose de ce genre.

Si cela doit avoir du sens pour moi, je ne comprends vraiment pas pourquoi ! Ceci me prouve bien que tout cela n'était encore qu'un délire de ma part, et qu'il faut que j'arrête tout de suite avec tous ces stages pour personnes seules en quête de sens !

Tant pis pour le changement de vie ! Il est urgent que je retourne dans le concret du quotidien !

21h30 : Enfin couchée dans mon lit, j'entame la lecture de ce fameux bouquin…

L'héroïne du livre, Maureen, est une journaliste, écrivaine, américaine.

Dans le premier chapitre, elle est à Jérusalem pour se documenter sur le cadre historique autour des évènements du Vendredi saint. Pendant ce périple, elle a des sensations étranges et est souvent prise de vertige. Et dans un de ses vertiges soudains, elle a une vision. Cette vision se passe dans une foule dense, où elle aperçoit une dame qui a l'air d'une reine.

En lisant ces mots, je me dis que moi aussi dans la vision de ma méditation, la dame avait l'air d'une reine… Je poursuis donc ma lecture intriguée.

Cette dame a les cheveux recouverts d'un voile rouge. Maureen est frappée par sa beauté douloureuse. *« Tu dois m'aider, lui dit-elle »*, et Maureen sait que la prière de cette femme s'adresse à elle.

Je suis frappée à double titre :

D'une part, la couleur rouge de son voile me rappelle la robe rouge de la femme que j'ai aperçue dans la grotte de ma méditation. Quelle est la signification de cette couleur ? Qui est cette femme ?

Et ensuite, quand je lis : « *Tu dois m'aider* », j'ai l'impression que ces mots-là me vont droit au cœur ! Je revois d'un coup la femme de la grotte, et je l'imagine en même temps articuler ces mots.

Je suis abasourdie. Je me secoue pour retrouver mes esprits. Je jette le livre par terre aux pieds de mon lit… Que c'est étrange ! C'est impossible ! Je prends peur. Je laisse immédiatement ce roman de côté, et décide de m'endormir.

Minuit : Je n'arrive pas à trouver le sommeil. C'est comme si ce bouquin m'appelait. Je reprends sa lecture. Je le dévore. Je ne peux plus décoller mes yeux des pages et des mots qui défilent. Je lis presque toute la nuit.

Juste après l'épisode de la vision, Maureen se retrouve dans une église de Jérusalem. C'est l'église de Marie-Madeleine. À l'intérieur, un homme énigmatique qu'elle ne connaît pas l'accoste, et la conduit devant un tableau : le tableau de Notre Dame.

Il lui dit : « *Notre dame veut te raconter son histoire à elle. Si tu es ici, c'est pour elle* » ... Et, ce tableau est celui d'une femme avec un grand manteau rouge !

Encore cette fameuse couleur rouge ! C'est dément ! Cette couleur a-t-elle un rapport avec Marie-Madeleine ? Y aurait-il une corrélation, entre ma vision dans la méditation et ce que je suis en train de lire ? Cette femme que j'ai vue dans la grotte veut-elle, elle aussi, me raconter son histoire ? A-t-elle besoin d'aide ?

Je ne doute plus qu'il y ait un lien entre le rêve éveillé que j'ai fait pendant le stage de coaching, et ce livre. Mais je ne comprends pas ce que cela veut dire. Et quel est le rapport entre moi et cette Marie-Madeleine ? Parce que moi je ne connais rien de son histoire !

Remarque, cela n'a sûrement rien à voir ! Moi, c'est une robe rouge qu'elle portait la femme. Pas un manteau. En plus, j'avais un crâne de cristal dans la main. Dans ce livre, on n'en fait absolument pas référence.

Je me rassure comme je peux pour dénigrer ce que je suis en train de vivre… Et, je continue l'histoire du livre, bien décidée à en savoir un peu plus.

Quatre ans après sa rencontre avec cette dame virtuelle et l'épisode du tableau, Maureen fait des conférences sur la vie des femmes dans l'histoire. Mais depuis son retour des terres saintes, elle est poursuivie en rêve par la royale créature en manteau rouge...

Encore et toujours ce manteau rouge, me dis-je.

Entre temps, l'héroïne a écrit un best-seller, sur le thème de ces femmes bafouées par l'histoire. Puis l'action se poursuit dans le Languedoc, à Arques.

Je suis stupéfaite. En effet, c'est dans cette région qu'habite mon père et cela m'interpelle quelque peu… Je continue de lire.

À Arques, vit Béranger Saunière. Cet homme lit le bouquin qu'a écrit Maureen et voit tout de suite dans cette écrivaine l'Élue. « *Cette fille de la résurrection… Elle, à qui sera remise la clé le jour du mois du crâne, celle qui deviendra la nouvelle bergère du chemin.* »

Il est hallucinant ce bouquin. Quelle idée il a eue, celui du stage qui l'a acheté ! J'aimerais bien savoir qui c'est ! Et cette référence au crâne ! Qu'est-ce que cela veut dire ? S'agit-il encore de signes que je dois décrypter ?

Et le lieu du Languedoc me fait remonter à la mémoire toute mon enfance, sur cette terre chargée d'histoire, terre réputée mystique, hantée depuis toujours par des légendes de trésors enterrés et de mystérieux chevaliers.

Tout ceci me fait tout drôle. Mon père me racontait qu'il y avait eu des génocides des chevaliers cathares par les catholiques. Il me parlait aussi d'une histoire sur un village mystérieux nommé Rennes le Château, où un Abbé avait soi-disant trouvé un trésor. Il expliquait que des gens du monde entier venaient dans ce village pour trouver ce butin. Il me disait qu'à la nuit tombée des choses bizarres se passaient : que parfois les aiguilles de montres s'arrêtaient à l'approche du village, que des voitures étaient souvent tombées en panne aux abords de ce bourg, ou encore qu'un car de touriste avait même brûlé une fois ; pleins d'histoires aussi mystérieuses les unes que les autres autour de ce village et de son trésor.

En pleine nuit, je pars dans mes rêveries à propos de cette belle région. Au même moment, je sens en moi quelque chose de bizarre. Je n'arrive pas à définir ce que c'est. Je ressens comme une vibration qui vient de l'intérieur et qui m'envahit toute entière : étrange…

Je lis encore, bien décidée à comprendre ce qu'il se passe en moi.

Un long passage est dédié à Marie-Madeleine. Il en est fait un portrait bien différent de l'image habituelle de la prostituée repentante… Il est dit que même le Vatican admet que de nos jours Marie-Madeleine n'était pas une prostituée. Il est raconté qu'il y a trente ans, le Vatican a solennellement déclaré qu'elle n'était pas la femme déchue de l'Évangile de Luc, et que le pape Grégoire aurait accrédité cette version à des fins personnelles. Cette rétractation du Vatican dans les années 60 n'aurait d'ailleurs pas eu plus d'effet qu'un démenti publié en dernière page d'un journal. Marie-Madeleine serait donc devenue la marraine des femmes incomprises.

Pour le coup, là je me sens enfin une similitude avec Marie-Madeleine : celle d'être une femme incomprise. Surtout actuellement !

Bon trêve d'humour ! Je m'entête à continuer la lecture, malgré ma fatigue et une vague irritation…

En effet, Marie-Madeleine est selon ce livre une proche du Christ, et même un apôtre, voire sa femme ! Elle aurait même eu deux enfants avec Jésus !

Et là, je me demande, qui il faut croire : un vague roman, ou tous les enseignements que l'on reçoit depuis toujours au catéchisme !

Il ne faut pas délirer ! Même si je n'ai jamais vraiment fait confiance aux religieux, je ne vais tout de même pas croire les premières lignes d'un livre, à côté de deux mille ans d'histoire !

Même si j'ai fait une dépression à onze ans et des insomnies toutes les nuits, pour que ma mère me sorte de l'école catholique dans laquelle j'étais, parce que je détestais toute cette morale ambiante, je ne vais pas remettre en cause toute l'éducation religieuse que j'ai reçue en une minute juste pour un bouquin, non ?

Cela me rappelle du reste, le livre de Dan Brown, « Da Vinci Code »[3] qui avançait d'ailleurs cette théorie. Mais j'avais pris ce roman pour une fiction romancée.

Avec «Marie-Madeleine, le livre de l'Élue », je suis aux prises avec une confusion à l'intérieur même de mon corps, et je suis à vrai dire assez désemparée !

2h00 : Mes yeux se ferment presque tout seuls de fatigue. Je ne peux plus quitter ce « satané » bouquin.

Mon étonnement est à son comble quand je découvre que l'action se poursuit à Rennes le Château… Je songeai à ce petit village, il n'y a même pas une demi-heure en me commémorant mes souvenirs d'enfance, sans me douter une seule seconde qu'il serait dans une des scènes de ce livre ! Ce fameux bourg dont mon père me parlait tout le temps, ce haut lieu de l'ésotérisme de France chargé de légendes en tout genre, manifestement croise de nouveau ma route !

Pierre avait bien dit qu'il pouvait y avoir un sens dans le cadeau qui nous serait offert, lors du stage. Commencerait-il à se dessiner pour moi ?

L'héroïne est ensuite conviée à un bal dans ce village. Elle est invitée dans un château, où dans sa chambre l'attend sa robe de bal. Elle ouvre une immense housse de plastique qui était posée sur le lit.

Maureen retient un hoquet de surprise après avoir déployé la robe et l'avoir reconnue : « *Elle saisit la robe d'un rouge profond et la tint à bout de bras* »…

Je suis saisie du même hoquet… ; le mien est disgracieux. Je manque m'étouffer… Encore cette fameuse robe rouge… Je regarde mon collage posé sur le coin de mon bureau…, cette femme habillée de rouge, le crâne, le serpent, le pommier…

Je ne comprends plus rien. Qu'est-ce que cela signifie, tout cela ?

Une femme en rouge…, Rennes le Château…, Marie-Madeleine… Tout se bouscule dans ma tête.

4. LE DÉPART

« Seul celui qui a emprunté la route connaît la profondeur des trous. »
Proverbe chinois

Dimanche 7 juillet

9h00 : Depuis le stage, le livre, je n'arrive plus à rien penser d'autre qu'à cette dame en rouge. Rennes le Château obsède mes pensées.

J'ai donc pris la décision de laisser mes enfants à ma mère. Il faut vraiment que je me rende dans ce lieu. C'est inévitable. Je le sens…

J'ai appelé Pauline, ma meilleure amie, pour qu'elle m'accompagne à la rencontre de ce village… Je n'ai en effet pas le courage de m'y rendre seule. J'ai alors juste dit à Pauline qu'il se passait quelque chose dans ma vie, et que j'avais besoin d'elle. Elle ne m'a posé aucune question. Elle a accepté de m'accompagner sur le champ.

Pauline est une célibataire sans enfant. Je l'ai toujours admiré pour sa capacité à ne se poser dans sa vie aucune contrainte, aucune obligation. Elle vit au gré de ses humeurs et des vents qui la poussent. Elle est loin de ma façon de vivre, où tout est programmé un mois à l'avance, où tout est calculé et sous contrôle. Cela ne lui pose aucun problème à elle de m'accompagner dans ce périple pour le moins étrange, dont elle ne sait rien ; et de répondre par l'affirmative à ma requête de partir immédiatement !

Je sais bien que tout cela ne rime à rien, mais c'est plus fort que moi… J'ai besoin d'aller dans ce lieu… Quelque chose m'y pousse… Comme une force…

Je prépare ma valise machinalement, en pensant que depuis ce fameux stage, plus rien ne tourne rond dans ma tête.

D'ailleurs, je suis en train d'analyser mes pensées. Je prends alors conscience que je parle de « force »… N'importe quoi ! Je crois que je délire !

Et pourtant, je suis là à ranger mes affaires dans une valise, pour me rendre vers une destination dont je ne connais que de vagues histoires délirantes que l'on me racontait étant enfant, à cause d'un livre reçu en cadeau par hasard dans un stage pour paumés comme moi !

10h00 : Le bruit de la sonnette me remet les idées en place. Cela doit être Pauline.

11h00 : Dans la voiture sous un soleil de plomb, nous partons de Marseille, vers Rennes le Château. Et, j'explique à Pauline, les raisons de mon voyage.

À ma grande surprise, elle n'a pas l'air étonnée par ce que je lui raconte, comme si ce qui m'arrivait était tout à fait normal... Sacrée Pauline, elle ne changera jamais ! Elle traverse la vie comme elle vient, même si on lui relate des histoires abracadabrantes !

Je lui fais part de mon incompréhension de ne pas la voir surprise par le périple qu'on est en train de faire. Elle m'exprime alors qu'il n'y a rien de bizarre pour elle dans ce qu'il m'arrive. Elle avait une grand-mère guérisseuse qui, selon elle, conversait avec les esprits pour soigner les gens. Il lui arrivait parfois de se lever la nuit et de trouver sa grand-mère en train de danser autour d'un feu dans le jardin. Ma dame en rouge ne l'inquiète donc pas le moins du monde !

Pour le coup, c'est moi qui hallucine à l'écoute de ses souvenirs d'enfance. Je suis ébahie, les yeux ronds comme des billes et la bouche grande ouverte, pendant que Pauline énumère les extravagances de sa grand-mère.

Étonnée, je demande :

— Mais pourquoi ne m'en as-tu jamais parlé ?

— Parce que ce n'est pas le genre de choses dont on parle dans les diners mondains, sous peine de passer pour une folle. Parce qu'on ne peut parler de cela uniquement quand on est ouvert à la magie de la vie, et que peu de gens le sont dans le milieu que tu fréquentes. Parce que l'histoire de France est remplie de fantômes de guérisseuses appelées « sorcières » qui ont été brulées vives pour moins que cela. Parce que tous ces sujets ne t'ont jamais intéressé. Parce que de toutes les façons, si je t'en avais parlé tu ne m'aurais jamais cru. Parce que ceux qui ont accès à ce genre d'univers savent se taire, pour ne pas passer pour délirants.

Pauline est là en train d'énumérer les raisons de son silence. Je suis bouche bée. Je la laisse poursuivre :

— Mais le monde change, dit-elle. De plus en plus de gens commencent à s'intéresser à ces questions. Tu es en train de vivre une ouverture, et je suis ravie de t'accompagner sur ce début de chemin.

Je me dis qu'elle a raison. Je ne l'aurais jamais cru. Et même aujourd'hui d'ailleurs, je ne la crois pas. Et pourtant, je suis là, en train de vivre une histoire pour le moins étrange… Je connais Pauline depuis longtemps, et je sais que c'est une fille intelligente. Alors pourquoi est-ce que ma tête résiste si fort pour ne pas adhérer à ce qu'elle me raconte ?

Nous finissons par parler d'autre chose.

12h00 : Nous voilà après une centaine de kilomètres en train de refaire le monde. J'ai l'impression d'avoir vingt ans. Cela faisait longtemps que je ne m'étais pas sentie en si grande forme. Nous rions à l'évocation des soirées de folie de notre adolescence. Je retrouve mon insouciance d'antan. Et je me dis en mon for intérieur qu'il est bien loin le temps où je me sentais libre et heureuse.

À qui est-ce la faute ? À la société qui nous en demande toujours plus ? À moi qui veux toujours la même chose ou plus que le voisin pour être bien dans ma peau et avoir l'air important ? Une belle voiture, une maison avec un bout de jardin ?

Je me demande après quoi je cours. Pourquoi ai-je l'impression de lutter dans une vie qui ne me convient plus ?

À l'analyse de mes pensées, je me rends compte que je suis en train de faire une mini-dépression. Il n'y a que les dépressifs, pour se poser des questions pareilles ! Non ?

Je me secoue énergiquement pour éviter de broyer du noir.

13h00 : Nous arrivons aux abords de Montpellier. Là, un embouteillage énorme nous attend. Nous en avons au moins pour deux heures de bouchon. Nos mines enjouées du début se transforment vite en un agacement non dissimulé.

Nous trouvons le temps long, d'autant que nous mettons une heure pour atteindre l'aire d'autoroute que nous voyions de loin, pour nous soulager d'une énorme envie d'uriner.

15h00 : L'embouteillage se termine enfin. Nous poursuivons notre route.

17h00 : Le GPS nous indique que nous arrivons dans une demi-heure. Je me sens bizarre. Je ne suis pas très bien. Je suis limite nauséeuse. J'ai comme une mauvaise impression. J'essaie de la chasser sans succès.

Deux minutes après à peine, là sur une route en lacet à trente mètres devant nous, la voiture arrivant en face fait une embardée et tombe à pic dans le fossé. Nous entendons un grand fracas et des bruits de tôles tapant des rochers en contrebas.

Nous sommes médusées. Je ne peux plus bouger. Un énorme bouchon se forme, le deuxième de la journée. Notre voiture est arrêtée… Comble de l'ironie, je me rends compte que notre véhicule est immobilisé à côté d'un petit panneau publicitaire sur lequel est indiqué : « *Je passe.com* ».

Et là, je me souviens des histoires de mon père : les montres arrêtées, le bus incendié, les voitures en panne aux abords du village de Rennes, comme s'il fallait mériter son accès.

Ce panneau me fait l'effet « d'une porte ». Comme s'il y avait un passage avec des gardiens. Comme s'il fallait prouver que l'on était assez vaillant pour avoir le droit d'être de l'autre côté...

Cela me rappelle un film que j'avais vu quand j'étais petite : « *l'histoire sans fin* », où le héros devait passer une porte de pierre ; mais il ne pouvait la traverser que s'il démontrait qu'il avait le cœur pur. Après une série d'épreuves, il avait bien sûr passé la porte ! Mais entre-temps, il avait rencontré des monstres, des loups et bêtes féroces en tout genre !

Et si j'étais moi aussi en train de subir des épreuves pour pouvoir me rendre dans ce village, ou pour éprouver la pureté de mon cœur !

J'ai envie d'éclater de rire à cette pensée. Mon cœur est de pierre. Il y a bien longtemps que j'ai décidé de le fermer pour éviter qu'il soit blessé de nouveau. Si effectivement c'est un test pour savoir si j'ai le cœur pur et ouvert, et bien j'ai perdu d'avance ! C'est évident, un monstre va sortir des fourrés et me manger toute crue, car j'ai déjà échoué avant même d'avoir commencé !

17h20 : Suis-je en train de devenir folle ? Je me pose trop de questions. Je me raconte trop d'histoires. Il faut vraiment que j'arrête. Pourtant, je vous jure ! Je n'ai rien fumé et rien bu avant de partir !

J'entends un hélicoptère au loin... Des camions de pompiers se frayent un passage entre les voitures. Nous en avons encore pour trois heures pour que tout redevienne enfin normal.

Pauline est intriguée. Elle est inquiète de mon état, car je suis d'une pâleur extrême.

20H30 : Nous poursuivons notre route, sans savoir ce qu'il est advenu de la voiture dans le ravin. Combien y avait-il de personnes ? Sont-elles mortes ?

J'ai l'impression de rêver ou plutôt de cauchemarder. J'ai la sensation de ne plus être dans mon corps. Je flotte. Mais où est la femme logique et rationnelle que j'étais avant que tout cela ne commence ? Pourquoi avons-nous mis autant de temps pour venir dans cette contrée ?

Je suis éreintée…

20h45 : Nous décidons de nous arrêter dans le petit village d'Alet-les-Bains pour dormir. Nous ne poursuivons pas notre périple vers Rennes le Château. Nous avons besoin de repos, surtout moi. Mes jambes flageolent quand je descends de la voiture.

Nous marchons un peu, et trouvons rapidement un hôtel : l'Hostellerie de l'Évêché. C'est un ancien Évêché transformé en hôtel de charme. Je trouve le coin très joli, mais les chambres très rustiques. Cela suffira néanmoins amplement pour me requinquer.

Nous nous quittons rapidement avec Pauline, pour aller dans nos chambres. Nous avons décidé de prendre chacune de notre côté un plateau-repas, pour pouvoir nous reposer. Enfin surtout moi, car je ne suis vraiment pas dans mon assiette.

Quelle idée, ce voyage !

5. LE SYMBOLE

« Si vous pensez que l'aventure est dangereuse, essayez la routine, elle est mortelle », Paolo Coelho

Lundi 8 juillet

8h00 : Je mange mes tartines goulûment dans la salle à manger extérieure de l'hôtel, située dans un immense parc arboré près d'un torrent. J'ai passé une nuit très agitée. Tous ces évènements m'ont quelque peu tourmenté.

Me restaurer me fait du bien. Toute la nature environnante me procure un bienfait énorme. C'est tellement vert ! J'ai l'impression que chaque pore de ma peau se dilate et se nourrit de ce magnifique paysage.

J'ai tellement perdu l'habitude de vivre en extérieur, que j'avais presque oublié que cela fournissait de telles sensations ! Comment ai-je pu passer à côté de cette ressource essentielle ? Maintenant que je la ressens, je prends conscience de toute l'énormité de ma vie, enfermée dans des bureaux la semaine et dans des magasins le week-end, sans voir le moindre carré de verdure pendant des jours et des jours.

Cette pause du matin me fait du coup me sentir tiraillée entre deux polarités extrêmes : je me sens ressourcée par cette belle nature, et en même temps énormément angoissée par le constat alarmant que je fais de ma vie actuelle. Comment ai-je pu me laisser emprisonner dans le fameux « métro, boulot, dodo », que je rejetais tant quand j'étais adolescente ?

Et oh, Charline, arrête cette déprime ! Est-ce l'effet de cette terre du Languedoc qui te met dans cet état ? Ressaisis-toi ! Tu es bien obligée de travailler pour payer tes emprunts et t'offrir tes cinq semaines de congés par an ! Stop avec ton délire…

8h15 : Pauline que je n'avais pas vue arriver me fait brusquement sortir de mes élucubrations mentales. Déboulant telle une tornade après son footing traditionnel du matin, elle me lance :

— Tu viens, Charline ? On va faire un tour dans le village avant de repartir. Apparemment, il y a une source bienfaisante, et j'aimerais bien m'en remplir une bouteille ou deux.

Ça y est. La voilà repartie dans ses délires. Une source bienfaisante maintenant ! Il manquait plus que cela !

Voir Pauline toute fraiche et disponible aussi tôt dans la matinée, avec son jogging à la dernière mode, alors que moi je suis encore en peignoir et pas encore coiffée contribue à accroître mon agacement.

Malgré mes résistances intérieures, je m'entends lui rétorquer :

— Chouette, bien sûr Pauline. On y va ! Je vais vite m'habiller…

Je prends conscience en disant ces mots, de ma faculté à faire des doubles discours. Je ressens une chose et je dis pourtant l'inverse, comme la plupart des gens de cette planète d'ailleurs. N'avez-vous pas remarqué le nombre de personnes qui disent une chose, mais dont vous avez l'intuition qu'ils ressentent totalement le contraire ?

J'avais d'ailleurs lu dans un article de « *Psycho Magazine* » que l'impact des mots sur une personne n'était que de 7%. L'impact le plus important sur les autres, les 93% restant, c'est l'intonation de voix et le langage non verbal (la posture du corps et les ressentis).

Vous vous rendez compte ! Pauline, si cela est vrai, reçoit inconsciemment 93% de mon agacement, alors que je lui dis: « Ouais Chouette ! » Elle ne doit plus savoir quoi penser du coup…

La communication, cela me semble bien compliqué. On croit dire une chose, alors que c'est le langage du corps qui est le plus important. Or, du langage corporel, on en est rarement conscient ! Cela me rappelle tous les « Salut, ça va ? » que l'on se balance dans les couloirs de mon entreprise, alors que l'on ressent « Sale con » dans les tripes ! Il ne faut pas s'étonner, s'il y a tellement de pagaille dans les entreprises ! Non ?

8h30 : Nous déambulons dans le très joli petit village d'Alet-les-Bains. Je suis ravie d'avoir ce temps pour nous balader. Mon agacement de la matinée s'est dissipé. Je me sens même presque en vacances. Je me laisse imprégner de l'ambiance de chaque ruelle. Ce village dégage une douce sérénité…

Je n'ai pas de but précis, ce qui est plutôt rare dans ma vie actuelle, où chaque journée débute par un programme très minuté et pensé à la seconde près. Cela me change, d'errer et de me laisser porter. Je pourrais même dire que je suis dans une sorte de « lâchez-prise ».

Pourtant, je n'aime pas ce terme. Il est trop souvent cité dans les bouquins de développement personnel que je lis le week-end pour me détendre de ma semaine de stress. Comme si « lâchez-prise » allait de soi ! Cela a toujours eu le don de m'exaspérer de lire ce genre de conseil, quand on a la tête dans le guidon. Ce terme est utilisé comme un conseil, qui donne en prime un sentiment de culpabilité à celui qui n'arrive pas à atteindre ce fameux état !

8h45 : Toutes ces pensées qui trottent dans ma tête finissent par me sortir de la quiétude dans laquelle j'étais. Cela ne m'étonne d'ailleurs qu'à moitié. C'était trop beau !

Tout en pestant au détour d'une rue, je distingue au loin une Abbaye. J'ai curieusement le sentiment bizarre qu'elle est plus éclairée que les autres bâtiments alentour. Je parle donc à Pauline de cette impression de luminosité qui se dégage. Elle me répond qu'il ne lui parait pas du tout que l'église soit plus éclairée que les autres immeubles d'à côté. Pourquoi me semble-t-elle plus brillante à moi ?

Pauline, comme à son accoutumé avec ses délires habituels, me suggère que probablement cette église m'appelle.

Je me dis, en cet instant précis qu'elle commence vraiment et sérieusement à m'agacer avec ces insinuations ! Je crois même que je regrette d'être venue avec elle. Au début, c'était marrant, mais là cela me tape sur les nerfs ! OK, elle a des croyances bizarres. Je peux à la limite passer outre. Mais elle ne va pas me les envoyer à la figure toutes les cinq minutes quand même ! Ce n'est pas parce qu'elle avait une grand-mère dingue qu'elle va me gâcher mon séjour !

Je ne lui dis rien de mon agacement. Je feins même de croire à ce qu'elle me raconte !

Je lance d'une voix enjouée :

— Puisque cette Abbaye m'appelle, alors allons-y !

Tout en distinguant de nouveau mon habitude au double discours, un verbal positif et un non verbal carrément négatif ; je pense intérieurement que me rendre dans cette église sera une bonne occasion de lui prouver que cette structure de pierre n'a rien à me dire !

9h00 : Nous découvrons que la visite de l'Abbaye se fait en deux temps, à cause d'un risque d'effondrement. Je suis émerveillée par cette architecture, et je me laisse imprégner par ce monument chargé d'histoire.

J'apprends que cette église qui est aussi baptisée Notre Dame d'Alet fut érigée sur l'emplacement d'un temple romain dédié à la Déesse Diane ou Cybèle.

N'ayant jamais entendu parler de ces Déesses ni du concept même de Déesse ; et les cours de catéchisme n'ayant utilisé dans ma plus tendre enfance que le mot « Dieu » pour parler de spiritualité, je m'empresse de faire une recherche sur mon iPhone 5C ! J'y apprends rapidement que toutes les églises « Notre Dame » sont érigées sur des anciens lieux de culte à la Grande Déesse.

Je n'ai jamais eu vent de ce terme de « Grande Déesse ». C'est bizarre quand même ! Je trouve d'ailleurs marrant que dans des églises où on est censé prier le Père, certaines soient construites sur des lieux de cultes païens qui prient une Déesse, plutôt qu'un Dieu.

Je poursuis mes lectures, curieuse. Cela me fait en l'occurrence sourire, de télécharger des pages internet dans ce lieu religieux, limite en ruine, avec cette merveille technologique qu'est l'iPhone.

J'apprends dans ces pages téléchargées à la rapidité de l'éclair que les anciens, qu'ils soient grecs, celtes ou romains avaient tous un nom pour désigner cette Déesse suivant les époques et les cultures dominantes : Cybèle, Ishtar, Artemis, Marie-Madeleine, Isis... Elles sont censées représenter la Déesse des origines, la grande Déesse-Mère, représentante de la Terre nourricière.

Je suis éberluée par ce que je lis. Si je devais prier, ce serait vers le Ciel moi ! Et pas vers la Terre ! Remarque, je ne prie plus depuis bien longtemps ! Et, dans tous les cas quand j'étais petite, on m'a appris à me tourner vers le ciel, vers « *notre père qui est aux cieux* », non pas vers « Notre mère qui est sur terre ou sous terre » !

Il me prend l'envie de rire, mais je me retiens...

Tout d'un coup, mon corps est pris d'un tremblement, comme une vibration. En l'espace d'un instant, je suis catapultée dans ma vision du fameux stage de coaching, celle de la grotte, avec une femme habillée de rouge...

Dans ma tête, mon cerveau fait des liens pour le moins bizarre.

Cette église bâtie sur ce lieu de culte me met donc en résonnance avec la dame en rouge et sa grotte... Du coup, je repense au livre lu ces derniers jours... Il me vient alors en mémoire le tableau de Notre Dame avec la femme et son manteau rouge dans l'église de Marie-Madeleine à Jérusalem, qui demandait de l'aide à Maureen l'héroïne... J'entends la phrase que l'homme lui avait dite en cet instant : « *Notre dame veut te raconter son histoire à elle. Si tu es ici, c'est pour elle* ».

Et me voilà moi aussi dans une église Notre Dame, tout cela parce que je l'avais perçue comme plus éclairée ! Et je suis là, en train de chercher des informations sur Marie-Madeleine et sur la Déesse ! Quelle coïncidence ! Est-ce pour la dame en rouge que je suis ici moi aussi ?

Dans ces pages internet, j'apprends ensuite que Marie-Madeleine est également comparée à Isis, et qu'elle est une déesse vénérée, aussi nommée « Vierge noire ». Ces Vierges noires sont le plus souvent en sous-sol, dans les cryptes des églises ; et elles sont presque toutes en relation avec des lieux de cultes païens les plus anciens.

Je vois défiler ces informations sous mes yeux qui se brouillent. Je suis étonnée du lien entre ma vision et ces informations. Tout cela a-t-il un sens ? Pourquoi faut-il qu'au détour d'une rue, je tombe sur une église Notre Dame, qui me mette en lien avec un site internet, et qui me parle de Marie-Madeleine, des Déesses et des vierges noires ?

Personne ne m'en a parlé auparavant ! Pourtant, j'ai eu un enseignement religieux ! Comme je le disais, j'ai vaguement entendu une fois ou deux le nom de Marie-Madeleine prononcé dans un cours de catéchisme quand j'avais sept ans, comme d'une pécheresse repentie, prostituée aux prises avec sept démons ! Mais on ne m'avait rien enseigné sur une quelconque Déesse ni sur des cultes païens en son nom !

Pourtant, depuis cette fameuse vision, je n'ai vent que d'elle !

Je suis prise d'un vertige. J'ai l'impression qu' il y a une similitude entre trois évènements : ce que je suis en train de vivre ; ce dont parle le livre que je lisais quelques jours plus tôt ; et ce que j'ai vécu pendant le stage de coaching avec ma vision de la grotte. Comment se fait-il que des coïncidences pareilles puissent avoir lieu ? Tous ces évènements semblent avoir un lien, et ils ont eu pourtant lieu à des moments différents du temps ! C'est vraiment troublant ! Le temps ne serait-il plus linéaire !?

J'essaie de me ressaisir. Après tout, c'est mon cerveau qui fait des liens absurdes. Cela n'a rien de tangible, tout cela ! C'est juste un pur hasard !

J'ai beau me raisonner, je ne comprends pas ce qu'il m'arrive. J'ai de plus des sensations bizarres dans mon corps, et je ne sais pas d'où cela provient.

Mais pourquoi suis-je venue au-devant de toutes ces choses étranges ? Pourquoi ne puis-je pas être tranquille comme avant ? Pauline serait bien dans ces baskets avec ces phénomènes-là ! Mais pas moi !

Je continue néanmoins la visite. Je ne dis pas un mot à Pauline. Je n'ai pas envie qu'elle me raconte encore des balivernes. J'essaie de penser à autre chose.

Je scrute minutieusement la porte centrale encadrée de deux larges baies, dont la sculpture révèle une exceptionnelle qualité. Me concentrer sur des éléments précis et tangibles me fera peut-être oublier tout le reste !

Malheureusement, le phénomène que je tente de fuir se poursuit. Mon corps continue de trembler comme une feuille, et mon regard est machinalement attiré par une figure géométrique sur le haut d'un mur de l'Abbaye.

En effet, les vitraux ont la forme d'un symbole pour le moins étrange. Je suis comme médusée. Ce symbole est lui aussi beaucoup plus brillant que le reste de l'église. Il me semble plus éclairé, exactement de la même façon que l'Abbaye que j'avais distinguée au loin une heure plus tôt.

Je ne comprends pas le sens de ce symbole, mais c'est comme s' il m'envoyait une énergie enveloppante qui me faisait sentir extrêmement bien, en paix. Pourtant, mon corps continue d'être pris de soubresauts que je ressens puissamment, mais qui sont pourtant imperceptibles au regard des autres.

Comment peut-on en même temps être pris de tremblements et être serein, tout en pensant avec sa tête qu'on est en train de devenir fou ?

Je suis comme paralysée. Je ne bouge plus.

Ce symbole ressemble à ceci :

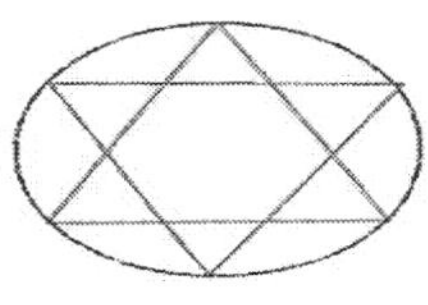

Ma tête essaie de garder le contrôle de la situation. Elle tente de reprendre le pilotage pour arrêter le processus en cours. Mais c'est comme si mon corps avait le dessus ! C'est comme si ce dernier décidait où il fallait regarder, ce qu'il fallait ressentir, et qu'ensuite l'information partait de lui pour remonter au cerveau ! Quel processus étrange ! À l'inverse de tout ce que j'avais pu expérimenter jusqu'alors. Normalement, on pense, ensuite on décide et puis on agit ! Vous n'êtes pas d'accord ?

Mais, dans cette église d'abord, mon corps vibre et ressent ; et c'est comme si ensuite, il envoyait des informations dans ma tête ! Comment est-ce possible? C'est tout nouveau pour moi… D'habitude, c'est mon cerveau qui a le contrôle, et Dieu sait qu'il est puissant ce cerveau ! J'ai un Bac + 8 tout de même !

10h00 : Mais, qu'est-ce qu'il m'a pris, de vouloir venir dans ce coin ?

Il est à peine dix heures du matin. Cela fait juste une soirée et un tout petit début de matinée que nous sommes ici. Pourtant, dans ce très court laps de temps : j'ai vu une voiture tomber dans un ravin ; j'ai rencontré un monument et une image qui se sont éclairés ; j'ai mon corps qui ne fait que vibrer et trembler ; je fais des liens étranges entre les évènements ; les informations ont l'air de circuler de mon corps à mon cerveau.

Cela va continuer encore longtemps ? Il faut vraiment que je sorte de cette église ! Je suis sûre qu'en partant mon corps va se calmer, que je vais pouvoir enfin reprendre le contrôle de mon esprit, et retrouver mes idées claires.

Pauline qui me connaît bien, me demande ce qu'il se passe. Elle trouve que je n'ai pas l'air dans mon assiette. Je lui réponds que tout va bien ; que j'ai juste trop mangé et trop vite. Je prétexte une terrible nausée pour pouvoir sortir rapidement.

Encore un mensonge de plus… Je crois que je suis abonnée aux mensonges en ce moment. En fait, je crois que j'ai toujours menti de la sorte. Sauf que là j'en prends réellement conscience. Je pense et je ressens une chose et je dis et je fais l'inverse ! Quelle authenticité !

Je me demande pourquoi d'ailleurs je suis en train d'analyser la moindre de mes pensées et le moindre de mes ressentis. C'est comme si j'étais tout le temps en train de m'observer. C'est étrange quand même ! D'où me vient ce recul sur moi-même ?

Décidément, je ne suis plus la même dans ce pays…

10h45 : Nous, nous nous retrouvons dans la rue. Je m'assieds un moment pour faire le vide. Pauline me donne un sucre que je fais mine de manger pour calmer mes soi-disant hauts le cœur.

Une fois que je me sens apaisée et que mon corps arrête de trembler, nous reprenons notre marche. Nous décidons de contourner le village avant de retourner à l'hôtel, afin que l'air frais me fasse recouvrer la santé.

6. NOSTRADAMUS

« C'est lorsque vous avez chaussé vos pantoufles que vous rêvez d'aventure. En pleine aventure, vous avez la nostalgie de vos pantoufles. », Thornton Wilder

Même Jour

11h00 : Je retrouve peu à peu ma vigueur habituelle. Je reprends même une discussion tout à fait banale avec Pauline.

En fait, c'est au détour d'une ruelle qu'elle me lance :

— Tu ne sais pas ? Virginie est cocue. Son mec est parti avec une fille sur Paris et il l'a laissée sur la paille. Et tu sais ce qu'elle a fait pour se venger ? Elle s'est offert un sac Vuitton en lui piquant sa Gold. C'est fou non ?

La capacité de Pauline de basculer de la femme intellectuelle à la Bimbo de base m'a toujours interloqué !

Et moi, tel un caméléon, je m'adapte :

— Ah oui ? Où as-tu appris ça ? Ça alors ! Et de quelle couleur, il est le sac ? C'est quel modèle de chez Vuitton ?

En fait, je fais semblant de m'intéresser à ce qu'elle me dit, mais au fond je pense qu'il y a encore une femme de plus qui souffre en ce bas monde. Et je ris jaune.

Je prends alors encore conscience en cet instant de ma capacité à faire semblant ! On a souvent pris l'habitude de rire du malheur des autres. Mais là, je n'ai pas envie de rigoler.

Du coup, je pense à Paul, mon mari. Que fait-il lui en ce moment ? Est-ce qu'il m'a déjà trompé ? Est-il fidèle ? C'est vrai que notre couple ne va pas très fort depuis quelque temps.

Il ne manquait plus que cela ! Que je me mette à me faire des films sur Paul. Comme si tout cela ne suffisait pas ! C'est dingue la capacité qu'ont le mental et le cerveau à imaginer le pire…

Vite, je chasse ces idées noires. Elles ne me sont d'aucune utilité dans la situation actuelle. Il faut que je change de conversation !

10h00 : Je réfléchis sur le thème d'une nouvelle discussion, pendant que Pauline me raconte les frasques du mari de Virginie.

Nous nous retrouvons alors sur la Place du Village. Et là, à l'angle de la Place de la république et de la Rue Malbec, une maison porte sur ses murs extérieurs de bien étranges gravures.

Encore le même symbole ! Je suis clouée sur place.

Un passant remarquant la pâleur soudaine de mon visage m'apostrophe :

— Et bien ma petite dame ? me dit-il avec un fort accent du Sud-Ouest, c'est la maison de Nostradamus qui vous fait cet effet ?

La maison de QUOI ? De Nostradamus ! Le mage ? Il manquait plus que cela ! Mais qu'est-ce qu'il se passe à la fin ? J'ai l'impression d'être Alice aux Pays des Merveilles ! Je suis tombée dans un trou, et il m'arrive des choses étranges toutes les minutes dans ce pays de fou…

Voyant que je ne peux sortir un seul son de ma bouche, Pauline demande plus d'informations à ce monsieur. Et le passant se fait une joie de nous réciter par cœur ce que j'imagine être les écrits d'un dépliant de la maison du tourisme, qu'il doit clamer devant chaque touriste qui se poste devant cette satanée maison.

Il récite :

— Michel de Nostredame, dit Nostradamus (1503-1566) tenait son nom du village de ses ancêtres : Notre-Dame d'Alet (vallée de l'Aude). Il réunit les qualités de médecin, astrologue, devin et mage.

Je n'avais jamais fait le lien entre le nom de Nostradamus et Notre Dame. Décidément, le terme de « Notre Dame » me poursuit ! Je trouve cela étrange et je laisse le passant poursuivre son récit.

— Après Carcassonne, Nostradamus vécut quelques années à Alet. Michel de Nostredame, alias Nostradamus a des grands-parents juifs qui se sont établis dans la cité d'Alet. Vous pouvez voir sa maison devant vous, baptisée « maison de Nostradamus ». Ce n'est pas la maison qui intrigue, mais plutôt les gravures figurant sur plusieurs poutres visibles de l'extérieur. N'est-ce pas ma petite dame ?

Il a dû remarquer que je ne décollai pas mes yeux des symboles. C'est pour cela qu'il m'invective. En effet, je suis immobilisée.

Sur une des poutres, je peux voir plusieurs représentations. Trois, exactement : La première représente un blason constitué de plusieurs bandes horizontales. La seconde m'intéresse plus particulièrement, car elle représente la fameuse étoile à six branches de tout à l'heure. Mais qu'est-ce que cela peut bien signifier ? Que veut dire ce symbole ? Que dois-je comprendre ? Quel est le sens ? La troisième figure me rappelle le signe du yin et du yang. Vous savez le signe du tao qui représente le féminin et le masculin, un truc dans ce genre !

Mais quel est ce pays étrange ?

Mon corps se remet une fois de plus à vibrer. Oh non pas encore ! Ma vue se brouille. La vision de la grotte me revient. La dame en rouge me sourit alors et murmure… : « *Aide-moi, viens à ma recherche. Redonne-moi vie en toi…* »

Je suis pris de soubresauts, et là je crois que je m'évanouis…

14h00 : J'ai repris mes esprits. Je suis à une terrasse de café avec Pauline. Après avoir mangé une salade composée, je me sens mieux.

Je supplie Pauline de rentrer à Marseille. Elle n'a d'ailleurs pas de mal à répondre par l'affirmative à ma requête. Elle a vu mon teint blafard. Mon évanouissement la conforte dans l'idée que cela est juste de rentrer. Je ne lui explique rien de ce qu'il m'arrive. Je n'ai pas envie de parler de tout cela. C'est trop confus et trop énorme pour moi à digérer.

Tant pis pour Rennes le Château, je n'ai pas le courage. Vu le rythme que prend la tournure des évènements, je ne pourrai pas encaisser une coïncidence de plus, une vibration de plus…

Tant pis pour le message de la dame en rouge, de Notre Dame, de Marie-Madeleine ou de je ne sais qui... Je n'ai pas envie d'écouter. Cela n'est pas fait pour moi tout cela… Je veux retrouver ma vie d'avant : mon mari, mes enfants, mon boulot, ma maison, mon carré de verdure, ma routine…

Je rebrousse chemin avant l'arrivée dans le fameux village de Rennes le Château. Je ne passerai pas la fameuse porte symbolique. Mon cœur n'est pas assez vaillant ! Les gardiens, si gardiens il y a, sont trop puissants. Je ne me sens pas la force.

Je laisse de côté mes résolutions de changer de vie. Elle n'est pas si mal ma vie. Depuis ce fameux stage, tout va de travers… Je veux retrouver ma sécurité, dans mon appartement de 100m2, avec ma voiture et mes cinq semaines de congés par an.

Heureusement, tout va rentrer dans l'ordre maintenant. J'en suis sûre !

14H30 : Rassurée, je retourne avec Pauline à la voiture. Je m'installe sur le siège passager. Je ne tarde pas à m'endormir dans un sommeil lourd et profond.

PARTIE II : RETOUR A UNE VIE NORMALE : ENFIN PRESQUE !

7. QUOTIDIEN QUAND TU NOUS TIENS !

« Le cerveau est un organe merveilleux qui se met en marche au moment où vous vous réveillez et s'arrête au moment précis où vous arrivez au bureau. », Robert Frost

Vendredi 27 septembre

8h00 : Aujourd'hui, c'est mon anniversaire. J'ai 35 ans. Pauline m'a téléphoné hier soir pour que l'on sorte, mais j'ai refusé. Paul, mon mari, m'a promis de m'amener dans notre restaurant italien préféré. Cela me fait vraiment plaisir ! Il y a tellement longtemps que l'on n'a pas passé une soirée en amoureux tous les deux !

Les épisodes de Rennes le Château sont loin derrière moi. Tout est redevenu normal. Je ne fais plus aucun stage et mes visions se sont arrêtées à mon grand soulagement ! Ma vie, même si elle ne me fait pas vraiment vibrer, a repris son cours. Finalement, je m'en contente, comme tout le monde. J'ai mis mes idéaux de changements de vie de côté. Il faut être réaliste et responsable. Il ne sert à rien de rêver à d'autres horizons... C'est aberrant !

Mais comment vais-je m'habiller pour ce soir ? Je n'ai plus rien dans mon placard ! Je me sens si peu désirable en ce moment ! Entre midi et deux, j'irais faire une virée en ville !

Cela fait vraiment du bien de retrouver ses anciens repères : le mari, les magasins, le boulot...

9h00 : Je viens de déposer Marie et Maxime, mes deux charmants bambins, à l'école. Maxime ne m'a pas souhaité mon anniversaire. Il aurait pu y penser ! Il a huit ans quand même ! Marie a pleuré pendant une heure (temps moyen pour aller à l'école), parce que je n'ai pas voulu emporter une grosse valise avec ses trois poupées à l'intérieur pour la maternelle. Oh, mais non, pas question que je craque aujourd'hui !

10h50 : Il est l'heure de déposer ce merveilleux rapport que j'aie mis deux semaines et dix nuits à écrire sur le bureau de mon patron, Mr Pierre Dalmoute, de ces initiales PD, ou plutôt PDA, pour être politiquement correcte.

J'ai ingurgité pour ce document une bonne centaine de cafés contribuant à rappeler à mon aimable souvenir, mon bon vieil ulcère à l'estomac. Son titre : « le secteur des biotechnologies : pour ou contre, l'émergence d'un biopôle ». Le sujet ne me passionne absolument pas, comme mon travail d'ailleurs. Mais on doit bien se nourrir non ?

En plus, je sens bien que mon boulot est bien loin des valeurs qui sont importantes à mes yeux : faciliter l'émancipation d'un secteur qui modifie la génétique humaine ou végétale me met quelque peu dans un inconfort émotionnel. Mais, je fais mine de ne rien sentir depuis cinq bonnes années, c'est-à-dire depuis ma prise de poste ; car cela me demanderait bien trop de courage que de tout envoyer balader… J'ai vaguement essayé cet été, et j'ai bien vu ce que cela a donné ! Du grand n'importe quoi !

De surcroit, nous avons mon mari et moi, un énorme emprunt sur le dos… Et nous devons bien le rembourser chaque mois pour avoir la maison que n'importe quel français moyen se doit d'avoir… Et les études des enfants, il faut aussi y songer ! N'est-ce pas ? Cela coûte cher, les études !

Bon, fermons la parenthèse et revenons à nos moutons.

Mon problème avec cette remise de rapport à Mr le Directeur, c'est d'éviter ses sempiternelles mains baladeuses. La solution que j'adopte donc depuis toujours pour parler à mon boss : c'est la note interne par mail.

Cette note se présente à peu près comme suit :

De : CP (C'est moi, Charline Poirier) ……………À : PDA (ou PD, Pierre Dalmoute)

Monsieur le Directeur, comme convenu, veuillez trouver ci-joint.

Bla-bla-bla…

À peine ai-je commencé à écrire cette note que mon poste téléphonique s'est mis à sonner. C'est Dalmoute en personne qui crie presque au téléphone...

— Charline, peux-tu passer dans mon bureau ? Tu en profiteras pour me rendre tes conclusions sur ce fameux rapport ! Tu sais, c'est un sujet épineux...

Comme vous le voyez, là où je travaille tout le monde se tutoie ! Culture d'entreprise oblige ! Sauf que de mon côté, il est hors de question que je tutoie mon patron. Déjà que j'ai du mal à lui faire garder ses distances !

11h00 : Je me dirige vers le bureau de PD ; enfin, je veux dire celui de Pierre Dalmoute. La porte est ouverte. Il est assis à son bureau. Description : 59 ans, 1m75, cheveux gras, bouclés et grisonnants, lunettes rondes, rougeaud, bouée autour de la taille. On dit de lui qu'il est très intelligent, perspicace et intuitif.

Pas de doute là-dessus ! Le problème c'est que de telles qualités ne lui servent qu'à aiguiser sa perversité.

Une grande inspiration : j'entre.

— Bonjour, Monsieur Dalmoute.

Vraiment, quelle idée d'avoir un nom pareil !

— Ah, bonjour, Charline, dit-il en se levant.

Ne te lève pas ! me dis-je. Mais pourquoi se lève-t-il ? Et, comme d'habitude, je me retrouve avec sa main autour de ma taille !

— Alors, et ce rapport ? poursuit-il.

Il faut que je trouve absolument une parade ! Je me contorsionne, sans prendre d'ailleurs la peine d'être discrète. Et je m'assieds...

Ce genre de comportement, destiné à éviter les gestes affectueux de mon chef, ne m'a d'ailleurs valu aucune augmentation depuis deux ans, ce qui n'est pas le cas de Valérie du service marketing, soit dit en passant !

— On est mal luné Poirier, ce matin ? rétorque-t-il.

Je déteste cela, quand il m'appelle par mon nom.

— Non !

Je réponds sèchement. C'est fini, plus de rond de jambe ! J'en ai marre de faire semblant ! De toutes les façons, il ne peut pas me virer pour cela ! Je fais du bon boulot !

Je dépose le rapport sur son bureau et me risque à dire :

— Tout est écrit dans le rapport, Monsieur Dalmoute. Il faut que j'y aille, j'ai un rendez-vous téléphonique avec Mr Pujols, et vous savez combien c'est important. Je suis désolée, je comptais vous l'envoyer par mail, et je n'avais pas prévu notre rendez-vous dans mon planning. Mais je peux annuler le meeting avec Mr Pujols, si vous préférez ?

Sa réponse ne se fait pas attendre :

— Vas-y, vas-y... mon petit, mais à une condition ! Un petit bisou…

Et il me tend sa joue droite ! Et me voilà qui m'exécute ! Je n'ai plus le choix, je suis coincée ! Je ne peux pas le renvoyer dans ses buts trois fois de suite tout de même ! Et qui va me donner mes deux mille deux cents euros nets par mois ?

Au moment où je m'apprête à sortir de ce bureau pour prendre une bouffée d'oxygène, Dalmoute rajoute :

— Au fait Charline, que penses-tu de Violaine ?

Violaine, c'est la fille qui a été embauchée il y a trois mois à la comptabilité. Mais qu'est-ce qu'il veut encore ? Qu'est-ce qu'il a derrière la tête ? Réfléchis. Ne te goure pas dans ta réponse, Charline. Il veut arriver quelque part. Mais le problème, comme d'habitude, c'est que tu ne sais pas où ! Je ne suis pas sûre de vouloir le savoir d'ailleurs.

Bon, allez, je me lance dans une réponse :

— Heu…, je ne sais pas. Je n'y connais rien, moi, en ressources humaines ni en comptabilité d'ailleurs, sinon Violaine, elle est sympa.

— Ah ! répond-il, pourtant je crois que je ne vais pas la garder. Tu comprends, elle ne me sourit pas le matin quand elle arrive…

Et voilà, j'ai compris ! Il faut lire entre les lignes ! Je décrypte le message : Charline, si tu ne fais pas d'effort de séduction envers Dalmoute, c'est la porte ! Ce mec est un pervers ! Il faut que je sorte d'ici, et vite ! J'ai besoin d'air !

Je fais un petit sourire mi-figue mi-raisin ; et dépitée, je sors de son bureau en ne disant qu'un vague :

— Ah Bon ? Bien, il faut que j'y aille. À Bientôt, Mr Dalmoute.

Au lieu de : c'est un scandale !

Je suis toujours la reine du double discours. Ce n'est pas demain la veille que cela va changer ! Je suis vidée. Ce personnage est un vampire ! Pourquoi est-ce que je me sens si minable et si fatiguée, chaque fois que je sors de son bureau ?

11h30 : Ma conversation téléphonique avec Mr Pujols vient de se terminer. L'épisode avec Dalmoute a vite fait de me faire oublier mes bonnes résolutions ! Je crois que je suis en train de craquer ! J'ai besoin de parler à quelqu'un pour me calmer ! J'appelle donc Paul.

Messagerie

11H35 : J'appelle Paul : *Messagerie*

11h40 : Je rappelle Paul. *Messagerie*

11h41 : *Messagerie*

11h 42 : *Messagerie.* Mais qu'est-ce qu'il fait ?

11h42 et 30s : *Messagerie.* Je n'en peux plus ! Mais où est-il ? Bon, ressaisis-toi. C'est quand tu es dans ces états, que les disputes éclatent. Alors ZEN… Respire ! J'attends 15 minutes et je rappelle.

12 h00 : J'appelle. Ça sonne… Une sonnerie… Deux sonneries...Trois sonneries… Huit sonneries. *Messagerie.* Alors là, ma patience a des limites !

12h01. J'appelle. Ça sonne. Une sonnerie… Deux sonneries :

— Allo ?

C'est Paul. OUF ! J'explose :

— Mais qu'est-ce que tu faisais !? Je n'arrive pas à te joindre ! De toutes les façons, tu n'es jamais là quand on a besoin de toi !

Et je raccroche à bout de nerfs ! Avec ces bêtises, je n'ai pas pu finir mon travail de la matinée. Et, il faut en plus que j'aille faire des courses pour être belle ce soir pour MONSIEUR ! Et je pense, tout à coup, à toutes les femmes qui doivent lui tourner autour, surtout avec sa nouvelle BMW achetée à crédit… J'ai vraiment le moral dans les chaussettes.

12h45 : Cela m'a pris deux minutes pour trouver la tenue de mes rêves : petite robe noire décolletée dans le dos. Si Paul ne craque pas avec ça, alors là je n'y comprends plus rien ! Du coup, j'ai rappelé Paul sur son portable pour m'excuser de lui avoir raccroché au nez. Et, il était encore sur messagerie ! Mais là, je suis restée hyper zen et d'une voix chaude et sexy, je me suis excusée. Eh oui, préserver sa vie de couple nécessite de faire des efforts de nos jours !

Si Pauline m'avait vu, je pense qu'elle m'aurait assassiné. Elle, et son fameux adage : «Ne jamais s'excuser, ne jamais se rabaisser et vous serez désirées ».

Oui, mais primo, elle est célibataire. Deuxio, elle mesure 1m78 pour 62 kg. Elle pourrait cracher sur le type qu'elle a en face de lui qu'il continuerait à vouloir la draguer !

13 h 00 : Après mon petit achat, pour augmenter mon moral, je suis allée manger un steak tartare, mon plat préféré avec une bonne chope de bière, à côté du bureau. Au diable, la discipline ! Penser à soi, c'est important !

14h30 : Retour à mon poste. J'ai mal au cœur.

16h00 : Deux Motilium ont eu raison de mes nausées. Après deux heures difficilement soutenables, je vais mieux. Mais du coup, je n'ai pas fait grand-chose au niveau boulot. Comme tout employé qui se respecte, j'ai surfé sur internet, et j'en ai profité pour faire les courses sur *www.super.fr*. Je me ferai livrer demain matin… Créneau de livraison : 8h00-13h00. Autant dire que ma matinée de demain est foutue. Me voilà coincée à la maison ! Cinq heures de battements, ils exagèrent ! Sans compter que si les livreurs débarquent à 8h00, on peut dire au revoir à la grasse matinée. En plus, j'imagine déjà Paul, les nerfs à vif, qui ne manquera pas de me faire remarquer : « Chérie, tu sais bien que je n'ai que le week-end pour me reposer ! Je travaille toute la semaine comme un fou ». Oui, je sais… Et moi, je ne fais rien peut-être ! Je me tourne les pouces, c'est bien connu ! Il n'a qu'à les faire lui-même les courses !

Mon cerveau a une pensée à la seconde. Il s'emballe comme un cheval fou, comme à son habitude ! Toute seule, je me fais les questions-réponses. Calme-toi, Charline ! Il ne s'est encore rien passé que tu t'énerves déjà ! Ce n'est pas bon pour tes colites, me dis-je en mon for intérieur. Je ne craquerai point.

Et Prozac, dis-je en lorgnant le fond de mon sac, tu ne connais pas Charline Poirier ! Et bien, mon Pote, tu peux toujours courir pour agir sur mes neurones aujourd'hui !

19h30 : Enfin à la maison ! Je vais pouvoir m'occuper de moi : bon bain bien chaud, masque à l'argile... À peine ai-je tourné les clés dans la serrure que sans que je comprenne pourquoi je me retrouve le popotin sur le parquet fraîchement ciré par Jim, l'homme de ménage Philippin, avec un poids de 44 kg sur mon ventre ballonné : Lucie 14 kg, Maxime 30 kg.

Mes deux charmants bambins ont déboulé dans le couloir, et n'ont pas réussi à stopper leurs courses. Ou plutôt si ! Sur le seul obstacle présent : MOI!

— Maman ! hurlent-ils en cœur chacun dans une oreille différente.

— Bonsoir mes amours. L'école s'est bien passée ? Mais où est Stéphanie ? dis-je, en me relevant et me dirigeant dans le salon.

Stéphanie, la baby-sitter des enfants, le soir de 16h00 à 20h00 + extra, dix-neuf ans est affalée sur le canapé, écouteurs de son iPhone sur les oreilles, chantant à tue-tête. Un minimum exaspérée par cette arrivée fracassante et bruyante, après cette dure journée, mais faisant preuve d'un calme olympien, malgré la TONNE de jouets éparpillée dans le salon, j'appelle Stéphanie pour qu'elle me débarrasse de mes petits anges :

— Stéphanie ?... Stéphanie ?... Stéphanie ?... Stéphanie !... STÉPHANIE !

Elle répond enfin :

— Ah ! Bonsoir, Madame Poirier, désolée, je ne vous avais pas entendu entrer.

Tu m'étonnes, avec ce casque sur la tête ! Mais fidèle à mes doubles discours, je réponds calmement :

— Mais ce n'est pas grave. Pouvez-vous vous occuper des enfants ? Je vais me préparer. Et merci de vous être libérée pour ce soir.

20h30 : Je sors de ma chambre, fin prête. Maxime lance :

— Ouah, maman ! T'es trop belle ! Je pourrais t'épouser quand je serai grand ?

Apparemment, il n'a pas terminé son Œdipe ! Mais je décide de ne pas le relever. Ce n'est pas le moment de se lancer dans des explications du genre : je suis la maman, ton papa est mon mari, et toi plus tard tu trouveras une jolie fiancée et bla-bla-bla…

Au moins, sa réflexion aura contribué à me remonter le moral ! Je me sens irrésistible ! Et qui sait ? Peut-être même que ce soir je ferai un petit câlin avec Paul ? Cette pensée tout d'un coup me plonge dans un sentiment de déprime total. Mais depuis quand on n'a pas ?... Ça fait ?… Réfléchissons ! Deux mois !!!

Mais, je ne m'en suis même pas rendue compte avec ma libido en berne ! Et Paul, c'est … C'EST UN HOMME !!! Il ne peut sûrement pas tenir deux mois sans rien faire !

C'est ainsi, sous l'emprise d'affreux doutes, que j'attends Paul qui ne daigne toujours pas arriver. Comble de tout, me dis-je, on sera en retard et, le restaurant ne nous gardera pas la table…

8. LA DISPUTE

« La dispute alimente la dispute et engloutit ceux qui s'y plongent. », Sénèque

Samedi 28 septembre

7h00 : Je broie du noir en contemplant le côté gauche de mon lit qui est vide !

Eh oui, Paul n'est pas rentré avec moi hier soir. On s'est disputé ! Il a dû se trouver un hôtel miteux pour passer la nuit… À moins qu'il n'ait trouvé un autre plan.

Mais où peut-il bien être ? Une autre femme peut-être ? Je n'en peux plus. Ma vie est un désastre ! Paul ne m'aime plus, j'en suis sûre ! Autant, avant j'avais des doutes, autant maintenant, c'est évident ! Il n'y a qu'à voir la soirée qu'on a passée tous les deux ! Je me la passe et repasse comme un film, en boucle dans ma tête.

Le scénario est à peu près le suivant : arrivée de Paul hier à 21h30 avec deux heures de retard. Je détecte une odeur discrète d'alcool. Exaspérée, je lui demande :

— Tu as bu l'apéro ?

— Ouais, répond-il, après une journée pareille, j'avais besoin de me détendre.

Et là, telle une mitraillette, je déblatère :

— Et moi, tu ne crois pas que j'ai besoin de me détendre ! Tu imagines la journée que j'ai passée avec cet abruti de Dalmoute ! Tu n'as pas idée ! C'est toujours les mêmes qui s'amusent ! As-tu pensé à MOI une seconde ? Tu m'écoutes ? Eh, TU M'ÉCOUTES ?

Je hurle presque ; tel mon besoin d'être entendue est grand.

Paul, lui, est en train tranquillement de lire le courrier, alors que moi j'ai tant de choses à lui dire ! Il s'en moque, ou quoi ? Sans me démonter, je poursuis :

— As-tu remarqué ma nouvelle robe ? Non, bien sûr ! Sinon tu me l'aurais dit ! Tu ne crois pas que de temps en temps, j'aurais besoin que tu fasses semblant de me trouver un tant soit peu à ton goût ! J'ai acheté cette robe, car je pensais que cela te ferait plaisir ! Parce que je voulais être belle pour sortir avec toi !

Pour toute réponse, j'ai droit à un vague :

— Mmm… attend deux secondes, je lis un courrier important pour mon boulot.

Et là, j'explose :

— Cela fait deux heures que tu t'aères avec tes copains, ou je ne sais qui ; et tu n'as même pas deux minutes à m'accorder ? Tu ne peux pas prendre un peu de ton précieux temps pour m'écouter ? Tu n'es jamais là lorsque j'ai besoin de toi ! Cela me ferait du bien de te parler quand ça ne va pas. Je passe mon temps à travailler ou à m'occuper de tes enfants. Ce n'est pas une vie ! Et toi, tu ne fais plus attention à moi, même ce soir, le soir de MON anniversaire ! Tu n'étais pas comme cela avant ! Avant, tu me voyais ! Je n'en peux plus !

Et là, grosses larmes de crocodile. Je m'effondre et pense en mon for intérieur : « Il ne me prend même pas dans ses bras, ce mufle ! » S'il savait qu'en cet instant précis, j'ai seulement besoin qu'il m'aime. Mais ça, il ne le comprend pas ! Aucun homme ne le comprendra jamais d'ailleurs...

Au lieu de cela, il se lance dans une espèce de tirade à deux balles :

— Si ton boulot ne te plait pas, tu n'as qu'à en changer... *toujours aussi direct !*

— Si je ne te conviens pas, tu n'as qu'à m'ignorer… *une solution pour chaque problème soulevé !*

— Si tu en as marre des enfants, tu n'as qu'à demander à la nounou de venir plus souvent… *et voilà, tout est tellement facile !*

Mais il ne voit pas que je suis déprimée ? Je n'en ai pas besoin de ses solutions, j'ai juste besoin d'écoute !

— Quant à ton anniversaire, je suis là non ?... *Super quel effort !*

Là, c'est plus que je ne peux le supporter. Je crie en espérant quand même qu'il comprenne un minimum mon désarroi :

— Écoute, cela m'est égal tout ce que tu racontes. Rien de ce que tu me dis ne me réconforte. Tu ne comprends rien. Tu ne sers à rien. J'en ai ras le bol. Tu ne m'aimes plus, je le sais. Tu ne m'écoutes plus. Tu ne me vois plus. Tu ne me touches plus… Ma vie est un désastre sur tous les plans ; et, tu ne m'es, d'aucun secours…

Et là d'un calme olympien, il rétorque :

— Tu n'as qu'à divorcer !

Comme si cela lui faisait ni chaud ni froid, comme si c'était facile pour lui. C'en est trop pour moi. C'est plus que je ne peux le supporter.

Je hurle pour de bon cette fois :

— VA-T'EN !!!

Sans rien dire, impassible, il ouvre la porte et s'en va avec une facilité déconcertante. Sept ans de vie commune et voilà, c'est terminé en une fraction de seconde. Cet homme n'a pas de cœur !

Sept ans ! C'est donc vrai ce qu'on dit : la septième année, c'est l'année où ça passe ou ça casse. Et bien nous, ça casse !

Voilà donc le récit de notre folle soirée. Ce souvenir amer ne contribue pas à m'aider à retrouver le sommeil. Encore une grasse matinée que je peux oublier !

9h00 : J'appelle ma belle-mère d'une voix mielleuse. Je lui demande si elle veut bien prendre les enfants ce week-end, sans lui dire que j'ai besoin de me ressourcer, de craquer, d'exploser, d'exulter, de vociférer, de hurler, de tout casser…

Je ne veux pas lui raconter quoi que ce soit de ce qui a pu se passer entre moi et Paul… Elle serait trop contente de savoir que son fils chéri va peut-être mettre fin à sept ans d'hypocrisie entre elle et moi. Je prétexte un boulot pas terminé, et le tour est joué !

Quant à son fils, nul besoin d'excuse, elle sait très bien qu'il est incapable de s'occuper des enfants tout seul. Elle me répond qu'il n'y a pas de problème, sans omettre de me faire sa petite réflexion du jour :

— Vous travaillez trop ! Pauvres enfants, vous devez leur manquer parfois.

Je prends le parti de ne pas lui répondre. C'en est trop pour aujourd'hui.

11h00 : L'appartement est vide, comme mon cœur. Je suis lavée, lessivée, fatiguée et déprimée.

État des lieux de ma vie : patron pervers, boulot sans intérêt, couple en déconfiture, enfants adorables, mais en souffrance parce que je ne m'occupe pas assez d'eux, santé très moyenne (sciatique, maux de tête, ulcère, colite..., soit toutes les maladies chroniques dues au stress que l'on puisse imaginer), belle-mère insupportable... En bref : RIEN NE VA PLUS !

J'aimerais être seule sur une île déserte, les choses iraient bien mieux ! Peut-être devrais-je partir ?

Comme l'a dit un écrivain célèbre dont je ne me souviens plus du nom : L'ENFER C'EST LES AUTRES.[4]

13h00 : J'allume la télévision, histoire de me remonter le moral.

— Un terrible attentat tuant...

Non, c'est trop. Je ne peux plus ! STOP ! Mais n'y aurait-il que des horreurs en ce bas monde ?

Et là, mon parasite mental me prend d'assaut. Je ne retiens plus mes pensées noires et obscures. Elles ont raison de moi. Et cela donne à peu près ceci : « Pourquoi tant de famine, tant de misère, tant de morts ? Pourquoi un tel déséquilibre entre les pays riches et les pays pauvres ? Pourquoi un tiers de la planète qui mange à sa faim alors que les deux tiers n'ont même pas de quoi subsister ? La vie vaut-elle vraiment la peine d'être vécue ? À quoi bon ?

Pourquoi tant de souffrances ? Pourquoi sommes-nous sur terre si c'est pour vivre ça ? Quel est le sens ? Quel est le But ? Pour qui ? Pour quoi *? »*

Et me voilà en plein délire, d'autant qu'entre-temps je me suis sifflée un demi-litre de whisky. Mes pensées deviennent de plus en plus confuses et je crois même que je parle à haute voix en titubant dans l'appartement !

Me voilà, en train de clamer tout en me regardant droit dans le miroir des phrases d'une intelligence rare ! :

— Je dédie mes pensées à l'humanité. À toutes les petites vies minables, aux discussions vaines et puériles, aux maris idiots, aux mômes bruyants et sans éducation, aux principes rigides, aux mauvais goûts, aux musiques décérébrées et à tous les propos imbéciles, sans oublier les idées politiques déconcertantes… Sachez, mesdames et messieurs, que je ne vous aime pas. Nul sur terre ne pourrait être aussi petit, aussi mesquin, ni aussi dépourvu d'intérêt que vous. Pourquoi être si méchants et si égoïstes ? Vous n'avez d'humain que le nom. Pourquoi ne s'intéresse-t-on pas à ce que je fais ? Pourquoi personne ne me regarde-t-il ? Suis-je si insignifiante ? Et bla-bla-bla…

Et là, je crois bien que je m'écroule saoule et inerte au bord du coma éthylique.

9. LA TRAHISON

« On fait parfois des efforts considérables pour souffrir d'une trahison ; et l'on y parvient.», Étienne Rey

Dimanche 29 septembre

6h30 : Je suis réveillée par le bruit de la serrure de la porte d'entrée. Cela doit être l'homme de ménage. Je ne me rends même pas compte que cela ne peut pas être le cas ; car non seulement il est bien trop tôt, mais en plus c'est dimanche !

Je me trouve plutôt en forme ce matin par rapport à d'habitude. Je m'interroge sur mon état de santé : pas de nausée, pas de douleurs ulcéreuses ou de migraine, ni de sciatique. Est-ce normal ? Cela doit être dû aux vomissements de cette nuit pour évacuer le trop-plein de whisky.

Du coup, je suis pleine de bonnes résolutions. Je prends conscience que j'ai un peu exagéré avec Paul. Et j'ai vraiment envie de recoller les morceaux. Cette dispute était vraiment stupide.

La porte de ma chambre s'ouvre… Flute, si l'homme de ménage me voit dans cette tenue, c'est la honte assurée.

En fait, il s'agit de Paul. De PAUL ? Qu'est-ce qu'il fait là à cette heure-ci ? Et là, mon mental s'emballe comme un cheval fou :

Oh la la, je n'ai pas eu le temps de préparer ce que je dois lui dire pour me rabibocher… Même s'il n'y a que les bars, le foot et les filles qui passent qui l'intéressent, je l'aime… C'est comme ça… Enfin, je crois… Même si ma vie est un enfer, je crois que je l'aime… Même si je pleure tous les soirs depuis plus de deux ans, je… euh…, je l'aime oui bien sûr... Même si, euh… , oh et puis stop !... Mais oui, tout va bien ! Il ne faut pas se plaindre ! Il n'y a qu'à regarder les autres !… Ils… euh…, ils ne sont pas si heureux que cela les autres, finalement !… Bien moi, je le crie haut et fort !... J'aime mon mari… Et puis de toutes les façons, je suis trop vieille pour démarrer autre chose… Et puis, je n'ai pas envie d'être seule… Et puis, il y a les enfants... Et puis, qu'est-ce que mes parents vont dire ? Et qu'est-ce que les autres vont penser de moi, si je le quitte ?… Et puis, de quoi vais-je vivre ?... Oui, c'est ça, je l'aime ; c'est évident enfin !… Ouf, je suis rassurée… Je n'ai plus de doutes…

Faisant semblant de dormir, je m'aperçois que Paul est en train de faire une valise… Une VALISE ? Celle de Bora Bora et du voyage de noce en plus ! Et Pauline qui m'avait dit que ce ne sont jamais les hommes qui partent en premier parce qu'ils sont trop lâches ! Pourquoi est-ce que mon couple ferait exception à la règle ? De toutes les façons, je ne fais jamais rien comme tout le monde.

Mais non ! Réfléchis, rappelle-toi, c'est toi qui l'as mis dehors avant-hier. Et là, il t'obéit, c'est tout ! Bon, allez, vas-y, recolle les morceaux ! Il va tellement être soulagé ! Allez, arrête, il a assez souffert. Arrête son calvaire !

Regonflée à bloc, faisant semblant de me lever de la façon la plus sexy qui soit malgré mon pyjama en pilou pilou ; je lui lance un :

— Paul, c'est toi ? Très suavement, mi-surprise, mi-ravie.

— Oui, répond-il sèchement.

Oh la la, il n'a pas l'air bien luné. C'est normal, il ne sait pas que j'ai décidé de reprendre une vie de couple belle et épanouie. Je vais vite lui exposer cette belle décision et tout va aller pour le mieux.

Je me lance :

— Où es-tu allé pendant ces deux jours ? J'espère que tu as bien dormi. Moi, tu sais, j'ai passé une journée assez bizarre. D'ailleurs, tu m'as manqué. Cela m'a permis de réfléchir… Et je voudrais t'expliquer ce que j'ai compris sur nous…

Pendant que je développe ma superbe tirade, il me coupe la parole :

— Oui, bien sûr. Tu comprends toujours tout mieux que tout le monde. La seule chose peut être que tu ne sais pas faire, c'est aimer ! Écoute, effectivement tu es intelligente, et ton savoir est bien plus grand que le mien. Ton cerveau est rempli d'infiniment plus de connaissances livresques que moi ;

mais ton cœur, il est où ton cœur ? De toutes les façons, je ne peux plus jouer à faire semblant. Si tu as compris des choses, moi aussi. Je dois te dire la vérité, et pour une fois dans ma vie être honnête avec moi-même… Alors voilà : je m'en vais, je t'ai beaucoup trompé parce que j'ai vraiment cherché quelqu'un qui pourrait m'aimer et me dire que je suis un type bien, chose que tu ne me dis plus depuis bien longtemps… Je n'en peux plus de ne pas me sentir libre de mes mouvements, et que tu me dises tout le temps ce que je dois faire ou ne pas faire. J'en ai ras le bol de me sentir obligé de faire les choses pour te faire plaisir et de ne pas me sentir moi-même. J'étouffe. Je pars !

— Tu, QUOI ?

— Je pars, répète-t-il.

— Non, non, tu, QUOI ?

— J'étouffe, je te dis ! dit-il en criant.

— Tu, QUOI ?

Je crie encore plus fort.

— … Pas de réponse.

— Qu'est-ce que tu as dit ? Tu m'as beaucoup trompé ? Cela veut dire quoi beaucoup ? Mais quelle horreur ! Mais qu'est-ce que c'est cette histoire ? Avec tout ce que j'ai fait pour toi ! Mais, avec QUI ? HEIN, QUI ?… Et, POURQUOI ? Oh mon Dieu, non ! Tu n'as pas fait ça ! Va-t'en s'il te plait ! C'est trop horrible ! Va-t'en !

Il s'adoucit :

— Écoute, il faut que tu me comprennes, je...

— Tais-toi. C'est trop. Va-t'en, je t'en prie !

Je veux me retrouver seule. J'ai trop mal. Cette annonce m'a fait l'effet d'un coup de poignard. Je ressens la douleur dans tout mon corps. Mais non, ce n'est pas possible de ressentir une souffrance pareille. Je n'arrive plus à respirer. Je hoquète... Je me sens humiliée, trahie, rejetée… J'ai tout sacrifié pour lui et voilà ce qu'il m'arrive. Ce n'est pas possible. Tout vacille… C'est trop dur… La vie n'en vaut pas la peine.

Je me recroqueville en position fœtale et je répète d'une voix minuscule :

— Va-t'en !

Puis je n'ai plus conscience de rien.

PARTIE III : TOUT S'ÉCROULE

10.TOUT RECOMMENCE !

« Si vous parlez à Dieu, vous êtes croyant, s'il vous répond, vous êtes schizophrène », Anonyme

Lundi 30 septembre

11h00 : Je ne suis pas allée au bureau aujourd'hui. Cela m'est impossible après ce qu'il s'est passé hier.

Je suis dans le brouillard. Je n'arrive plus à penser à quoi que ce soit ni à rien ressentir. Je ne peux plus respirer. Ne suis-je pas en train de mourir ?

Je crois que je me mets à prier… Oui, c'est cela, je prie, alors que je n'ai plus prié depuis l'âge de mes 8 ans. C'est bizarre, je me vois les mains jointes et j'entends ma propre voix murmurer, comme si je m'étais dédoublée… Quelle expérience amusante !

Le plus étrange, c'est que je n'éprouve plus à cet instant que je suis triste. Pourtant, je vois cette femme affalée, engloutie, attristée, les yeux bouffis par les larmes. J'ai tellement envie de la prendre dans mes bras pour lui dire que ce n'est rien, que cela va passer, que la seule chose dont elle a besoin c'est de s'aimer pour être aimée, que la vie est facile et belle.

Mais une minute après à peine, j'ai une douleur énorme dans la poitrine, tel un coup de poignard qui me transperce le sternum… C'est là que je réintègre l'idée que cette femme, c'est moi. Mes sensations, mon corps redeviennent miens. Et, c'est vraiment trop dur ! J'étais si bien… Je ne veux pas être elle !

Un bref instant, j'ai cru avoir vu et su que tout était parfait. Et là, je vois toute l'horreur de ma vie. Quel paradoxe ! Pendant un court laps de temps, je me suis sentie en paix, comme jamais je ne l'avais été auparavant. Comment une telle chose a-t-elle pu se produire, au moment où j'étais justement au paroxysme de ma douleur ?

Malheureusement, ce sentiment de plénitude n'a été que de courte durée. Je me remets donc à prier en espérant que cette action m'attirera non seulement les bonnes grâces de Dieu, mais aussi la cessation de cette douleur au creux de ma poitrine. Mais rien n'y fait. La souffrance est toujours là. Je n'arrive plus à m'échapper de ce corps pour ne plus rien sentir, ou pour retrouver le court état de grâce précédent.

Je prie donc encore et encore, en ayant conscience que c'est bien moi qui prie cette fois-ci. Je supplie même ! Je supplie Dieu de me venir en aide ! Je ne comprends pas comment il a pu laisser faire cela ! Qu'ai-je fait pour mériter cette vie ?

Mes yeux sont baignés de larmes, mes oreilles bourdonnent, et j'ai mal. Je souffre tellement, que je ne pense plus. Et ne contrôlant plus rien, n'ayant plus aucune pensée, c'est tout à coup mon corps qui prend le relais.

Cela me rappelle les sensations que je voulais oublier depuis juillet dernier dans l'Abbaye d'Alet-les-Bains. Sauf que là, c'est encore plus fort ! Je suis spectatrice de mouvements corporels que je ne maîtrise pas... Ma tête dodeline de droite à gauche. J'émets des sons qui ne sont pas commandés par ma propre volonté. Des lumières de toutes les couleurs dansent devant mes yeux… Des énergies vibrent le long de mon corps. Des courants d'air froids puis chauds me pressent le visage jusqu'à écraser ma joue droite. Mon corps est pris de tremblements. Mes mains forment tantôt des pyramides, tantôt des cercles… Ma tête veut lutter contre cet état de fait insolite, mais je ne le peux pas... Il y a comme une force venant de je ne sais où ; et elle prend le dessus sur ma propre volonté.

Et brusquement, une énorme vibration, comme une énergie prodigieuse, part de mon sexe et remonte le long de ma colonne vertébrale ! C'est tellement fort que mon corps fait des bonds sur le sol, où je me suis allongée. L'énergie se bloque au niveau de mon sternum, et à chaque secousse, mon corps se contorsionne et saute…

Que m'arrive-t-il ?... Je me mets à vomir plusieurs fois… Ma tête est le témoin de ce spectacle digne d'un film d'épouvante ; et pourtant je suis curieusement sereine, comme si une part de moi savait ce qui était à l'œuvre.

Néanmoins, en même temps, je pense devenir folle ! Mes mains vibrent, et des énergies sortent du bout de mes doigts. Mes jambes se tendent et se rigidifient… Mon corps se met même à faire des positions de yoga. Pourtant, je n'en ai jamais fait et je n'en connais aucune posture. Comment mon corps peut-il se mettre en mouvement, sans que je ne le lui commande avec ma volonté ?

Et là, au milieu de cette danse corporelle, si on peut vraiment appeler cela une danse, la vision de la dame en rouge revient. Elle est là ! Elle me regarde avec ses grands yeux noisette… Quelle beauté ! Une vraie reine !

Ces yeux sont emplis de compassion et d'amour. Cela me fait de nouveau pleurer. Des gouttes chargées de sel perlent sur mes joues. Je ne sais même pas sur quoi je pleure, mais j'évacue toutes les larmes de mon corps. Est-ce que je pleure sur ma séparation ? Sur le regard de cette femme vêtue de rouge ? Sur le fait que jamais quelqu'un ne m'ait regardé de la sorte ? Sur ce spectacle de ce corps qui devient fou ?

Au milieu de cette vision et des circonvolutions de mon corps, une voix à l'intérieur de moi se fait entendre :

— *Je suis Marie-Madeleine, Isis, Notre Dame, le principe féminin. Viens et tu sauras…*

Après cette phrase, mon corps s'arrête net de bouger, et tout s'apaise comme par enchantement… Je suis étalée là sur le sol, abasourdie par ce qui vient de se passer.

Je voulais oublier l'épisode de cet été, et voilà qu'en pleine souffrance la dame en rouge revient m'interpeller ! Et mon corps, pourquoi a-t-il ces mouvements ? Que signifient toutes ces expériences ? Dois-je aller voir un psy ? Je ne peux parler à personne d'un tel épisode, même pas à Pauline !

Je me sens tout à coup terriblement seule… Et en même temps, j'ai l'impression d'être accompagnée par quelque chose ou quelqu'un, comme une présence que je ne comprends pas mentalement. Et cette femme, où veut-elle que j'aille quand elle me dit « *viens* » ?

Je décide encore une fois d'ignorer ce message, comme lors de mon dernier périple. Je ne souhaite pas écouter ce que cette femme a à me dire… J'ai trop peur.

Cela doit être le choc de la séparation qui provoque tout cela, et je me persuade pour me rassurer que tout va rentrer dans l'ordre très vite… Mais, j'irai tout de même trouver un psy pour aller mieux. Et j'omettrai bien sûr de lui parler de cet épisode rocambolesque, pour éviter de terminer en camisole de force dans un asile pour aliénés mentaux ! J'ai dû avoir des hallucinations à cause de la souffrance provoquée par la révélation de Paul et de son départ, c'est tout…

Je ne peux pas me permettre de me confronter à des choses aussi bizarres. J'ai un métier, des enfants dont je dois m'occuper.

Je décide donc de passer à autre chose et de ranger mes papiers administratifs qui sont restés en suspens depuis trop longtemps. Et en mon for intérieur, je me dis qu'il y a mieux comme programme pour une journée de congé ! En même temps, mettre à jour tous ces papiers me fera sûrement et forcément penser à autre chose qu'à ces satanées expériences !

11. LE RÊVE

« La trace d'un rêve n'est pas moins réelle que celle d'un pas. », Georges Duby.

Mardi 1er octobre

2 h 00 du matin : Je me réveille en nage et en pleurs : encore des larmes ! Je suis abasourdie par le rêve que je viens de faire.

Je vous raconte : je suis une petite fille au milieu d'une forêt. J'ai des nattes blondes qui me tombent de chaque côté des épaules, et je marche le long d'un sentier arboré. J'aperçois au loin une clairière et je m'avance vers elle. Après quelques pas, au milieu de cet espace, se tient un homme âgé avec une longue barbe blanche, une tunique violette et un sceptre. Je suis médusée par la stature de ce personnage. Il s'avance tranquillement et me prend dans ses bras.

C'est alors qu'une énergie prodigieuse m'enveloppe, ou plutôt enveloppe cette petite fille qui se met à pleurer à gros spasmes. Elle pleure, car elle n'a jamais ressenti une chose pareille ! C'est comme si elle avait reçu une énorme douche d'amour.

Cette petite en sanglots demande :

— Mais qui es-tu ?

L'homme répond :

— *Je suis Merlin l'enchanteur.*

À ces mots, je me suis réveillée, mes joues trempées de larmes, et mon corps de chair encore rempli de cette énergie d'amour. Je suis là, assise sur mon lit. Je me frotte les yeux, puis regarde fixement la moquette…

Comment puis-je encore ressentir dans mon corps ce que j'ai vécu en rêve ? Comment puis-je avoir la sensation que mes cellules ont reçue l'énergie d'un songe ? Moi qui suis si rationnelle et matérialiste, je ne vois pas comment le monde de la réalité et du rêve peuvent se rejoindre. Il ne peut y avoir aucune passerelle entre ces deux mondes… Cela n'est pas logique.

J'essaie de fuir toutes ces expériences étranges, et malgré mes efforts cela me poursuit inlassablement ! Voilà qu'après Marie-Madeleine, je suis visitée par Merlin l'enchanteur ! De mieux en mieux ! Je crois que demain, il faut que je trouve un thérapeute en urgence avant de finir à l'asile.

Pourtant, ce rêve avait sûrement un sens ! Tout en continuant de fixer la moquette, je m'interroge sur sa symbolique.

Il est vrai que Merlin l'enchanteur est une figure mythique qui peuplait mes après-midi d'enfant. Petite, je me repassais la cassette du dessin animé en boucle. Merlin m'interpellait… C'était pour moi un magicien qui avait une sagesse à transmettre.

Aujourd'hui, si je me questionne sur ce personnage, je sais qu'il vivait à l'époque d'Arthur, de la table ronde et des chevaliers à la quête du Graal. Mais mes connaissances s'arrêtent là… Plus récemment, j'avais adoré Excalibur, où on y faisait référence. Pour moi, ces films et ces histoires sont pleins de mystères à découvrir, de symboliques, de magie, peuplés de personnalités mythiques et mystérieuses… Mais ce sont des films, des dessins animés ! Ce n'est pas réel !

Toutes ces expériences me laissent perplexe… Existe-t-il une corrélation entre ma souffrance, les mouvements de mon corps, ces personnages mythiques (Marie-Madeleine, Merlin) qui viennent me perturber dans mon quotidien ? Quelle est la signification de ce rêve pour le moins étrange ?

Je revois cette petite fille dans le rêve, blottie dans les bras de cet homme. Elle qui se laisse complètement aller sur ces épaules et qui se repose au creux de son cœur.

Je fais bien sûr le lien entre elle et moi, sauf que je n'ai jamais eu la possibilité de me laisser aller comme elle dans les bras d'un homme… Mon père est parti quand j'avais deux ans et dans les brèves rencontres que j'ai pu avoir avec lui plus tard, il a toujours refusé mes élans affectifs, ce qui m'a laissé des blessures indélébiles dans le corps… J'aurais rêvé recevoir les mêmes bras accueillants que dans ce songe… Au lieu de cela, je n'ai ressenti que du rejet.

Merlin est-il venu dans mon rêve pour guérir cette petite fille, pour me guérir ? Je fais du coup, une connexion entre mon père et ma vie affective désastreuse.

Et, je me trouve là dans mon lit, pleurant encore de l'effet de recevoir de l'amour d'un homme dans un songe : amour sans arrière-pensée sexuelle, amour qui ne cherche pas à prendre, amour pur.

Ce rêve continue curieusement à avoir des effets sur mon organisme, comme si on l'enveloppait dans un cocon… Je ressens mon corps totalement relâché et paisible, sensation que je n'ai pas l'habitude d'avoir, moi qui suis toujours en lutte. Je suis habituellement entourée d'une armure, pour éviter de souffrir… Mais là, je suis curieusement un peu soutenue pour la première fois de ma vie, comme si j'avais un axe sur lequel m'appuyer. Est-ce possible de ressentir cela grâce à un rêve, par l'entremise d'un personnage symbolique ?

Je ressens ce soutien concrètement dans ma chair ; et cela me donne le droit pour une fois de me laisser aller… Cela me suffit pour me prouver que cette expérience est bien réelle, même si elle a été vécue dans un rêve… Et ce lâcher-prise me permet de laisser sortir une rivière de pleurs que rien ne peut stopper… C'était donc cela, « lâcher-prise » ? Je comprends enfin la signification de ce terme que je n'arrêtai pas de lire dans ces fameux bouquins de développement personnel, et qui m'agaçait au plus haut point ! Et grâce à cette compréhension cellulaire et non pas mentale, je déverrouille toutes les émotions stockées et enfouies depuis ma plus tendre enfance, que je ne m'étais jamais donnée le droit d'exprimer… Et ironie du sort, c'est Merlin qui me permet d'évacuer tout cela !

Mon corps s'ouvre, et j'accueille ce qui est en train de se produire.

Au côté rocambolesque de cette situation, je me mets à sourire. Et je suis là en train de rire et de pleurer en même temps ! Comment peut-on ressentir deux émotions opposées et paradoxales au même moment?

Je suis à cet instant précis à la fois paisible et souffrante, joyeuse et triste ; et je suis terriblement vivante ! Moi qui n'ai jamais d'émotions, moi qui ne ressens que très rarement mon corps, me voilà aux prises avec un tsunami intérieur, un chaos que je pressens néanmoins comme une libération.

Et mon corps reprend encore une fois le dessus... La même énergie prodigieuse qui part de mon sexe et qui monte le long de ma colonne vertébrale se réveille tel un volcan. Cette énergie se dilapide dans tout mon organisme. Et je suis prise d'un orgasme spontané d'une force inégalée... Mon corps est en extase. Je ne retiens plus rien. Je n'ai jamais rien vécu de tel. Comment peut-on vivre un orgasme non provoqué ? Mon dieu, mais que se passe-t-il ?

Et un murmure me vient à l'oreille :

— *Tu touches ici l'union de l'intime, du charnel et du divin ; du sacré et du profane, de la terre et du ciel.*

Cela est trop pour moi. Il faut que tout cela cesse. Je supplie à qui pourrait m'entendre que tout cela s'arrête ! Pourtant, je sais au plus profond de moi que ce qui est en train de se produire a du sens. Mais je ne veux pas encore me l'avouer...

Je suis lessivée. Je suis épuisée par toutes ces expériences de la journée... Merlin, Marie-Madeleine, corps en mouvement, vomissements, énergie d'amour, émotions paradoxales, rires et pleurs, désirs et souffrances, extases et blessures... Je m'endors comme une masse espérant que demain me fera oublier toutes ces aventures

12. LA FAILLITE

« Dans le monde de l'esprit, c'est en faisant faillite qu'on fait fortune », Christian Bobin.

Même jour

10h00 : Je suis de retour au bureau. Je n'ai pas trouvé d'excuses qui auraient pu m'éviter de venir travailler. En fait, je me suis forcée à me rendre à ce foutu boulot pour essayer de retrouver un quotidien à peu près normal... Je m'oblige à affronter une réalité à laquelle je ne suis pas prête, pour retrouver la sensation que je suis une personne comme tout le monde.

Pourtant, je suis assez désemparée, car je me sens très loin des préoccupations des personnes qui m'entourent… En pleine crise existentielle et en pleine souffrance qui pourrait me comprendre ? Je n'ai plus aujourd'hui, compte tenu de ce que je vis, les mêmes objectifs que tous les gens de mon entreprise.

Qui suis-je ? Pourquoi tout cela ? Suis-je la seule à me poser des questions existentielles ? Suis-je l'unique à vivre des choses aussi fortes ? Quel est le sens de ma vie ? Quelle est ma place ? Est-ce la souffrance de cette séparation avec Paul qui me fait disjoncter ? Pourquoi les épisodes de cet été, que je tentais si fort d'oublier, ont de nouveau fait irruption dans ma vie, mais de façon encore plus prononcée ?

Aujourd'hui, dans mon bureau, je regarde d'un air détaché les allées et venues de mes collègues… J'ai l'impression de ressembler à Neo, le héros du film Matrix qui regarde d'un autre œil, le monde illusoire dans lequel sont baignés tous les individus qui ressemblent à des pantins, des automates, des marionnettes… Ils sont poussés par un système que personne ne se donne la peine de comprendre. Personne ne cherche à voir qui tire les ficelles, ou à lever la tête au-dessus ou au-delà…

En même temps, cette analogie avec le personnage de Neo me fait peur, car pour sortir de la Matrice, il en a subi des épreuves ! Je n'ai pas envie de rencontrer les mêmes obstacles que lui sur mon chemin !

J'ai les yeux dans le vague. Je n'arrive plus à me concentrer sur mon travail ni sur mon quotidien. J'ai l'impression d'être à côté du monde, et c'est une drôle de sensation.

La sonnerie du téléphone me remet d'un coup dans la réalité. Je décroche blasée.

— Allo ?

— Mme Poirier ?

— Oui…

— C'est Mme Durand, de SOFICA…

Tiens, pourquoi un organisme de crédit me contacte-t-il à mon bureau ? Je réponds, limite agacée :

— Quoi que vous ayez à vendre, cela ne m'intéresse pas, merci …

— Non, non, Mme Poirier, je ne cherche rien à vous vendre… C'est votre mari...

— Quoi, mon Mari ?

— Bien voilà, il est insolvable, et vous vous êtes portée caution…

— Je, QUOI ???

— Je vous dis que vous vous êtes portée caution ; et il nous doit beaucoup d'argent.

Mes jambes tremblent, mon pouls s'accélère… Qu'est-ce qu'il y a encore ? Mais est-ce que tout cela va enfin s'arrêter ? C'est une blague ! C'est un cauchemar !

Je réponds agacée.

— Je ne me suis jamais portée caution de mon mari. Nous sommes d'ailleurs en pleine séparation.

— Écoutez Mme Poirier. J'ai les papiers sous les yeux avec votre signature. Cessez de vous défiler maintenant. Nous avons l'habitude des gens comme vous qui n'assument pas leurs actes…

La voilà qui devient agressive maintenant ! Je ne comprends plus rien. Paul aurait-il refait ma signature ? Mais pourquoi aurait-il des dettes ?

— Mais enfin, dis-je en criant presque, combien vous doit-il ?

— 100 000 euros…

J'entends vaguement les chiffres. Ma vue se brouille… J'essaie de me ressaisir. J'essaie de garder mon calme, sans succès…

J'entends vaguement à l'autre bout du fil :

— Allo ? Allo ? ALLO ???

Je suis incapable d'articuler un mot et je raccroche.

Je me lève les jambes flageolantes, en direction des toilettes pour m'asperger le visage, en espérant que je retrouverai mes esprits, ou que je m'aperçoive que tout cela n'est qu'un mauvais rêve…

Au lieu de cela et comble de l'horreur, dans le couloir je croise Dalmoute qui m'attrape par la taille… Je ne lutte même pas pour tenter de me dégager de cette emprise. Je ne parle pas non plus de mon besoin urgent de me rendre aux toilettes. Je me laisse trainer inerte dans le couloir par mon foutu patron vers son bureau.

— Charline, chère Charline. J'ai besoin de te parler en urgence. Viens par là…, me dit mon chef tout en appuyant vigoureusement sa main contre le bas de mon dos.

Je donnerais cher pour voir la tête que j'ai en ce moment même ! Pourquoi personne ne se rend-il compte que je suis à la limite d'un pétage de plomb ou d'un « burnout » ? Dalmoute ne se rend-il pas compte que je ne peux plus rien donner ou entendre ? Pourquoi ne suis-je pas capable de hurler et d'affirmer mon besoin que l'on me foute la paix ? Pourquoi je ne ressens pas une énorme rage qui me permettrait de lui mettre ma main dans sa figure, ce qui par la même me donnerait l'occasion de me dégager de sa main de pervers notoire ?

Au lieu de cela, me voilà assise dans ce bureau que je connais trop bien, en face de quelqu'un que je ne peux plus voir en peinture… Je prends néanmoins et malgré mon état second, le temps de remarquer que Dalmoute n'a pas son assurance habituelle. Je le trouve même gêné, ce que je n'ai jamais eu l'occasion de voir depuis mon embauche, il y a de cela 5 ans.

— Charline, chère Charline…

Pourquoi ces « chère Charline » à chaque phrase ?

—… Je ne sais par où commencer…, dit-il.

Cela ne sent pas la bonne nouvelle… J'attends que Dalmoute accouche de sa phrase… Je suis dans une sorte de brouillard cotonneux, suite à la fabuleuse nouvelle de mon endettement. J'ai l'impression de ne plus vraiment être dans mon corps, une fois de plus. Et, je patiente docilement avec un air limite benêt, pour que Dalmoute termine ce qu'il a à me dire.

—… Voilà, je ne vais pas aller par quatre chemins. Suite à une rigueur budgétaire du fait de la baisse des subventions du département, je suis au regret de t'informer que nous sommes dans l'obligation de te licencier. Mais ne t'inquiète pas. Tu auras toutes les indemnités de chômage et de licenciement que tu mérites. Tu as fait du bon boulot, Charline. Je suis sûre que tu riras dans cinq ans de cet épisode. Allez ! Sans rancune ?

Je garde mon air benêt et béat. Et je m'entends répondre :

— Euh, non, non… sans rancune…

Le choc de cette deuxième mauvaise nouvelle de la journée m'empêche de me défendre comme il se devrait. Je ne peux d'ailleurs plus articuler un seul mot, laissant à Dalmoute toute la place pour se sortir de son inconfort d'avoir la mauvaise place de méchant patron. Cela lui laisse la possibilité d'articuler ces mots :

— Ah tant mieux ! Je le savais ! Tu es une bonne fille… Tu peux prendre des vacances quand tu veux pour digérer la nouvelle. Passe au service administratif pour régler les papiers ! Allez… Je suis content que cela se passe comme cela… Viens, je t'embrasse pour la peine…

Je ne réagis plus. Je me vois tendre la joue droite et me diriger dans le couloir tel un automate… Je ne comprends plus rien à ce qui est en train de se passer. J'ai l'impression de flotter au-dessus du sol. Je prends mon sac, et machinalement me dirige vers la sortie sans prendre la peine de passer par le service administratif… Je ne ressens plus rien. Je suis hébétée, et sans réaction. Cela doit être normal de ne plus avoir de sensations quand on est en état de choc… C'est sûrement une manière de se protéger d'une douleur trop grande… Ces deux nouvelles reçues coup sur coup sont vraisemblablement trop difficiles à digérer ; et moi j'ai choisi de fuir mon corps pour tenir le coup… Enfin, je crois…

Je déambule dans les rues de Marseille, en essayant de sentir l'air sur mon visage pour me sortir de ma torpeur… Je passe la Place Castellane, puis marche sur la rue de Rome. Et en regardant machinalement sur la gauche, j'aperçois Merlin L'Enchanteur… Je poursuis ma route… et …?

Mais qu'est-ce que j'ai vu ? MERLIN L'ENCHANTEUR ? Cela doit être le choc de tout à l'heure qui me brouille la vue ! Je reste hébétée et plantée sur le trottoir, le temps de retrouver mes esprits.

Certains piétons me bousculent, car je suis en plein milieu ; et je gêne leur course effrénée vers un je ne sais quoi, ou un je ne sais qui…

13. COUCOU MERLIN

« Le caractère le plus profond du mythe, c'est le pouvoir qu'il prend sur nous, généralement à notre insu. », Denis de Rougemont.

Même jour

11h30 : Je me secoue vigoureusement avec dans l'esprit l'image de Merlin l'enchanteur que je viens d'apercevoir, il y a cinq mètres à peine… C'est encore une de ces visions, j'en suis sûre !

Cela devient très préoccupant à double titre. D'une part, cela me prend en pleine rue sans crier gare, et d'autre part, cela me semble si réel cette fois-ci ! Pour en avoir le cœur net, je reviens sur mes pas.

Effectivement, là devant moi se trouve dans une vitrine une immense statue de porcelaine de Merlin l'enchanteur… Ouf ! Soulagement ! Ce n'est qu'une statue ! Ce n'est pas une vision ! C'est la réalité, de la matière tangible. Cela me rassure… Je ne suis pas folle…

En même temps, je trouve cela très curieux de croiser une statue de Merlin l'enchanteur de taille humaine, en plein centre-ville de Marseille, le lendemain du rêve sur ce même personnage.

Je vous jure que je n'en avais jamais croisé une avant, de statue de ce genre ! Et, je suis sûre que vous non plus ! Et, il faut que cela soit de surcroit le lendemain de mon songe sur Merlin !

Je trouve tout à coup cela inquiétant et plutôt étrange, mais aussi magique…

La statue que j'aperçois derrière la vitrine est plus grande et plus large qu'un homme, et elle est très colorée… Je suis médusée devant la vitrine… Je lève les yeux sur l'enseigne où je peux lire : « *Librairie des sciences parallèles* ». C'est angoissant et excitant à la fois. J'ai l'impression d'être Harry Potter.

Le choc de mon licenciement et de mon endettement disparaît pour laisser place à de la curiosité enfantine… Me voilà en face de la statue du héros de mon enfance, dont j'ai juste rêvé la nuit précédente ! Il faut avouer que c'est troublant, non ?

Je respire lentement et entre dans le magasin. Je ne me suis jamais aventurée auparavant dans une boutique de ce genre… Je suis étonnée par le nombre de bibelots étranges exposés sur les étagères : jeux de cartes sur des anges, livres sur la sorcellerie, traités de magie blanche, pierres et cristaux… Peu habituée à ce genre de lieu, et de peur que quelqu'un que je connais ne me voit dans cet endroit pour le moins étrange, je me dirige rapidement vers la statue de Merlin que je scrute du regard… Je relève chacun de ses détails en essayant de trouver un indice pouvant m'expliquer cette nouvelle coïncidence croisant ma route, sous le regard étonné de la vendeuse… Me sentant quelque peu ridicule dans cette posture, ne trouvant rien de convaincant comme explication sur la statue de Merlin, et pour éviter l'œil perçant de cette vendeuse, je me mets à fouiller en prenant l'air inspiré parmi les livres sur l'étagère posée près de Merlin.

Je décide finalement d'acheter un bouquin dont le titre me plait : « La terre et le ciel », de Robert de Dieuleveult… En fait, si j'ai choisi ce livre, c'est parce que le nom de famille de l'auteur m'a interpellé pour deux raisons : cela me fait d'une part penser à ce présentateur aventurier[5] et reporter disparu dans des circonstances bizarres ; et d'autre part, la phonétique du Nom de famille, « Dieu le Veut » est plutôt marrante dans les circonstances actuelles.

12h00 : Je finis enfin par sortir du magasin, soulagée. À part cet ouvrage que je viens d'acheter, il n'y avait rien de spécial à voir dans cette boutique étrange… Moi qui me prenais pour Harry Potter, je déchante vite en me retrouvant dans le vacarme de la rue de Marseille.

Au fond, je n'ai rien découvert de magique ou de bizarre… Je crois que toutes ces histoires ont fini par me rendre complètement et définitivement folle. Et, je prends donc la décision ferme d'arrêter avec ces bêtises.

Le bref intermède de magie dans lequel j'ai cru me trouver a vite fait de se clôturer... Je retrouve la dure réalité de la vie avec deux nouvelles très dures à digérer : un licenciement et un endettement. Voilà la vérité à laquelle je dois faire face ! Me prendre pour Harry Potter ne changera rien à l'affaire !

Je rentre chez moi les yeux baissés vers le sol, pour éviter que les passants ne voient les grosses larmes qui coulent sur mes joues.

21h00 : Je suis dans ma chambre seule et triste. Je fixe les papiers peints au mur, les mêmes depuis dix ans... Je fais le constat alarmant suivant : ma vie était monotone et sans saveur, maintenant c'est un désastre !

Pourtant, je sens que quelque chose d'inhabituel se passe en moi... Je ne m'accroche plus à rien. Je n'ai plus rien. Je vois comme un immense trou noir et je me laisse tomber. Et dans ce grand trou et ce grand vide, je ne suis pas rassurée certes ; mais j'ai cette impression bizarre et non rationnelle qu'au fond il y a quelque chose de neuf, d'important, de grandiose même. Ce n'est qu'une impression, mais elle suffit à ne pas me laisser sombrer.

Y aurait-il un rapport entre mes expériences corporelles, les coups durs qui s'accumulent, les coïncidences que je rencontre sur mon chemin? Tout cela n'aurait-il pas un sens ? Au fond de cet abîme, n'y aurait-il pas une chose essentielle que j'aurai jusqu'à présent perdue de vue ? Une main invisible ne m'aiderait-elle pas finalement à dégager tout ce qui ne me convient plus dans ma vie, car moi-même je n'en ai pas le courage ? N'allais-je pas vers une rencontre capitale dans cette profondeur abyssale : la rencontre avec moi-même et avec ma nature essentielle ?

Je finis par me secouer énergiquement. Il faut que j'arrête de me dire des choses insensées. Ces épreuves sont une catastrophe, un point c'est tout ! Comme si un licenciement et un endettement allaient me permettre de rencontrer ma véritable nature ! Il faut stopper tout de suite ce délire Charline !... La seule chose qu'il te reste à faire et que tu as toujours faite d'ailleurs, c'est de lutter pour te sortir de la mélasse dans laquelle tu es ! Tu vas donc procéder par étape, marche par marche, comme d'habitude... Et tu n'as aucunement le temps de t'apitoyer sur ton pauvre sort !

21h30 : Une première étape essentielle à ma reconstruction, c'est d'avoir le fin mot de l'histoire sur l'endettement de Paul, et sur le fait que je sois caution de ce satané emprunt. Ce ne sont pas mes délires mystiques qui vont me sortir de la mouise !

Je décide d'appeler Paul pour avoir une explication concernant l'appel de l'organisme de crédit d'hier. Dès la première sonnerie Paul, décroche :

— Allo ?

— C'est Charline. Qu'est-ce que c'est que cette histoire de caution et de dette ? Un organisme de crédit m'a appelé aujourd'hui.

J'essaie d'être le plus calme possible, malgré le volcan de colère que je ressens à l'intérieur de mes tripes.

— .... Silence...

— Je peux avoir une explication Paul, s'il te plait ?

Paul d'une voix mielleuse s'explique :

— Écoute, cela devait être temporaire. J'attendais qu'une affaire se débloque. Tu sais celle qui devait me rapporter gros. Comme cela était pratiquement sûr et que c'était signé, j'ai contracté cet emprunt pour un mois ou deux, pas plus. Mais les choses n'ont pas tourné comme je l'attendais. On n'a pas eu l'obtention du permis de construire. Je suis ruiné, Charline. Toutes mes économies y sont passées. Je suis désolé. J'avais refait ta signature pour ne pas t'inquiéter.

Effectivement, Paul est dans l'immobilier depuis sept ans. Je ne savais pas trop quel genre d'affaires il faisait. Je n'ai jamais trop posé de questions. Cela avait l'air de tourner, puisqu'il était capable de payer la moitié de l'emprunt de la maison, de nous amener en vacances, et qu'il s'était acheté un 4X4 flambant neuf.

En écoutant son histoire, je suis anéantie. Ma colère fait place à de l'abattement. Je réponds :

— Et concrètement, cela veut dire quoi ?

— Écoute, je vais demander à ma mère de me dépanner pour rembourser ta caution. Par contre au niveau des enfants et de la pension je ne pourrai pas assumer pendant un bon bout de temps. Et, il va falloir mettre en vente la maison, car je ne pourrai plus en payer l'emprunt.

Je ne prends même pas la peine de lui répondre. Je raccroche abasourdie et désemparée. Je ne m'en sortirai jamais. Deux enfants à charge, un licenciement, un emprunt sur le dos à payer seule. Le constat n'est pas franchement terrible. J'essaie de m'accrocher à la seule nouvelle positive du jour pour ne pas sombrer : à priori, je ne suis plus caution. C'est déjà ça… Mais il faudra que je m'occupe de mettre en vente la maison rapidement pour pouvoir m'en sortir…, sinon c'est la débâcle assurée.

14. INDIANA JONES

« Un gentilhomme se suicide, un bourgeois démissionne, un politicien nie, un aventurier persévère », Vladimir Volkoff.

Même jour

23h00 : Une fois de plus, je ne trouve pas le sommeil. Je tourne et retourne dans ma tête les évènements de la journée. Pour me changer les idées, malgré le fait que mes yeux soient fatigués et bouffis par les larmes versées aujourd'hui, je décide de m'attaquer au fameux bouquin acheté cet après-midi.

J'ai du mal à bien voir les premières lignes. C'est limite, flou. La fatigue et le désespoir accumulés m'empêchent d'avoir une véritable concentration... Pourtant, au fil de la lecture, je finis par éprouver un vif intérêt pour le sujet de ce livre.

Il s'agit de la vie de l'auteur qui raconte ses aventures dans différentes terres et différents peuples. Cet ouvrage me permet de m'échapper quelque peu de ma dure réalité.

Cet écrivain a un parcours de vie étonnant et atypique. Il se mélange régulièrement à différentes populations (autochtones, tribus, Amérindiens, agriculteurs, Touaregs...). Il organise des voyages pour se baigner avec les dauphins. Il s'aventure partout à travers le monde pour rencontrer des manières différentes de vivre, en contact avec la nature et le vivant.

Je suis attirée comme un aimant par ce personnage. Je me prends à rêver... Je suis limite, enthousiaste ; ce qui ne m'était pas arrivé depuis fort longtemps ! J'aimerais tant faire ce qu'il fait ! Quelle belle vie ! Voyager, partager avec des gens complètement différents, être en lien avec la nature et écrire !

La réalité de mon quotidien me rattrape pourtant. Je suis là, enfermée dans ma chambre, en manque total d'élan vital à envier un auteur inconnu... Je suis tellement loin de mes envies profondes !

Je pense tout à coup à un article que j'avais lu sur internet. Il était dit que pour connaître ses aspirations réelles, on pouvait les chercher chez son héros préféré. Les caractéristiques qui nous plaisaient dans ce héros étaient selon ce même article, les potentialités que l'on devait développer pour être en accord avec son moi profond…

Et, bien moi, je me rends compte que je suis loin du compte parce que mon héros préféré c'est : Indiana Jones ! Pour quelles caractéristiques ? Sa beauté, son humour, sa quête spirituelle dans toutes les parties du globe, ses recherches, ses voyages, ses aventures, ses rencontres avec des populations différentes !

Je comprends pourquoi tout à coup la lecture du livre me remet en contact direct avec ces aspirations-là ! J'aime l'aventure, les voyages, l'écriture, l'humour, la recherche… C'est marrant d'ailleurs que l'auteur ait le même nom de famille que le reporter disparu, aventurier lui aussi.

Du coup, je suis en déprime totale… En effet, le constat que je fais de ma vie est que je ne ressemble en aucun point en ce moment à Indiana Jones : j'ai de l'humour, mais je ne ris plus depuis bien longtemps ; je suis physiquement pas mal, mais j'ai au moins 15 kg de trop depuis que je mange pour oublier mon vide existentiel ; je suis enfermée entre mon appartement et mon bureau ; je n'ai pas voyagé depuis un bon bout de temps ; et la seule aventure que j'ai eue est celle de cet été à Rennes le Château, mais je suis rentrée au bout d'un jour, tellement c'était difficile pour moi !

Quel triste constat ! Je suis tellement à l'opposé dans ma vie de ce qui semble être mes élans profonds ! Sommes-nous tous dans ce cas sur cette foutue planète ?

En même temps, il y a peu, je ne me posais pas toutes ces questions. J'étais bien : un mari, des enfants, un travail, une maison, une voiture… Mais en y regardant de plus près, je comprends qu' « être bien » ne veut rien dire. Ce « être bien » était vide d'émotions et de vivant. Je ne ressentais rien ! Je me contentais de faire ce que j'avais à faire et c'était tout : rien de vibrant !

Aujourd'hui même si je souffre, je me sens vivante. J'ai enfin des désirs, des envies, ce qui n'était plus le cas depuis bien longtemps, poussée par des obligations journalières. Je souhaiterais tellement ressembler à ce monsieur, cet auteur qui voyage, écrit et suit ses passions. Je me surprends à rêver une nouvelle fois d'une nouvelle vie…

J'aimerais bien rencontrer cet homme-là pour qu'il me dise comment il en est arrivé là ! Il ne s'est sûrement pas laissé enfermé dans un train-train quotidien, où le seul objectif est de ramener chaque mois de quoi survivre pour le mois d'après !

23h30 : Je n'arrive plus à poursuivre la lecture… Je suis trop désemparée de voir l'écart qui existe entre ma vie réelle et celle de mes soi-disant potentialités ! Je ressens une grande frustration… Et pour une fois, je décide de m'appuyer sur ce ressenti, de ne pas le fuir… Si je sens de la frustration et de la colère, c'est que je ne suis pas à ma place dans mon quotidien. Si j'éprouve des aspirations pour ce livre, c'est que cela est un signe de la direction et du sens que ma vie doit prendre ! Cela ne sera vraisemblablement pas facile, mais au moins j'ai un guide : mes émotions ! Et une direction à prendre : celle de mes aspirations et élans !

Minuit : Avant d'aller me coucher, je me dirige vers mon ordinateur que j'avais oublié d'éteindre… Je prends machinalement le temps de lire mes mails… Stupéfaction ! Voilà ce que je peux lire au 3e mail : *« Newsletter de ComAzur: 3e et dernier Rappel : Atelier de Robert de Dieuleveult, ce Week-end du 5 et 6 octobre, sur l'astrologie Maya, à l'Espace bien être, cliquez ici pour plus d'information »*

Je suis une nouvelle fois médusée. Encore une de ces fameuses coïncidences ! Je suis cependant contente qu'un tel hasard ait lieu ! Même si je suis abasourdie par ce qui est en train de se passer, je suis ravie que cette nouvelle soit tombée. Parce qu'aujourd'hui c'est la seule chose à laquelle je puisse me raccrocher !

Et en même temps, je me demande comment tous ces hasards sont possibles. Je suis tellement rationnelle d'habitude ! Mais là, je suis bien obligée de me rendre à l'évidence. Il se passe vraiment quelque chose d'étrange. Comme si toutes ces coïncidences avaient un sens... Et manifestement, il faut peut-être que j'écoute ce que ces signes ont à me dire. Enfin...

J'ai résisté cet été. J'ai fui les phénomènes étranges de Rennes le Château. Pour quel résultat ? Les choses se sont aggravées. Il serait peut-être temps que je change de stratégie et que je finisse par mettre mon cerveau de côté... Jusqu'à présent, il a pris le contrôle de ma vie, jusqu'à même me faire oublier mes aspirations profondes... Mon cerveau a emmagasiné des tonnes d'informations. Il a ingurgité des tonnes de données, et il m'a fait obtenir un doctorat pour me donner l'impression d'être quelqu'un. Il m'a conduit à lutter pour faire comme tout le monde : à gagner de l'argent, à avoir une maison, une voiture, un mari ; et à accumuler toujours plus de biens parce que cela me donnait le sentiment d'être une personne valable... Mais au final, je ne suis rien du tout ! Je cours dans tous les sens pour joindre les deux bouts, et je ne sais même plus qui je suis. Il est grand temps que cela change... Je prends donc la ferme décision de laisser mon cerveau de côté, et de ne plus chercher à comprendre ce qu'il se passe. Je vais suivre le courant de tous ces hasards qui me guident et ne plus nager à contre sens ; même si cela me fait très peur et que cela me fait sortir de ma zone de confort.

Je prends par conséquent l'engagement de suivre ces signes que je ne sais pas expliquer...

Je renvoie un mail à destination de ComAzur pour m'inscrire à ce fameux stage le week-end prochain. Et, je retourne me coucher et m'endors enfin comme une masse.

15. LE STAGE

« Les seules choses qui sont sûres en ce monde sont les coïncidence »,
Leonardo Sciascia.

Samedi 5 octobre

9h00 : Je suis donc là, assise de nouveau en cercle pour assister à ce stage animé par Philippe de Dieuleveult. C'est marrant cette manie d'être en cercle dans tous ces stages ! J'ai envie d'éclater de rire vu le thème : « *Le calendrier Maya* ». Cela ne m'intéresse absolument pas, mais je prends l'air vaguement inspiré devant le monologue de l'animateur, non pas parce que cela me captive, mais parce que je trouve ce Monsieur Dieuleveult plutôt pas mal physiquement.

J'ai les yeux béats d'admiration et je bois ses paroles, tout cela parce que je m'imagine faire partie de ses bagages, lors de son prochain périple.

J'essaie tout de même de me concentrer un petit peu sur son discours pour ne pas avoir l'air trop bête, s'il en venait à me poser une question… J'écoute donc, tout en continuant à me projeter sur une plage de sable chaud avec ce charmant garçon.

Son stage parle donc de la vie des Mayas qui était structurée par deux calendriers : le premier est le Tzolkin, le deuxième est le Haab… Après, j'entends des mots qui sont pour moi du charabia : le *kin*, le *uinal*, le *kinob* , le *tun*, le *uinalob*, le *alautun*… Et ensuite, je n'entends plus rien… Je suis juste larguée.

Je lâche donc prise et me retrouve happée par mon imaginaire. Je suis sur la plage de sable blanc avec des Mayas en paréo de peau, effectuant un rituel religieux autour d'un feu. Philippe de Dieuleveult me serre dans ses bras pour me protéger de cette population pour le moins étrange.

Puis, je finis par me ressaisir inquiète que l'on me prenne en flagrant délit de rêverie. J'essaie de prendre des notes, copiant mes camarades de stage qui ont l'air tellement studieux !... Je gribouille quelques mots que j'attrape au hasard et au vol.

12h30 : Enfin la fin de la première matinée ! Dire que le stage doit durer jusqu'à dimanche soir ! Je ne pense pas que je vais tenir le coup. Je me demande pourquoi une coïncidence m'a conduit dans ce stage ! Je n'aurais jamais dû les écouter ces signes ! Voilà où me conduisent mes délires ! Nulle part !

La seule chose qui m'ait aidé à tenir toute la matinée, c'est de regarder l'animateur. On dirait Indiana Jones…

Nous nous dirigeons vers le restaurant pour manger tous ensemble. Je presse le pas pour me retrouver au côté de mon idéal masculin… Le problème c'est que Martine est elle aussi à ses côtés, et qu'elle a un discours endiablé sur ce satané calendrier, auquel je ne comprends absolument rien !… Et eux, ils ont entamé un dialogue passionné, pendant que moi je marche en cherchant ce que je pourrais bien faire pour attirer son attention. C'est tout juste s'il remarque ma présence, ce qui a le don d'attiser le désarroi de solitude dans lequel je me trouve depuis quelque temps… Je me sens tellement nulle parfois !

12h45 : Je suis attablée à côté de Philippe. J'ai réussi à prendre cette place malgré la même volonté des douze stagiaires. J'ai un peu joué des coudes, mais j'y suis arrivée. Malheureusement, Martine est en face et continue à étaler sa science, ce qui a le don de m'agacer au plus haut point… Je profite d'une très courte pause pendant qu'elle commande un plat de boulgours aux petits légumes, pour enfin dire mes premiers mots à ce beau garçon aventurier.

— Alors comme cela vous faites beaucoup de voyages initiatiques d'après ce que j'ai pu lire dans votre livre ? Vous amenez des personnes avec vous, je crois ? Quels sont vos prochains périples ? Cela m'intéresse beaucoup.

Au moment où il s'apprête à me répondre, la serveuse vient me demander ce que je souhaite prendre… Je suis énervée à double titre : d'abord, je voulais prendre un steak-frites, mais au vu de ce que je vois dans les assiettes de mes camarades et pour ne pas paraître trop différente, je m'entends commander une galette de Sarazin aux œufs ; et ensuite, Martine a repris du coup sa conversation avec Philippe.

Je trépigne durant tout le repas. Je suis sur le point de disjoncter. Comment peut-on avoir un tel bagou ? Ne se rend-elle pas compte qu'elle monopolise toute la conversation ? Un animateur devrait pouvoir se partager entre ses différents stagiaires, non ?

13H30 : Je profite d'une chance inespérée… Martine est partie aux toilettes. Je me lance d'une voix qui se veut suave :

— Je vous ai posé une question tout à l'heure.

— Ah bon ? répond Philippe tout étonné.

En mon for intérieur, je me dis qu'il est gonflé d'avoir oublié ma question. Mais bon, je refoule une petite colère et réitère ma question en la répétant mot pour mot :

— Alors comme cela vous faites beaucoup de voyages initiatiques d'après ce que j'ai pu lire dans votre livre. Vous amenez des personnes avec vous, je crois. Quels sont vos prochains périples ? Cela m'intéresse beaucoup.

— Ah oui, c'est vrai, je me souviens de votre question maintenant.... répond-il, l'air penaud… Je suis désolé, j'ai été aspiré dans une conversation passionnante sur les Mayas avec Martine, alors du coup je vous ai oublié.

Sa réponse aggrave mon sentiment de colère. Mais je décide de le masquer. Je me rends compte que je suis d'ailleurs très forte pour masquer mes colères et cela depuis toujours. Il poursuit :

— Pour vous répondre, j'ai prévu deux périples : « *Voyage en Pays cathare à Rennes le Château à la découverte du féminin* » fin novembre ; et « *à la rencontre de Merlin l'enchanteur dans la forêt de Brocéliande* », en avril.

Voyant ma tête d'ahurie et mes yeux ronds comme des billes, il me demande :

— Ça ne va pas ?

J'ai la tête qui tourne. Encore un de ces fameux hasards qui me tombe sur le coin de la tête. Je réponds un vague :

— Non, ce n'est rien. Juste un petit coup de fatigue. Cela va aller.

Il prête tout juste une attention à ma réponse et à ma figure blafarde, et repart dans une discussion sans fin avec sa voisine d'en face.

15h00 : Nous sommes de retour dans la salle du stage… Je fais défiler les évènements un à un dans ma tête pour m'expliquer la situation qui défie encore une fois toute logique. Je n'écoute plus les paroles de Philippe. Il m'énerve maintenant… Il a beau avoir un physique ravageur, il ne m'intéresse absolument plus, compte tenu de son comportement de midi… Le sentiment d'être une vulgaire tapisserie transparente m'a conduit à tourner le dos à mes rêves insensés…

Je ne fais même plus l'effort d'essayer de m'intéresser au stage. Je prends des notes, non pas sur les paroles de ce Dieuleveult ; mais sur tout ce qui s'est produit depuis le fameux stage de coaching, pour y voir plus clair dans ma tête.

Je prends mon carnet et commence à noter les évènements en les numérotant un à un:

1. Je fais une méditation où je rencontre une dame en rouge avec un crâne.

2. Une minute après, on me demande de faire un collage. Je trouve immédiatement sur une revue une femme habillée en rouge ; avec sur la page d'après, une photo du film des crânes de cristal d'Indiana Jones. Je m'aperçois d'ailleurs tout en écrivant que comme par hasard, il s'agit de mon héros préféré.

3. Le même jour, on m'offre un cadeau tiré au sort qui s'avère être un livre. Je découvre que l'histoire parle d'une femme sur les traces de Marie-Madeleine à Rennes le Château, dont la particularité serait qu'elle est justement vêtue d'une robe rouge. Je trouve cela extrêmement curieux.

4. Rennes le Château étant un lieu dont mon père me parlait enfant ; et vu tous ces hasards hallucinants, je décide de m'y rendre avec Pauline.

5. Avant d'arriver à Rennes, et devant les manifestations bizarres auxquelles je dois faire face dans mon corps dans l'église de Notre Dame d'Alet-les-bains, je décide de rebrousser chemin. Je prends note d'ailleurs que dans cette église, j'entends parler de nouveau de l'archétype de Marie-Madeleine, archétype féminin dans la religion en dehors de la Vierge Marie.

6. Je tombe dans cette même église de Notre Dame d'Alet, sur un symbole bizarre que je retrouve étonnamment très peu de temps après, gravé sur les portes de l'ancienne maison de Nostradamus, voulant dire Notre Dame.

6. À mon retour, je tente de retrouver une vie normale. Au lieu de cela, les choses s'aggravent. Je me sépare ; je vis des manifestations bizarres dans mon corps ; je subis un licenciement ; et je suis sans le sou.

7. Comble de tout, je me mets à rêver de Merlin l'enchanteur !

8. Le lendemain comme par hasard, je vois une statue de Merlin dans un magasin où j'achète un livre, dont l'auteur se trouve en face de moi.

9. Ce même livre me met en lien avec des aspirations profondes que j'avais depuis longtemps oubliées. Le soir même, je reçois une publicité sur un stage animé par l'auteur même du livre que je viens d'acheter !

10. Décidant de suivre les signes, je me rends à ce fameux stage qui ne m'intéresse absolument pas, pour découvrir que les deux prochains voyages que l'auteur organise sont justement sur les thématiques du féminin, de Merlin et de Rennes le Château.

11. Au milieu de ces évènements, j'ai eu des visions, le corps en mouvement, des rêves de personnages mythiques, une voix féminine qui me parle...

Je relis mes notes et je ne sais plus quoi penser. Moi qui suis si rationnelle, je suis bien obligée de me rendre à l'évidence de l'observation des faits. Je ne peux plus me dire que tout cela est un hasard. Il y a trop de faits troublants qui ont des liens entre eux. Je dois absolument trouver une explication scientifique à des phénomènes qui sont pour moi en ce moment de l'ordre du magique !

Cette simple pensée me donne un élan que je n'ai jamais eu. C'est comme si enfin j'avais quelque chose de réellement intéressant à faire de ma vie !

Je commence à trouver, malgré les catastrophes qui s'accumulent, que j'ai vraiment de la chance de vivre des choses aussi peu habituelles et surnaturelles. Pourtant elles sont parfaitement tangibles puisqu'elles se produisent et qu'elles existent ! Ce n'est pas comme si j'imaginais toutes ces choses, puisqu'elles ont réellement lieu !

Je prends le ferme engagement de me rendre à Rennes le Château très rapidement pour suivre tous ces signes ! Cette fois-ci, je décide de ne plus fuir et je suis vraiment ravie de cette décision…

Par la même occasion, je sais que j'ai obtenu du stage d'aujourd'hui tout ce que je devais savoir : me rendre enfin à Rennes le Château ! Je sais aussi que je ne reviendrai pas le lendemain. Je laisse le beau Philippe avec sa Martine. J'ai d'autres chats à fouetter !

PARTIE IV : RETOUR AU PAYS DES MERVEILLES

16. L'ÉGLISE

« Dans chaque église, il y a toujours quelque chose qui cloche. », Jacques Prévert

Dimanche 7 octobre

9h00 : Dès le lendemain du stage, je prends l'engagement ferme de partir pour Rennes le Château sur le champ.

Le fait d'avoir été licencié a du bon : j'ai tout le temps devant moi ! Vive la liberté ! Pas de contraintes et d'obligations ! Qu'est-ce que cela fait du bien !

Si je décide de partir aussi rapidement pour un périple vers Rennes le Château ; c'est, vous l'avez compris, pour comprendre pourquoi je reçois tous ces signes qui s'enchaînent les uns après les autres… Je suis persuadée qu'il est impératif que je les écoute enfin, pour que ma vie cesse de s'écrouler comme un château de cartes… Cela devient vital pour moi, j'en suis sûre. Je ne peux plus continuer de fuir tous ces évènements et faire comme si de rien n'était…

Mais, j'ai un souci : je n'ai pas vraiment envie de partir seule, et je ne veux pas y retourner avec Pauline. Elle va encore me raconter ses souvenirs sur sa grand-mère guérisseuse. J'en ai déjà assez avec mes histoires rocambolesques à gérer, sans rajouter les siennes !

Avec qui vais-je donc bien pouvoir partir ?

Mes amis habituels sont tellement loin de ce genre d'aventures ! Ils ne parlent que de leurs comptes en banque, de leurs dernières vacances au Club Med, de la nouvelle voiture qu'ils ont achetée, de la construction de leurs maisons paradisiaques sur leurs terrains avec vue-mer, ou encore des études de leurs progénitures surdouées.

Depuis que ma vie est chamboulée, je suis aujourd'hui aux antipodes de ce genre de préoccupations ! Et comme en plus, j'échoue absolument tout ce que j'entreprends ces derniers temps, je n'ai pas envie de me sentir comme la dernière des ratés, en face de l'un d'entre eux !... Mais, en même temps, j'aimerais tellement redevenir la personne que j'étais avant, et retrouver mes conversations d'antan qui me sécurisaient tant !

Pourtant, la vie a l'air d'en avoir décidé autrement pour moi... Quoique je fasse pour redevenir normale ou pour oublier mes expériences bizarres, d'autres évènements étranges me rattrapent irrémédiablement !

Au final, je n'envisage donc vraiment pas de demander à mes amis bien rangés dans leurs vies de venir m'accompagner à Rennes le Château, pour m'aider à décrypter des signes que je reçois de Merlin l'enchanteur ou de Marie-Madeleine ! Vous n'êtes pas d'accord ?

D'autant que depuis quelque temps, ils ne m'invitent plus nulle part, sentant bien que quelque chose a changé en moi. Et, émotionnellement, cela me fait une chose de plus à gérer, en plus de la séparation, de la trahison et de l'insécurité financière : l'exclusion !

En fait, quand je regarde tous les évènements de plus près, c'est comme si toute mon ancienne vie était en train de disparaître ; et qu'il m'appartenait de tout reprendre à zéro, en suivant un jeu de piste bizarre... Quelle aventure ! Moi qui voulais vivre comme Indiana Jones, je suis servie !

Je me creuse donc la tête et cherche dans les tréfonds de mon cerveau une solution à mon problème... Tout d'un coup, une idée lumineuse me traverse la tête. Pourquoi pas Éric ? Le garçon avec lequel je me suis très bien entendue pendant le stage de coaching de juin ? C'était le seul gars pendant le séminaire avec qui j'avais un peu communiqué. Avec les autres, j'avais fait l'ours, les trouvant vraiment bizarroïdes... Maintenant, avec tout ce qui m'est arrivé depuis, je les trouverais sûrement tout à fait normaux ! Mais, il y a trois mois, c'était une autre histoire !

Depuis le stage, j'ai appelé Éric une fois ou deux, et nous avons bien sympathisé. J'ai eu besoin d'échanger avec lui, car c'est la seule personne de mes connaissances, hormis Pauline, qui est à fond dans le développement personnel... Le fait de lui téléphoner m'a permis à cet égard de me sentir un peu moins seule, enfin un peu comprise, et d'apaiser quelque peu mon sentiment d'exclusion naissant… Puis, parler avec lui m'a également aidé à valider que je n'étais pas devenue complètement dingue, puisqu'il comprenait parfaitement ce qui était en train de m'arriver. Il me disait même, comme Pauline, qu'il s'agissait d'un processus assez courant pour un début d'éveil, et de renaissance à ce que pouvait être une vie pleine de sens.

Bref, je fixe mon choix sur Éric. C'est décidé ! S'il est d'accord, je partirai avec lui. Je n'aurai aucun mal à lui expliquer les raisons de mon voyage.

11h00 : Me voilà donc de nouveau, sur le chemin de Rennes le Château. Mais cette fois-ci, je suis au côté de mon nouvel ami Éric ; et c'est lui qui conduit. Il a accepté tout de suite de m'accompagner quand je le lui ai demandé.

Il était du reste, persuadé qu'il allait avoir de mes nouvelles rapidement, avant même que je ne l'appelle, m'a-t-il expliqué au téléphone ! Il attendait mon coup de fil… Ben Voyons ! Il ne manquait plus qu'un télépathe dans ma vie maintenant ! Je ne suis plus à cela près !

Il a d'ailleurs voulu partir immédiatement, sans même attendre le lendemain ! Il n'avait rien de mieux à faire aujourd'hui, m'a-t-il dit. Il était de surcroit ravi, car en manque total d'inspiration pour le nouveau bouquin qu'il était en train d'écrire ! Quoi de mieux donc qu'un petit périple pour retrouver sa créativité ?

Nous sommes donc tous les deux dans la voiture d'Éric. C'est une vieille Chevrolet décapotable… Je regarde le paysage défiler devant moi bien sagement. Éric lui me fait la conversation.

Tout en l'écoutant, je joue avec un écu d'or au fond de ma poche. Cet écu, mon grand-père me l'avait donné, il y a cinq ans de cela… Cette pièce était posée sur le guéridon de l'entrée. Je l'avais mise là, au moment du don, dans un petit récipient de cristal ; et elle n'avait plus jamais bougé depuis.

J'ai pris machinalement cet écu en partant, en me disant que c'était important. Va savoir pourquoi ?! … Je me mets à faire des choses tellement bizarres ces temps-ci, poussée par un je ne sais quoi…

Il se trouve que mon grand-père, mort depuis d'un cancer de la prostate, était la personne la plus avare que la terre ait portée. Il m'a donc offert cette pièce un jour…, sûrement une bouffée délirante de sa part ! Je n'ai d'ailleurs jamais vraiment attaché de valeur à ce don pour le moins étrange ; alors qu'il était à la tête d'une grosse fortune qu'il avait juré de léguer à sa troisième femme, s'il venait à mourir un jour.

C'est d'ailleurs ce qu'il a fait.

— Vous n'aurez rien ! disait-il à mon père et sa sœur… J'ai construit cette richesse à la sueur de mon front, et je ne suis pas pour les héritages !

J'ai toujours trouvé ce discours assez violent pour mon père, mais je me gardais bien de dire ce que j'en pensais.

Bref, je suis là en train de ressasser de vieux souvenirs, en tâtonnant le fond de ma poche, tout en écoutant d'une oreille distraite les paroles d'Éric… Il me raconte le dernier roman qu'il est en train d'écrire.

Éric passe son temps à écrire, marcher en pleine nature et voyager, m'explique-t-il… Je suis de nouveau très envieuse de la vie qu'il mène, comme j'étais envieuse de ce fameux Dieuleveult ! Toutes ces personnes qui prennent le temps de vivre ! D'être en lien avec leur créativité ! Quelle chance ! J'aimerais bien moi aussi faire la même chose !

La vie me présente donc une nouvelle fois un bel aventurier écrivain sur ma route ! Au cas où je n'aurais pas compris le message !

Mais comment faire avec des enfants à charge, et un appartement à payer chaque mois ? Il faut bien gagner un minimum d'argent pour s'en sortir dans la vie ! Non ? En tout cas, c'est le discours que l'on a toujours tenu chez moi ! « Il faut travailler dur pour y arriver dans la vie ! » ; « On ne peut pas vivre comme un oiseau sur la branche ! » : voilà ce que j'entendais dire...

C'est loin de la façon de vivre d'Éric ! Cela prouve bien qu'il y a d'autres visons que celle de ma famille dans la vie !

J'aurais bien aimé entendre : « L'important c'est de vivre heureux et de ses passions » ; ou un truc du genre. J'aurais peut-être pris un autre chemin qu'un Doctorat d'Économie, qui en fin de compte ne m'a apporté que des déboires, puisque je suis licenciée et sans le sou. Alors, qu'Éric, lui, il a l'air épanoui ! Il n'a pas l'air d'être milliardaire certes ; mais à le voir siffloter, bronzé et les cheveux délavés par le soleil ; je me dis qu'il a l'air d'avoir plutôt pas mal réussi sa vie !

Je me demande d'ailleurs de quoi Éric vit. Ce n'est sûrement pas de sa seule écriture ! Je me garde bien de lui poser la question.

14h00 : Nous sommes cette fois-ci arrivés sans encombre au village de Rennes le Château. Nous avons emprunté pour nous y rendre, une route tortueuse serpentant le long d'une colline, où surplombe le fameux village dont j'ai tant entendu parler enfant par mon père. Je regarde ce petit hameau perché, avec une légère appréhension, doublée d'une curiosité certaine.

Nous sommes stoppés avant l'arrivée au village par un agent de sécurité. Nous devons descendre et continuer à pied, ou alors prendre un petit train touristique. En effet, il est interdit de se garer dans le village… Nous prenons l'option de marcher, plutôt que de monter dans un train bondé de touristes.

Arrivée dans le village, je suis frappée par un écriteau : *« Les fouilles sont strictement interdites »*… Mon père avait donc raison. Une multitude de chercheurs était venue ici dans le but de trouver un fameux trésor. Quel trésor ?

Est-ce cela que je viens chercher moi aussi ? Ma quête n'a pourtant rien à voir avec la découverte de pièces d'or, comme ceux qui ont fait des fouilles ou creusé des trous.

En attendant, à Rennes le Château, comme me l'expliquait mon père, depuis cinquante ans, des chercheurs de trésor de toute l'Europe s'y sont succédés et se succèdent encore. Il y a eu également des érudits qui travaillaient sur plans, et qui interprétaient des livres et des tableaux. Ces derniers ont pris la suite des perceurs des années soixante-dix. Et, même des promeneurs sont venus avec des détecteurs de métaux !… Dans les jardins, partout, ils ont ouvert une multitude de trous de la largeur d'une main !

Ce village a donc l'air de rendre les gens complètement fous ! Y compris moi, si ça continue ! Cela va-t-il être réellement mon cas ? À moins que cela ne le soit déjà !

Aujourd'hui encore, comme je l'ai lu sur internet avant de venir, le bureau des affaires culturelles de la région reçoit, et refuse, des demandes de fouilles sous l'église du village.

Je suis complètement ébahie. Une ambiance pour le moins étrange se dégage de ce petit village. Quels sont les mystères que recèle ce petit bourg avec ses quelques maisons perchées sur un piton rocheux, auquel on accède par une rampe de cinq mauvais kilomètres ? Pourquoi suis-je ici ? Qu'est-ce qui m'y a conduit ?

Nous continuons à marcher dans le village… Et dans une petite ruelle, j'aperçois une boutique ésotérique… Je suis interloquée que l'un des seuls commerces de ce village soit ce genre de magasin… Je regarde la grande vitrine et je ne retiens pas un petit rictus, car se tient là une petite figurine de porcelaine de Merlin l'enchanteur… Encore lui. C'est la même statue qu'à Marseille. Mais, elle est en miniature cette fois-ci.

Je ne suis même plus étonnée par ce petit clin d'œil de l'univers ! Je me dis que cela doit prouver que je suis sûrement sur la bonne voie ? Laquelle ? Je n'en ai aucune idée… Mais puisque j'ai décidé de suivre les signes, et bien allons-y !

14h30 : Nous ne rentrons pas dans la boutique. Je ne suis pas férue de ce genre de lieu. Celle de Marseille m'a suffi !

Nous distinguons un peu plus loin sur notre droite, une église et l'entrée d'un musée. Mais, nous décidons d'aller visiter ces sites plus tard, car nous sommes pris par une terrible fringale qui nous tenaille les entrailles.

Par chance, un peu plus haut sur la gauche se trouve un petit restaurant dans lequel nous choisissons de nous restaurer : « *Les jardins de Marie* »… Nous pénétrons alors, dans un jardin ombragé avec une fontaine en son centre et des petites tables disposées autour… Je trouve cet espace magique. Je m'y sens immédiatement très bien. Éric me regarde et me glisse ces mots à l'oreille :

— Bienvenue, chez toi.

Étonnée par cette phrase, je demande :

— Mais pourquoi me dis-tu cela, Éric ?

— Je ne sais pas, me dit-il, cela m'est venu comme ça. Alors je te le dis.

Bizarre…

Nous choisissons une petite table au pied de la fontaine à côté d'un pommier. Je m'installe sur ma chaise, et je me laisse imprégner par l'ambiance du lieu qui me semble familière, tellement je m'y sens à l'aise… Nous commandons une salade cathare.

Je suis vraiment en paix. Effectivement, je me sens ici comme chez moi… Cet endroit me fait un effet extraordinaire. Cela faisait longtemps que je ne m'étais pas sentie aussi sereine… Après un café et une longue pause dans cet endroit paisible, bercés par les bruits de la fontaine et le chant des oiseaux, à contrecœur, nous nous levons pour aller visiter la fameuse église aperçue plus tôt.

16h00 : Nous voilà, en train de faire la queue pour entrer dans la petite église.

Première stupeur, j'entends dire par mon voisin de gauche dans la file d'attente comme moi que cette église a été construite à l'effigie de Marie-Madeleine. Encore elle ? Décidément, les deux personnages de Marie-Madeleine et de Merlin me poursuivent !

Je dois vraiment être guidée par une force qui me dépasse, pour que les hasards se succèdent de la sorte dans ma vie !

"Le livre de l'élue ", livre que j'ai reçu en cadeau dans le stage de coaching juste après avoir eu une vision d'une dame en rouge qui était donc censée représentée Marie-Madeleine, m'a conduit à me rendre sans le savoir précisément dans une église construite à son effigie ! Je ne suis plus à une surprise près ! Je commence à m'habituer !

J'apprends par ce même voisin (qui soit dit en passant se prénomme Robin : prénom que j'ai entendu prononcer par sa voisine de droite qui est vraisemblablement sa femme) que cette église a été bâtie par l'abbé Saunière. Cet abbé sans le sou aurait trouvé un trésor (encore un !), et se serait lancé dans ce projet d'envergure ! Il aurait laissé un ensemble de symboles, de métaphores, et des détails surprenants dans cette église, qui auraient représenté un défi de taille à tous les chercheurs qui tenteraient depuis cinquante ans de décoder la moindre piste.

Je suis interloquée par une idée qui me frappe tout à coup. Dans ce même lieu, dans ce même village, se trouvent deux types de chercheurs : d'une part, des chercheurs de trésors tangibles, pièces d'or et richesses matérielles ; et d'autre part, des chercheurs de trésors plutôt spirituels tentant de décrypter une symbolique laissée par un abbé… Décidément, ce village ne peut vraiment pas laisser indifférent ! Et moi, je suis à la fois dans une crise financière et une crise spirituelle ! En quête de sens et d'argent en même temps ! Je ne suis donc pas là par hasard ! Et, j'aimerais bien les trouver ces deux trésors moi !

Ce site ne serait-il que le reflet de mon état intérieur ? Plein de mystères et d'interrogations ? Serais-je à la recherche d'un je ne sais quoi pour combler le vide financier, matériel, affectif et spirituel de mon existence actuelle ? Et si ce village finalement n'était que le lieu de rencontre des gens en crise, et en manque d'un je ne sais quoi, provoqué par une existence occidentale vide de sens ?

Je suis tout à coup frappée par l'inscription sur le porche de cette église : « *In Hoc Signo Vinces* ». J'arrive à traduire, grâce au peu de latin appris en classe de 5e : « *Par ce signe, tu le vaincras* ! »

Vaincre qui ? Et par quel signe ? Bizarre…, vous avez dit bizarre…

Mais le mystère ne s'arrête pas là. En regardant le haut du porche, je vois une pierre centrale, où sont inscrits ces mots que je n'ai aucun mal à traduire : « *TERRIBILIS ESTE LOCUS ISTE* »… c'est-à-dire « *Terrible est ce lieu* »… Pourquoi voudrait-on écrire une telle phrase à l'entrée d'une église ? Cela a plutôt l'air d'un sous-titrage de film d'horreur !

Mon cher voisin Robin qui a l'air de tout connaître de ce lieu, voyant mon air ahuri et désirant vraisemblablement étaler sa science, me précise que cette inscription comporte vingt-deux lettres, 22 étant selon lui un nombre symbolique. Il me signifie également que la tour plus loin, nommée la tour de Magdala comporte elle aussi vingt-deux marches. 22, précise-t-il, est un chiffre très utilisé dans ce lieu…

Je ne sais pas pourquoi, il me parle de tous ces détails, mais j'enregistre ces dires… Je ne suis même pas encore entrée dans l'église, que je suis déjà assaillie d'informations, dont je ne sais que faire, mais qui me semblent être d'une grande importance pour décrypter ce qui est en train de m'arriver.

Nous franchissons ensuite le porche de l'église, où nous sommes alors accueillis sur la gauche par un bénitier bien mystérieux ! Il y a là un diable horrible et inquiétant dans une posture très inconfortable, mi-debout, mi-assis, avec un visage crispé, qui a l'air d'être aux prises avec une grande douleur. Sa posture a l'air plus qu'inconfortable, et on comprend réellement que son visage grimace de la sorte !

Mais pourquoi y a-t-il un diable dans une église ? Je n'ai jamais vu ça moi !

Au-dessus du diable, il y a quatre anges en train d'exécuter un des mouvements qui composent les mouvements du signe de la croix… Aux pieds des anges, il y a la même inscription que dans l'entrée, mais en français cette fois : « *par ce signe, tu le vaincras* ». On peut également observer deux salamandres dont je m'interroge sur la symbolique.

Je m'empresse donc de prendre mon iPhone 5C, car Robin regarde dans une autre direction, et je ne veux pas le déranger. Je découvre alors que la symbolique de l'élément feu est la salamandre. C'est aussi l'élément essentiel de la transmutation du plomb en or pour les alchimistes… Bon, je ne suis pas plus avancée…

Mon corps est tout à coup pris d'une vibration. Je commence à prendre l'habitude de ce type de manifestation, maintenant. Est-ce cette église qui me fait cet effet ?

Les tremblements se font sentir de plus en plus intensément, et une vision m'apparait… Je revois l'étoile de Salomon que j'avais aperçue dans l'église d'Alet… Elle se fait très nette dans mon esprit ; sauf que je distingue à l'intérieur une croix, dont chaque extrémité représente les quatre éléments ! Je ne comprends pas ce que cela peut vouloir dire.

Ma vision donne à peu près ceci :

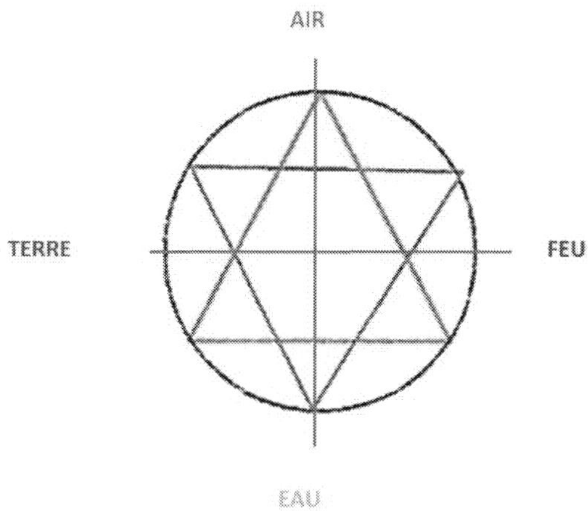

Que cela signifie-t-il ?

Au même moment, en pleins tremblements et en pleine vision, Robin revient près de moi et s'empresse de vouloir m'impressionner, en m'étalant de nouveau ses connaissances. Il se lance dans une tirade :

— Voyez-vous, si nous observons ce bénitier et prenons du recul en observant l'ensemble, nous pouvons voir la symbolique qui s'y cache. Les anges représentent l'air ; les basiliques représentent le feu (avec les salamandres) ; le bénitier représente l'eau ; et le démon représente le sous-sol, donc la terre. Vous savez, les quatre éléments font partie d'une symbolique qui est très chère aux occultistes et aux sociétés initiatiques secrètes. Le hasard n'a rien à faire dans cette représentation. Saunière a volontairement souhaité laisser un message ici.

Je suis cette fois-ci abasourdie ! Pourquoi, juste au moment où j'ai cette vision d'une croix, du sceau de Salomon dont je ne connais toujours pas la signification, et la vision des quatre éléments, mon voisin se met à m'expliquer exactement ce que je suis en train de voir en imagination ! C'est tout de même troublant ! Il a lu dans mes pensées, ou quoi ? Et moi, pourquoi est-ce que je fais un lien entre le bénitier et cette symbolique ?

Tout à coup, il me prend une envie de crier ! Je n'ai rien à voir avec ces sociétés secrètes moi ! J'ai juste envie de me retrouver dans mon canapé, en train de regarder un bon film débile à la télé avec mes deux enfants, voire même une émission de télé-réalité, genre la « *Nouvelle Star* », ou « *The Voice* » ! Absolument pas de décrypter des symboles bizarres, avec quatre éléments et une croix !

Mais quel est le sens de tout cela ? Il y en a sûrement un ! Et pourquoi m'arrive-t-il cela à moi ?

Cela faisait longtemps que l'envie de prendre mes jambes à mon cou ne m'avait pas reprise ; mais là, j'ai envie de nouveau de fuir loin, voire même très loin !

Je laisse ma vision de côté. J'essaie de reprendre mes esprits en prenant trois grandes bouffées d'air. Me sentant un peu reprendre le contrôle de mon corps, nous poursuivons notre visite de cette chapelle sombre... Robin décide de poursuivre la visite avec nous. Je ne le dissuade pas, car je trouve qu'il en connaît un rayon sur ce lieu. Il a l'air en plus de prendre du plaisir à me transmettre son savoir.

Je suis frappée par la multitude de détails. Mon regard est attiré par des statues de saints qui se trouvent sur les murs. Les statues sont alignées de chaque côté de l'église. Robin s'empresse en voyant ce que j'observe de me dire :

— Avez-vous remarqué que si vous suivez le M de Marie-Madeleine, et que vous mettez les saints dans cet ordre-là, c'est-à-dire en traçant un M, vous obtenez dans l'ordre: Saint Germaine, Saint Roch, Saint Antoine de Padoue, Saint Antoine, Saint Luc sur la Chaire ?

Pour une fois que ce qu'il me raconte ne m'interpelle guère, je m'empresse de lui rétorquer :

— Oui et alors ?

— Et bien, si vous prenez la première lettre de chacun de ces saints vous pouvez alors lire : GRAAL. De plus, ces statues forment le M autour de la statue de Marie-Madeleine[6].

Étonnant ! Marie-Madeleine serait-elle le GRAAL ? Est-ce cela le message que l'abbé Saunière a voulu donner ? En quoi est-ce important pour moi de savoir cela ?

Je trouve cela assez bluffant. Je fais tout de suite le lien dans ma tête avec le film Excalibur que j'adorais voir enfant, où les chevaliers de la Table ronde et le Roi Arthur partaient à la quête du Graal ! Merlin l'enchanteur était d'ailleurs un personnage clé de ce film… Puis, je repense en même temps à mon autre héros préféré « Indiana Jones », qui dans le film « les aventures de l'arche perdue », partait lui aussi à la quête du Graal avec les Allemands à ses trousses… Indiana Jones, les crânes de cristal, l'arche d'alliance…

Il semble que je sois sur la même route que ces personnages mythiques… pas étonnants qu'ils soient mes héros préférés…

Tous ces liens que je fais dans ma tête me donnent le tournis… Merlin l'enchanteur, Indiana Jones, Marie-Madeleine, le Graal… Est-ce cela que je viens chercher dans ce lieu ? J'ai envie de hurler à qui veut l'entendre que cela ne fait pas partie de mes projets de partir à la quête du Graal… Je suis Charline Poirier, une femme ordinaire qui veut juste trouver un peu de réconfort, d'affection et de sécurité financière… , rien de plus… , alors le Graal ! Il ne faut pas délirer !

Je continue ma visite ; et je remarque des peintures au mur qui sont elles aussi alignées, et qui si elles sont mises bout à bout ont l'air de représenter le chemin de croix de Jésus. Je décide cette fois-ci d'ignorer Robin. Je n'ai aucune envie d'avoir encore des explications sur la signification de ces peintures. J'ai assez d'informations et d'interprétations pour le moment !

Je décide de marcher seule en direction de la Nef. Et là, je reste clouée sur place. Devant moi sous l'autel il y a en peinture la même femme vue en vision pendant ma méditation du stage de coaching. Comme dans ma vision, elle est dans une grotte, enroulée d'un châle rouge. Mais là, elle est accroupie et elle prie, un crâne posé à côté d'elle. Dans ma vision, elle était debout et me donnait le crâne.

Mais quelle est la signification de ces attributs ? Cette grotte me rappelle également la grotte de la Sainte Baume, où Marie-Madeleine vint finir ses jours. J'étais allée la visiter, enfant avec l'école.

Pourquoi Marie-Madeleine est-elle représentée dans une grotte ? Pourquoi un crâne ? Elle a également à ses côtés une croix de bois vert, un livre ouvert.

Tout à coup, je suis de nouveau prise de tremblements, et j'entends les mêmes mots qu'à Alet-les-Bains : « *Aide-moi... viens à ma recherche. Redonne-moi vie en toi... et dans le monde...* » Je m'assieds au bord de l'évanouissement.

17.RITUEL DU POMMIER ET DE l'ECU

« Le rite a pour objet de rappeler à Dieu sa promesse. », Jean Daniélou

Même Jour

17h00 : Je reprends peu à peu mes esprits. Décidément, il se passe de drôles de choses dans cette église. Je me repasse dans la tête les mots entendus : *« Aide-moi... viens à ma recherche. Redonne-moi vie en toi...et dans le monde...* »

Aider Marie-Madeleine ? Cela n'a pas de sens ! Elle n'a pas besoin d'aide, elle est morte il y a deux-mille ans !... *« Viens à ma recherche...* » : mais où ça ?... « *Redonne-moi vie en toi ...»* : redonner vie à Marie-Madeleine en moi ? J'ai beau essayer d'assimiler tout ce qu'il se passe dans ma vie depuis quelques mois, là c'est le pompon !... « *Et dans le monde... »* : ben voyons !

J'aperçois des neuvaines devant la statue de Marie-Madeleine. Les flammes des bougies dansent devant mes yeux, dans cette église sombre. J'en achète une... J'espère insidieusement qu'allumer une bougie conduira à l'apaisement de cette voix et de la royale créature vêtue de rouge, pour enfin avoir la paix...

Je demande à Éric de me donner mon billet de dix euros, que je lui avais confié. Je n'avais pas de poche dans ma robe. Et, j'avais laissé mon sac dans le coffre de sa voiture.

Il fouille dans ses poches plusieurs fois, et me répond confus :

— Zut, je ne les ai plus ! J'ai dû les faire tomber ! Tiens, je te file des sous..., dit-il en fouillant dans son portefeuille.

J'achète donc ma neuvaine, l'allume, et la place devant la statue de Marie-Madeleine. Je reste un moment là...

Tout est redevenu calme. Il ne se passe plus rien de précis… Robin est parti, sans dire au revoir. Éric est sorti prendre l'air. Et, je me retrouve curieusement seule dans l'église. Les quelques touristes qui restaient ont décidé eux aussi de quitter les lieux.

Je crois que je n'ai plus rien à faire ici, me dis-je en me levant. Je suis un peu fatiguée et lasse. Je rêve de mon canapé… Je voudrais bien rentrer et prendre mes enfants dans mes bras… Et, j'ai tout à coup un énorme besoin de réconfort… Une grande tristesse m'assaille.

Un flot de larmes coule sur mes joues. Mais d'où me viennent ces émotions ? Je suis plutôt robuste d'habitude. Je ne pleure pas sans raison… Je laisse couler les larmes. Je suis là, debout au milieu de l'allée centrale de ce lieu mystérieux, assaillie de pleurs que rien ne semble pouvoir arrêter.

17h30 : Après avoir vidé toutes les larmes de mon corps, je sors enfin, non sans avoir mis mes lunettes de soleil sur mes yeux bouffis, malgré le soir tombant.

Je retrouve Éric qui m'attend en position de méditation dans l'allée… Je me dis qu'il n'a vraiment aucune gêne de se montrer de la sorte devant les passants. Mais, je trouve aussi qu'il a de la chance d'être vrai ! Il fait ce que bon lui semble quand cela lui chante. Moi, je n'aurais jamais osé… J'aurais songé à ce que les autres penseraient de moi…, voulant paraître avant tout, plutôt qu'être tout simplement…

Nous continuons la visite du village. Nous repassons devant « *les jardins de Marie* ». Éric me prend par le bras et me dit :

— Attend, je vais vérifier si je n'ai pas fait tomber tes dix euros dans le resto…

Nous rentrons pour qu'Éric demande au serveur s'il n'aurait pas trouvé mon fameux billet. Le serveur immédiatement sort l'argent de sa poche, et proclame victorieux :

— Oui oui, j'ai retrouvé vos dix euros par terre au pied du pommier.

En entendant ces mots, j'ai tout à coup un flash ! Je me souviens avoir été dans une fête foraine, autour de l'âge de seize ans avec des amies. J'y avais consulté une bohémienne, pour nous marrer un bon coup. Et cette dernière m'avait confié des choses auxquelles je n'avais rien compris. Cela m'avait tellement paru non signifiant à l'époque que j'avais enfoui tout cela au plus profond de ma mémoire !

Et, c'est maintenant debout devant ce serveur me tendant un billet que tout un pan oublié de ma mémoire décide de refaire surface… Voilà à peu près ce que m'avait expliqué cette pseudo voyante ; et cela n'avait eu absolument aucun sens, pour l'adolescente de base que j'étais :

— Ton féminin est séquestré au plus profond de ta psyché. Un prédateur s'est emparé de lui. Il t'appartiendra de le libérer un jour… Cela ne sera pas facile… Tu passeras de nombreuses épreuves, dont tu sortiras grandie. Même si tu ne comprends pas le sens de mes mots aujourd'hui, tu sauras ce qu'ils veulent dire un jour… Ton féminin devra se libérer du joug de ce prédateur… Le début de cette libération devra être marqué par un rituel sacré, que tu accompliras quand ce sera le moment… Ce moment tu sauras quand il devra avoir lieu. Tu auras tous les signes. Et tu sentiras où il devra se faire, car tu seras alors chez toi… Le lieu que tu choisiras aura une fontaine et un pommier. Et le rituel sera le suivant : tu devras enterrer une pièce d'or au pied de l'arbre. Ce rituel marquera le début de ton initiation pour retrouver ton féminin en toi. Vas, petite … vas…

J'étais sortie de sa roulotte dans un état bizarre. J'avais ensuite éclaté de rire, en traitant la bohémienne de dingue ! Puis, nous étions parties avec mes copines, en jacassant comme des pies, vers nos occupations essentielles de l'époque : nous faire draguer par les garçons...

Vous imaginez bien que ce que m'avait dit la diseuse de bonne aventure ne pouvait qu'avoir été enfoui au plus profond de mon cerveau, tellement cela ne voulait rien dire pour une gamine de 16 ans !

Et je suis maintenant là à trente-cinq ans, dans un lieu devant un pommier et une fontaine, où deux heures avant mon compagnon de route m'avait glissé à l'oreille : « Bienvenue, chez toi » ! … Je suis là, avec un écu d'or de mon grand-père dans la poche, que j'ai pris va savoir pourquoi, avant de partir pour ce satané village !... Je suis là, juste après que Marie-Madeleine censée représenter le féminin sacré m'ait demandé de l'aider et de lui redonner vie !... Et je suis là, avec une remontée de souvenirs, qui m'expliquent exactement ce que je suis en train de vivre ! Quelle coïncidence ! Encore !

Plutôt que de m'évanouir, je m'empresse d'expliquer à Éric ce qui est en train de se produire. Il me fait un sourire « Ultra Bright » et m'explique :

— Ce qu'il t'arrive n'a rien d'exceptionnel. Il s'agit d'une synchronicité. Carl Jung, psychologue célèbre, disciple de Freud, a parfaitement expliqué ce genre de phénomène. Il ne te reste plus qu'à faire ce fameux rituel ma grande !

Ah Bon ? Éric a l'air de dire que ce genre de phénomènes est normal ! Moi, je trouve cela bizarre ! Cela n'a rien de rationnel ! Et si c'était si évident et si connu, tout le monde en parlerait de ces synchronicités! On les enseignerait même à l'école non ?

Pourtant, devant l'évidence de ces signes, et compte tenu de l'engagement que j'ai pris à les suivre, je décide d'exécuter ce rituel. Moi qui trouvais gonflé qu'Éric puisse méditer en public ; il va falloir que j'enterre dans un restaurant une pièce d'or au pied d'un pommier ! Il ne faut vraiment pas avoir peur du ridicule !

Je m'empresse de creuser un petit trou minuscule ; et ni une ni deux, je glisse la pièce d'or dedans… Je vous assure que je n'ai pas vraiment pris le temps de sentir le sacré du rituel. Je n'ai jamais agi aussi rapidement de ma vie ! Je voulais surtout que personne ne me remarque !

Une fois fini, je lance à Éric, avec un petit air de défi :

— Et voilà, c'est fait !

Il me regarde l'air satisfait. Et nous sortons du restaurant, sous l'œil inquisiteur du serveur que nous faisons mine d'ignorer.

18h00 : Nous continuons enfin notre visite du village. Nous arrivons sur une esplanade magnifique avec une vue superbe sur toute la vallée. Nous restons là un moment, à observer ce magnifique paysage.

Puis, nous rentrons dans une des quelques boutiques en contrebas. Il y a des pierres, des bijoux en tout genre, des livres ésotériques, des poteries. Décidément, il n'y a que des magasins mystérieux dans ce village ! C'est vraiment troublant qu'un pareil endroit existe en France !

Je suis attirée par des bijoux en forme de sceau de Salomon ou d'étoile de David. J'essaie, compte tenu du symbole souvent vu dans mes visions, d'en acheter un ; mais je les trouve vraiment trop moches. Je n'envisage pas de porter ce genre de quincaillerie à mon cou.

Pendant ce temps, Éric papote et sympathise avec la vendeuse qui le trouvant fort sympathique et surtout s'étant rendu compte qu'elle portait le même nom de famille que lui, nous invite à manger le soir même chez elle.

C'est plutôt cool d'être invité par une personne du village !

20h00 : Nous nous retrouvons donc chez Yolande et ses deux filles. Nous mangeons un bon cassoulet en discutant beaucoup du village et de ses mystères.

Saturée de toutes ces histoires, j'écoute d'une oreille distraite. Je laisse Éric faire la conversation. Je suis contente que nous rentrions demain à Marseille.

À la fin du repas, Yolande veut nous montrer quelque chose. Elle nous fait grimper tout en haut de son jardin... Après quelques enjambées, avec une grande fierté, elle nous indique du bout de son index tendu, une montagne au loin :

— Voici le fameux Pic Bugarach.

Le fameux Pic Bugarach ? Fameux, en quoi ? Je n'en ai jamais entendu parler.

Elle poursuit :

— Ce mont est censé avoir des propriétés telluriques très particulières. Des gens viennent du monde entier pour le visiter. Certains parlent d'une activité OVNIS, d'autres d'un trésor caché…

Encore ! Je suis plus que blasée par toutes ces histoires… La seule chose que je veux, c'est rentrer chez moi ! Je fais comprendre à Éric en le poussant avec mon coude, qu'il était temps de partir. Je le laisse faire les politesses d'usage pour clore cette conversation sur les ovnis, et autres trésors en tout genre…

Trente minutes plus tard, nous sommes dans la voiture en route pour notre hôtel… Demain, c'est le retour au bercail ! Ouf…

PARTIE V : RITUELS, SYMBOLES ET ACHETYPES

18. SYNCHRONICITES

« Rien n'est réel sauf le hasard. », Paul Auster

Mardi 8 octobre

14 h 00 : Je suis là devant mon ordinateur, en train de faire défiler des pages internet à la recherche d'une définition du mot « synchronicité ». Pourtant, je m'étais jurée d'oublier pour un long moment tous les mystères vécus à Rennes. J'ai essayé de lutter et de mettre de côté, au moins pour un temps, ces histoires étranges. Pour preuve, j'ai passé ma soirée vautrée sur le canapé, à regarder des émissions abrutissantes, en mangeant un gâteau au chocolat que nous avions préparé avec mes enfants en rentrant de l'école hier soir.

Mais ma curiosité a repris le dessus. Cela a été plus fort que moi ! Poussée par une envie irrésistible de comprendre tous les évènements troublants passés, j'ai replongé dans ce que je m'étais promis de fuir.

Je n'ai donc résisté qu'un seul petit jour ! Et me voilà par conséquent sur Google, en train de taper le fameux mot clé : « synchronicité ».

Ce mot découvert grâce à Éric à Rennes le Château semblerait pouvoir expliquer d'après lui, de façon rationnelle, tous les hasards se succédant dans ma vie depuis quatre mois… Pourquoi me priverais-je donc d'une telle recherche ? J'ai besoin de savoir ce qui se trame… Je ne peux pas tourner le dos à des expériences aussi insensées ! Il doit exister un développement écrit, ou une réponse toute faite, destinés à éclaircir ce type de phénomènes… Je dois absolument les trouver ! Il ne peut pas en être autrement !

Ce que je vis est bien réel… Je ne l'ai pas inventé… Si c'est réel, c'est que c'est vrai… Et si c'est vrai, concret et tangible, une autre personne a dû sûrement le vivre aussi… Par conséquent, quelqu'un a dû chercher et trouver avant moi un sens à tout cela.

Je m'arrête devant l'explication de Wilkipedia. Le terme « synchronicité », provient bien d'après ce que je lis, de Carl Gustav Jung, Médecin Psychiatre et Psychologue célèbre, disciple de Freud.

La définition donnée est la suivante : « *la synchronicité est l'occurrence simultanée d'au moins deux évènements qui ne présentent pas de lien de causalité, mais dont l'association prend un sens pour la personne qui les perçoit.* » Un exemple est donné : *« Le voilà, votre scarabée », dit Jung à sa patiente en lui tendant un insecte apparu alors qu'elle racontait son rêve d'un scarabée d'or ! »*

Mais c'est exactement ça ! Il arrive à cette femme la même chose qu'à moi ! Des évènements qui n'ont pas de cause à effet entre eux se produisent pourtant simultanément ! Je ne suis pas folle alors ?

Cela fait du bien de lire des mots sur un vécu, que je n'arrivais pas moi-même à retranscrire en terme simple…

Me voilà également rassurée de savoir que d'autres que moi ont vécu la même chose ; même si je ne trouve pas encore l'explication logique, et même si cela reste davantage pour moi de l'ordre du magique. Je me trouve apaisée de voir qu'une personne, connue mondialement, parle d'un phénomène qui me paraissait pourtant complètement dingue !

Je poursuis ma lecture tranquillisée : *« Sur le plan de l'expérience, la rencontre avec un évènement synchronistique, a un tel degré de signifiance pour la personne, mais surtout apparaît d'une manière si fortuite et choquante pour le sens commun, que la personne s'en trouve transformée* ».

Ah ! ça ! Pour être transformée, je suis transformée ! Plus rien ne tourne rond dans ma vie ! Pourtant ces évènements se poursuivent implacablement, et même ils se surajoutent les uns aux autres. C'est comme s'il y avait un sens à toutes ces expériences !

Je suis au final littéralement ébahie de ce que je lis… Mais pourquoi n'ai-je jamais entendu parler de ces choses-là de toute ma vie ? Cela semble arriver à d'autres personnes qu'à moi ; cela est expliqué par des sommités mondialement reconnues ; et pourtant cela n'est pas le genre de choses dont on entend discuter dans les diners mondains, par peur qu'on nous enferme sur le champ dans un asile, ou que l'on soit la risée de la soirée !

Je lis, assoiffée de savoir, ces pages internet. Un exemple donné est « *celui d'une patiente très éduquée, au « rationalisme cartésien » si développé, ayant une vision du monde qui était si « géométrique », qu'il était devenu impossible pour son médecin, Jung, de la faire progresser vers une « compréhension un peu plus humaine » du monde. C'est ce simple scarabée qui, enfin, perfora son rationalisme et brisa la glace de sa résistance intellectuelle* ».

Il est clair que pour moi aussi, ce qu'il se passe depuis quelques mois a brisé mon rationalisme, comme la patiente de Jung ! Et pourtant, il m'est arrivé bien plus d'évènements qu'un simple scarabée d'or ! Autant dire que pour briser mon côté cartésien, j'ai eu besoin de bien plus de preuves qu'un seul insecte !

Mais, à la différence de cette patiente, moi je me suis crue bonne pour l'asile de fou ! Heureusement que j'ai croisé des gens comme Éric, ou que je lis enfin ces pages pour me rassurer un peu sur mon état ! Et, je n'ai pas eu la chance de cette femme, d'avoir un psychiatre aussi éminent comme guide !

Je suis ravie d'avoir trouvé ces informations, que je ne me lasse pas de lire et de relire pour m'assurer que je ne suis pas en plein rêve !

Cependant, même si lire qu'un auteur, médecin et psychologue connu a donné une explication quelque peu cartésienne (mais tout de même pas complètement) à ce que j'expérimente, je n'arrive pas à comprendre comment je peux avoir de telles visions ; et surtout, pourquoi ?

Et si la patiente de Jung a vécu une synchronicité avec un seul scarabée, moi j'ai toute une flopée de personnages mythiques qui me harcèlent depuis quatre mois !

De surcroit, tous les messages et les images que je reçois sont accompagnés de ressentis très puissants qui me touchent au plus profond de mon être. Je sens, en même temps que ces visions, tout mon corps qui opère comme une mutation intérieure.

Je me souviens de ces épisodes de mon corps tremblant dans les deux églises d'Alet-les-Bains ou de Rennes le Château, ou de la montée d'énergie si puissante le long de ma colonne vertébrale dans ma chambre me conduisant presque à l'orgasme puis aux vomissements. Et, je n'ai pas d'explication de ces phénomènes pour le moment, dans ces pages internet.

La seule chose que je sais, c'est que j'étais auparavant coupée de mes émotions et de mes ressentis, enfermée dans un mur de protection, et dans une rigidité intellectuelle comme la patiente de Jung ; et que depuis mon corps s'exprime par des sensations très fortes... Il y a non seulement des images qui m'assaillent, mais aussi des mouvements et des sensations corporelles énormes, en plus de ces hasards signifiants ! Ces seules réponses lues sur Google, même si elles me donnent une piste, ne me suffisent pas pour tout expliquer... Je reste une grande cartésienne qui a besoin de bien plus d'informations !

Tout cela doit avoir sûrement un sens plus important, que je ne cerne pas encore !

Curieusement, cette constatation me conduit à une ambivalence profonde. D'un côté, je veux comprendre ce qu'il m'arrive, pour que ces expériences cessent enfin et pour redevenir comme tout le monde. Mais d'un autre côté, je ne veux pas que cela s'arrête, car je ressens un immense élan que je n'avais jamais éprouvé auparavant.

En effet, cette recherche me donne finalement un but à mon existence ; alors que jusqu'à présent, la seule chose qui me guidait était de gagner suffisamment d'argent, pour payer les traites de la maison... Autant dire que le changement est radical !

Même si je me retrouve sans le sou, au chômage, trahie par mon ex-mari, exclue des repas mondains, et inquiète du processus bizarre qui est à l'œuvre dans ma vie, je me sens vivante, animée par quelque chose qui me dépasse, qui est bien plus grand que moi et qui donne enfin un but à ma vie !

Je poursuis donc ma recherche avec cet élan au cœur, sur ce Carl Gustav Jung qui a l'air d'avoir bien des réponses à mes questionnements.

Ce que je trouve alors est édifiant. Il semblerait que ce que je vis soit des manifestations de l'inconscient collectif au travers de ce que Jung appelle des Archétypes.

Voilà ce que je peux lire : « *L'archétype est un complexe psychique autonome siégeant dans l'inconscient des civilisations, à la base de toute représentation de l'homme sur son univers, tant intérieur qu'extérieur... L'archétype se démarque par une intense charge émotionnelle et instinctuelle dont la rencontre teinte la vie de l'homme qui y est confronté de manière existentielle… La notion de synchronicité fait couple avec celle d'archétype … Une synchronicité apparaît lorsque notre psychisme se focalise sur une image archétypale dans l'univers extérieur, lequel comme un miroir nous renvoie une sorte de reflet de nos soucis, sous la forme d'un évènement marqué de symboles afin que nous puissions les utiliser. Nous nous trouvons face à un 'hasard' signifiant et créateur* ».

J'essaie de comprendre ce que je lis. Les explications se corsent un peu, mais je m'accroche bien décidée à tout élucider. Je vous passe les détails un peu trop complexes, mais apparemment et pour résumer, il semblerait que ce que je vis est un processus normal d'une remontée de mon inconscient vers mon conscient ! C'est-à-dire que ce ne serait que des parties de moi-même qui chercheraient à s'exprimer pour m'aider à retrouver ma propre nature !

En poursuivant ma recherche sur internet, je découvre que les archétypes fonctionnent comme des personnalités autonomes au sein de la psyché ! Ce serait un mode d'expression de l'inconscient collectif. Ces archétypes seraient porteurs d'une énergie prodigieuse et divulgueraient les messages adéquats pour faire évoluer une personne vers sa vraie nature !

Je serais donc loin de ma vraie nature profonde, et les archétypes seraient là pour me guider vers un moi plus authentique !

J'avais déjà entendu parler de ces notions d'archétypes pendant mes années d'étude. Mais j'étais loin de m'imaginer que cela pouvait se vivre !

Pour moi, c'était uniquement un concept mental permettant d'expliquer la notion d'inconscient collectif ; mais aucunement quelque chose qui pouvait se ressentir dans sa chair même !

Encore plus loin, je découvre que : « *L'archétype ne se manifeste que par des images archaïques et universelles, dans les rêves, les relaxations, les visualisations, les visions. Il y a même des cas où un archétype devient trop puissant et prend possession de l'individu sous forme de psychose, telle que la schizophrénie par exemple* ».

En lisant ces mots, je comprends mieux ma peur de devenir dingue !

Je poursuis, car la suite de la lecture me rassure un peu : « *Mais, s'ils sont bien utilisés, ils sont de formidables outils de transformation intérieure. En fait, l'archétype est une sphère d'énergie qui se libère grâce au symbole. Quand on accède à l'inconscient collectif, des symboles éternels émergent des profondeurs. Ils deviennent des réalités émotivement vécues. Ils réorientent l'existence.* »

Bon, j'essaie de digérer ces informations ! Il est clair que ma vie prend une autre tournure ; et que mon existence prend un virage à 90° depuis la rencontre avec les archétypes de Marie-Madeleine ou de Merlin l'enchanteur, voire même d'Indiana Jones ; même si je ne sais pas si on peut parler d'archétype au sujet d'un héros de film ! Peut-être que l'archétype de l'aventurier conviendrait mieux !

Mais pourquoi tous ces symboles ont-ils fait irruption dans ma vie ? En plus, si je me fie à ce que je viens de lire, il faut que je fasse attention ! Je ne dois pas être happée par tout cela, au risque de perdre ma personnalité ou mon moi conscient ! Ce serait alors la fin de ma raison, l'aliénation mentale totale ! J'ai donc raison d'y aller doucement. Je comprends mieux pourquoi je suis tentée de fuir, à chaque fois que j'ai ce genre d'expérience !

De plus en continuant de voir défiler les pages internet, je peux voir que : « *Il faut pouvoir y puiser doucement, quand le moi conscient est assez solide et nettoyé des névroses de l'inconscient personnel... On doit dans la vie s'inspirer des archétypes et se laisser inspirer par eux, avec le moi conscient toujours présent garant de l'équilibre. Il convient de ne jamais se prendre pour l'archétype en question, au risque de se noyer dans les méandres de l'inconscient collectif* ».

Je cerne mieux maintenant ; pourquoi certains fous se prennent pour Jésus ! Il ne manquerait plus que je me prenne pour Marie-Madeleine et que je me balade dans les rues avec une cape rouge sur la tête !

Il me prend tout à coup une envie énorme d'éclater de rire ! Mais en même temps, je commence à être vraiment inquiète… J'essaie de me raisonner et de trouver une explication et un sens à tout cela.

Si je peux comprendre qu'Indiana Jones m'attire pour des envies d'aventures et de plaisirs que je ne me suis jamais octroyés ; ou que Merlin l'enchanteur peut représenter pour moi le père manquant et rassurant que je n'ai jamais eu avec en plus ce côté, quête spirituelle qui m'anime ; j'ai plus de mal à trouver une explication plausible à la venue de l'archétype Marie-Madeleine dans ma vie !

J'essaie donc pour clarifier tout cela de rassembler mes idées, et de faire de l'ordre dans tous les évènements vécus depuis quelque temps.

D'après la bohémienne, j'aurais un féminin séquestré.

En m'interrogeant sur cette information, je commence à cerner ce qu'elle a voulu dire.

D'abord, il faut savoir que dans ma lignée maternelle, on ne peut pas dire que le féminin ait bonne presse. Les femmes sont dans ma famille avant tout des intellectuelles ! Tout ce qui est féminin est considéré comme limite idiot !

Je me souviens d'ailleurs que petite, on rigolait d'une anecdote sur mon Baptême… Figurez-vous que le prêtre m'a baptisé « Charles » ! Édifiant non ? Tout cela parce qu'il n'existait pas de Sainte Charline ! Et donc sa décision a été prise sur-le-champ sans que personne dans l'église ne riposte ! Il me baptiserait Charles ! Un point c'était tout !

Chez moi, on se marrait bien de cette histoire ! Cela ne m'étonne donc guère, que le principe féminin appelle à l'aide à l'intérieur même de ma psyché !

Mais, je me rends compte à peine maintenant, en me questionnant sur le sens du « *féminin séquestré de la bohémienne* », à quel point c'était lourd de porter cette histoire sur mes épaules ! J'ai, du coup, bien répondu à cette injonction familiale : « *Tu seras un homme ma fille !* »... Je me rappelle d'ailleurs des jeux avec mes quatre frères qui n'avaient rien de très féminin. Ils disaient de moi : « C'est cool, Charline, elle n'a rien d'une fille ! »... Point de poupée et de dinettes ; mais ballon de foot ou bagarre, et descente de colline, à fond les ballons sur des cartons !

Quand je regarde mon parcours et ma vie, je vois donc que j'ai agi comme un homme ; et je réalise que pour moi, il était même dangereux de vivre comme une femme ! Je pensais sûrement inconsciemment que je n'aurais pas été validée par ma famille.

Plus grande, il a fallu d'ailleurs que je prouve que je sois capable de réussir, d'être autonome et de ne pas être un unique objet de convoitise. Il fallait que je montre ma compétence intellectuelle, au détriment de mes atouts corporels ! Je me suis coupée de mon corps, de ses ressentis et de ses sensations. Je me suis même pendant longtemps habillée comme un sac, voire même avec de longs pulls noirs, me couvrant entièrement, comme si j'avais une Burka ! Petite d'ailleurs, on m'amenait systématiquement chez le coiffeur pour me couper ma belle tignasse de blonde vénitienne...

Est-ce pour cela que l'archétype de Marie-Madeleine vient à ma rescousse ? Pour retrouver mon féminin enfoui ? Est-ce pour cela qu'elle m'a murmuré plusieurs fois : « *Aide-moi...* » ?

Et, les femmes d'aujourd'hui dans notre société occidentale n'ont-elles pas elles aussi englouti leur féminin au profit de valeurs patriarcales ; valeurs qui ont seul droit de cité ? Tous les corps et leurs sensations n'ont-ils pas également été bannis, au profit du mental et du savoir intellectuel ?

Cette révélation me fait l'effet d'un coup de massue. Je comprends à quel point ma vie a été vide de sens. C'est comme si j'intégrais brutalement que j'avais marché à côté de qui j'étais vraiment, et de ma vraie nature de femme.

Je me suis coupée de moi-même. Je me suis mise à la place des hommes croyant que la vraie puissance se trouvait là ! J'ai rivalisé sur leurs terrains pour être reconnue, et je n'ai obtenu en retour que des trahisons de leur part !

Mais, est-ce qu'il y a une puissance dans le féminin ? Quelles sont nos valeurs à nous les femmes ?

C'est comme s'il y avait un grand vide dans notre société sur cette question !

Si je creuse ma cervelle, le féminin pour moi est synonyme de sensibilité, d'intériorité, de réceptivité, de gestation, de compassion, de prendre son temps, d'écoute et de créativité… Dans la société actuelle, ou même chez moi, est-ce qu'il y a de la place pour tout cela ? N'a-t-on pas mis le couvercle sur ces notions essentielles ? Sait-on prendre le temps ? Respirer ? Ressentir ? Vivre ses émotions pour sentir ce qu'elles ont à nous dire ?

Si je regarde le monde occidental, je remarque que la place faite à ces valeurs est bien maigre, et même la place faite aux femmes n'est guère alléchante ! Ou si s' il y a une place pour elles, c'est au détriment de leur propre nature. Je le sais, j'en ai payé le prix toute ma vie ! Il a fallu faire un choix entre réussite sociale ou nature féminine ! Quel sacrifice ! Payer de sa propre essence, pour accéder à une reconnaissance sociale !

Comment exister dans cette société patriarcale ; où seules les valeurs compétition, gains futurs, ont leur place ?

J'ai méprisé mon corps et mon propre sexe, car je pensais qu'être femme était synonyme de faiblesse et de soumission ; et que la lutte, le cerveau et la réussite étaient les seules valeurs qui étaient dignes d'intérêt. J'ai donc nié ma propre nature !

Mais quelle absurdité ! J'ai combattu sur le terrain des hommes pour être reconnue. Comment aurais-je pu être reconnue en tant que femme dans ce monde de patriarche ?

Qu'est-ce que la société reconnaît aujourd'hui ? Les mères ? Non… La sensibilité ? Non… L'intériorité ? Non… Prendre son temps ? Non… La compassion ? Non… La connexion avec la nature ? Non… Le lien avec le vivant et les astres ? Non… Elle ne reconnaît que les courses effrénées vers une compétition toujours plus grande, vers un toujours plus… Et qu'est-ce que récolte notre terre en échange ? La spoliation de ses ressources, jusqu'à son épuisement… la pollution de ses sols… un trou dans sa couche d'ozone… la mort des variétés de ses espèces animales… l'exploitation de ses animaux…

Je suis donc moi-même devenue une « Wonder Woman » au comportement souvent masculin pour pouvoir me faire entendre. Je n'ai plus rien senti de ma connexion au vivant… J'ai pour un temps, pour réussir ma vie professionnelle, renié mon propre sexe ! Et je ne suis pas la seule, j'en suis sûre ! Il n'y a qu'à voir les femmes qui soi-disant réussissent dans notre société… Elles ont tout coupé de leur nature… Elles n'ont plus de cœur et de compassion...

Il est pourtant urgent que l'on trouve des femmes en lien avec leur essence, à la tête des grandes entreprises pour remettre des valeurs féminines dans nos technologies… Mais entendez-vous dans les grands groupes de la place pour l'intériorité, le silence, la compassion, la sensibilité, l'écoute et la bienveillance ? On ne s'interroge même pas sur l'impact que peuvent avoir nos technologies sur la nature et les animaux, tellement on est coupé de son corps, de ses ressentis et de son cœur…

J'ai moi-même fait ce même chemin que ces femmes qui ont tout sacrifié de leurs natures, pour réussir et avoir une place dans ce que reconnaît la société. J'ai eu besoin d'être valorisée pour me donner une illusion de puissance ; et comme l'occident ne donne de valeur qu'à ce qu'il y a de masculin, le reste ne m'intéressait guère ! J'ai voulu battre les hommes sur leur propre terrain avec leurs armes, en me masculinisant sur le plan du fonctionnement mental et de l'efficacité économique.

Pour quel résultat ? Il n'y a qu'à voir où j'en suis aujourd'hui… Écroulement financier, désespoir émotionnel, quête de sens, trahison, gouffre affectif… Le bilan n'est guère glorieux. J'ai vraiment dû me tromper quelque part en chemin… Et le bilan de notre économie est-il lui aussi glorieux ? En sommes-nous fiers ?

Pour nous les femmes, la réussite sociale et la responsabilité des enfants et de la maison sont des priorités bien difficiles à accomplir de front et en même temps. Plus de temps pour soi… Plus de réceptivité… Plus d'intériorité… Plus de pause… Plus de sensations… Niet… Cela se révèle vraiment épuisant… Mon corps a lutté pour accéder vers un sommet sec, froid et asséché, où le cœur est absent…

J'ai été un homme dans mon comportement, et j'ai « porté la culotte » comme on dit. Et je réalise que cela a été une sacrée erreur de parcours ! Et les femmes qui sont en lien avec leur essence, ont-elles d'autres choix que de quitter ces sphères économiques qui ne reconnaissent pas ce qu'elles sont ?

Et si toutes ces épreuves vécues depuis peu n'étaient là que pour me mettre en face de ce que j'avais toujours voulu refouler ? Et si mon écroulement n'avait pas justement pour seul et unique but de me montrer ce que j'avais fui toute ma vie ? Ma propre vulnérabilité ? Ma sensibilité ? Mon corps ? Mes émotions cachées ? Mon cœur ? Mon féminin…

N'avais-je pas construit ma vie sur des bases qui n'étaient pas les miennes ? N'était-ce pas normal que tout cela s'écroule comme un château de cartes pour retrouver mes vraies racines ? Celles de mon féminin ?

Et si la crise économique actuelle avait elle aussi le même sens ? Si tout cela n'appelait pas un retour vers des valeurs essentielles, sur lesquelles nous avons mis le couvercle ? Et, la terre elle-même, grâce à ses soubresauts climatiques, ne se rebellait-elle pas également pour enfin se faire entendre et qu'on arrête de la détruire ?

Marie-Madeleine est donc venue pour me montrer la route à suivre. Elle m'est apparue dans cet unique but-là : me faire sentir femme… Me mettre en lien avec mon corps et mon cœur en son sein… Elle m'a murmuré : « Aide-moi … », tout doucement… Et cela a suffi pour que je l'écoute.

Et, même si elle était engloutie, elle a su se faire entendre de moi, via des biais insoupçonnables… via des chemins en dehors de toutes logiques cérébrales… des voies mystérieuses loin de toute rationalité cartésienne… Et ce n'est pas vers un sommet qu'elle me mène… mais vers mes profondeurs…

Mais, je ne vois vraiment pas comment je vais m'y prendre pour la laisser entrer dans ma vie, vu l'ampleur de la tâche ! La société n'offre pas beaucoup d'alternatives aux femmes modernes, qui sont souvent obligées de nier leur nature pour se faire une place... Et, je constate que les femmes n'ont pas non plus de place dans les églises ! Marie-Madeleine d'ailleurs, n'a pas eu également beaucoup plus de chance dans la religion ! Pas plus que les autres femmes de l'histoire d'ailleurs ! On l'a complètement évincé des cours de Catéchisme. On l'a même reléguée à une place de prostituée !

Je prends tout à coup conscience que pour nous les femmes, il est bien difficile de s'identifier aux icônes religieuses féminines. On n'a pas vraiment d'alternatives entre la vierge Marie ou la putain, entre la « bonne mère coupée du corps », ou « Marie-Madeleine la prostituée » ! Moi qui suis issue d'une famille catholique, finalement, j'ai fait mon choix ! Ni l'une ni l'autre ! Je serais un homme !

Comment voulez-vous que la femme trouve sa place entre ces deux notions ! Elle n'a pas d'autres choix que de nier son propre corps face à ces deux figures religieuses ! Soit le corps n'existe pas, soit il est impur ? Mais n'existerait-il pas un entre-deux ?

Souvent, la femme choisit la mère, mais c'est au prix de sa liberté de femme. Elle se sacrifie alors pour son homme et ses enfants au détriment de sa propre croissance et de sa créativité. Elle devient « la femme de » et reste tapie dans l'ombre de son homme... Elle se coupe même de son corps, puisqu'elle est l'Immaculée Conception, la chair étant considérée dans la morale judéo-chrétienne comme impure !

Et si elle choisit l'autre, elle est cataloguée comme une prostituée envahie de démons. Elle est la rebelle et la salope qui fait vendre et qu'on placarde sur les affiches publicitaires... Entre la fée du logis ou l'amazone aux seins nus sur un capot de voitures, il existe un gouffre que personne ne semble vouloir examiner...

Comment une femme ne peut-elle pas ressentir le poids d'une culpabilité immense à être libre dans son corps et dans sa chair avec ce poids culturel ?

Ah oui ! J'oubliais, il reste « Ève » ! Cette dernière porte le pêché du monde ! C'est elle qui a forcé Adam à croquer la pomme !

...Soupir... Qu'il est dur d'être née femme !

Mon collage réalisé pendant le stage de coaching commence à avoir du sens... La dame en rouge, le crâne de cristal, le pommier, Adam et Ève... Ce n'est pas encore très clair, mais cela semble se dévoiler au fur et à mesure... Comme un jeu de piste...

Mais je suis tout à coup aux prises avec une énorme lassitude. Cette nouvelle conscience est lourde de sens pour moi. Je n'arrive pas à faire la clarté dans mon esprit. Les idées se bousculent...

Je sens bien que des révélations s'imposent à moi, mais j'ai peur. Peur de ce que je vais découvrir ; peur d'aller au-devant d'une nature qui m'effraie et qui m'obligerait à prendre le contre-pied des valeurs qui m'ont été transmises ; peur de faire de la place en moi à un archétype dont j'ignore tout, et qui a été rejeté par des siècles et des siècles d'histoires ; peur d'aller à l'encontre des valeurs que la société actuelle véhicule ; peur d'être huée sur la place publique ; peur d'être bannie par ceux qui appartiennent à mon clan ; peur d'être brulée vive, car en lien avec des forces mystérieuses qui font ma puissance...

Si je laisse entrer cette femme habillée de rouge dans mon existence, est-ce que je ne risque pas moi aussi comme elle le rejet, l'exclusion et le bannissement ?

19.MANDALA

« Il n'y a réellement ni beau style, ni beau dessin, ni belle couleur : il n'y a qu'une seule beauté, celle de la vérité qui se révèle. », Auguste Rodin

Même Jour

17h00 : N'arrivant pas à me libérer de la peur générée par mes derniers questionnements, je me lance dans un ménage effréné de l'appartement. Les enfants que j'ai récupérés à l'école sont calés devant la télé.

Je frotte comme une forcenée tout ce que je croise sur ma route : du carrelage de la cuisine, jusqu'aux parquets des chambres, en passant par des objets en tout genre. Je m'attaque même au-dessus des armoires ! Il s'en dégage d'ailleurs une poussière monumentale !

En finissant de nettoyer le haut de l'immense meuble en noyer de ma chambre, une grande feuille de canson format A5 me tombe sur le dessus du crâne. En poussant, un « ouille » de douleur ; je m'assieds sur le rebord de mon lit, curieuse de voir de quoi il s'agit. Je découvre alors le dessin d'un immense mandala… Pourtant, je ne me vois absolument pas ranger cette œuvre sur cette armoire. Que fait-elle ici ?

En me creusant la cervelle, je me souviens l'avoir dessiné pendant un atelier de psychogénéalogie, que j'avais réalisé il y a dix ans à la naissance de Maxime. Ayant à l'époque, été quelque peu remuée par ce nouveau statut de mère, et ayant voulu éviter un baby blues carabiné, j'avais finalement accepté de participer à un stage sortant de l'ordinaire, poussée par cette chère Pauline. Elle me soutenait que ce passage de la femme à la mère devait se faire en conscience, et qu'à cette fin j'avais besoin de revisiter mon histoire familiale. J'y étais donc allée, non sans être accompagnée par mon scepticisme légendaire.

J'avais dû, par conséquent, réaliser pendant la formation ce grand mandala, en suivant certaines consignes de l'animatrice : à droite du mandala, il fallait dessiner des symboles qui représentaient mon père et à gauche ceux qui représentaient ma mère.

Pour ma mère, j'avais gribouillé non sans mal, vu mon absence de talent en art et technique de la représentation graphique : un corps nu barré d'une croix ; des livres ; des équations mathématiques de couleur noire ; et une femme en tutu de danse, mais de dos.

En fait, ces symboles signifiaient pour moi l'attrait de ma mère pour des activités intellectuelles et l'abandon de tout ce qui relevait des choses du corps. La femme en tutu de dos, indiquait qu'elle avait laissé ses passions d'enfance (la danse) au profit de la logique cérébrale. La couleur noire des livres et des équations mathématiques montrait selon ma perception que les études dans lesquelles elle s'était réfugiée ne l'avaient pas vraiment rendue heureuse.

À droite pour mon père, j'avais dessiné: un bateau, un dauphin, un avion, et un coffre-fort plein de pièces, enterré aux pieds d'un pommier. Cela voulait montrer mon père et ses passions pour l'aventure et les voyages; passions qu'il avait lui aussi vite mises de côté pour satisfaire sa quatrième épouse et son unique but : l'argent... Voilà pourquoi j'avais griffonné ce coffre-fort : pour montrer l'importance de la richesse matérielle au détriment des élans de son cœur.

Le pommier et le dauphin représentaient eux, l'amour qu'avait mon père pour la nature qu'il a aussi oublié pour des raisons pécuniaires. Le « Dieu des passions » a donc été englouti au profit du « Dieu Argent ». En effet, il avait un idéal d'aventure, mais il a fini dans un trou paumé à gagner de l'argent dont il n'a jamais profité, à part pour s'acheter des voitures et une maison avec un carré de verdure, pour satisfaire sa dernière épouse qui le lui a rendu par des reproches incessants.

À l'issue de cet atelier de psychogénéalogie, il avait fallu mettre quelque chose au centre du mandala. J'y avais donc gribouillé un grand cœur rouge brisé, avec des gants de boxe de chaque côté, pour signifier le conflit et le combat entre mon père et ma mère autour de l'argent et de la pension alimentaire.

En analysant ce dessin sur mon lit, je suis sous le choc. Pourquoi mes deux parents se sont-ils autant reniés ? Pourquoi se sont-ils autant battus autour de la pension alimentaire?

Mais au fond, ce mandala ne représenterait-il pas ma propre personnalité ? Ne montrerait-il pas mon propre féminin intérieur, mon propre masculin intérieur et mon propre centre ?

Si je suis cette idée, mon féminin sensible, plein d'élan et de passions serait englouti par le mental et la recherche intellectuelle, c'est-à-dire par mon masculin, ce dernier ne pensant qu'à l'argent… Je serais de surcroit fracturée et brisée de l'intérieur (cœur brisé)… Mon féminin et mon masculin seraient de plus, en plein règlement de compte et en conflit (gants de boxe)...

Et bien, tout cela n'est guère réjouissant !

Mais, il semble que cela ait du sens… Car ce qui se produit dans ma vie est bien le reflet de cette perception que j'ai eue de l'histoire de mes parents… Et, je suis du coup sidérée de voir à quel point nous sommes nous humains programmés par ce que nous avons vécu, ou cru avoir perçu étant enfant… Et je comprends cela en pleine séparation avec Paul ; moi brisée, lui ruiné avec l'argent au cœur d'une de nos problématiques.

Sommes-nous tous autant guidés par des programmes familiaux qui nous éloignent de notre essence ? Répondons-nous tous à ce que nous percevons être ce qui est attendu de nous, au détriment de ce que nous ressentons dans nos tripes ?

La reproduction du schéma est édifiante… Comme ma mère, je me suis séparée... Comme ma mère, j'ai eu le cœur brisé… Comme ma mère, j'ai renié mon corps et ma nature de femme, pour me réfugier dans la tête ! Je me revois étudiante en train de bosser pendant des heures à mon bureau, au lieu d'aller me détendre dans la nature ou de faire du cheval, comme j'aimais pourtant le faire ! Comme mon père, j'ai renoncé à mes envies d'aventure pour me concentrer sur un seul et unique but : faire des études, trouver un bon métier pour gagner de l'argent !

Avec toutes ces expériences depuis le stage de coaching, je m'aperçois que j'ai mis de côté toutes mes aspirations et mes élans de vie pour attirer la reconnaissance de ceux de mon clan, sans me poser la question de ce que je désirais vraiment ! Quel gâchis ! Et je n'ai personne à blâmer à part moi-même de ce triste constat, car la responsabilité m'en incombe totalement…

Argent contre nature : voilà le combat que je me suis livré pendant toutes ces années… Et il me semble que notre société occidentale est rentrée elle aussi dans ce combat, en oubliant toutes les lois naturelles ! Et aujourd'hui, il semble que mon essence trop longtemps refoulée soit en train de vouloir refaire surface ! Comme il semblerait que la terre, notre belle planète, a elle aussi décidé de se rebeller !

Il n'y a qu'à voir mon corps qui reprend les commandes, ou regarder tout ce qui se produit dans ma vie en ce moment, pour comprendre qu'une main invisible veut prendre les choses en main, pour détruire tout ce qui ne m'appartient plus. Il n'y a qu'à regarder également tous ces dérèglements climatiques et toutes ces crises économiques qui permettent de retrouver l'équilibre, et de se poser les bonnes questions pour trouver un autre modèle …

N'est-ce donc pas l'injonction incessante de notre société occidentale de vouloir faire passer la quête d'argent au-dessus des élans de nos cœurs ? Renier toutes nos aspirations et passions pour de l'argent, qui ne nous sert au final qu'à acheter des biens qui répondent à des besoins créés de toute pièce par la publicité et la télévision ! Nous n'hésitons pas pour cela à refouler toute notre nature, et à piller la nature environnante en exploitant toutes ses richesses. Il n'y a qu'à voir ces employés en complets gris au bord du burnout, ou le pillage de notre propre terre et de ses ressources pour comprendre que l'argent a occupé de nos jours tout l'espace disponible.

Je m'interroge du coup grandement sur le sens qu'avait ma vie : gagner de l'argent pour acquérir quelques mètres carrés de terrain pour mettre 30 ans à les rembourser avec un boulot ennuyeux au plus haut point. Mais quelle aberration !

Voilà ce que j'ai essayé de faire… Et voilà où j'en suis… Nulle part… Et le rêve que la société voulait nous offrir, a-t-il répondu à ses promesses de bonheur ? Qu'en pensez-vous ?

Voilà le constat édifiant que je suis en train de faire assise sur le coin de mon lit, tout en regardant mon dessin. J'ai nié ma propre nature symbolisée sur mon mandala par l'arbre (le pommier) pour de l'argent (le coffre-fort rempli de pièces d'or) ! Et je pense que notre société occidentale nous y pousse irrémédiablement. Et cela demande une sacré dose de courage et de remise en question pour sortir de ce modèle…

Le rituel de l'écu d'or enterré au pied du pommier, réalisé à Rennes le Château prend alors tout son sens ! Pourtant, j'ai fait ce rituel il y a deux jours en ayant complètement oublié ce mandala, réalisé dix ans auparavant ! Comment est-ce possible ? Encore une synchronicité ?

La forte symbolique du rituel que j'ai fait machinalement dans le restaurant devient limpide ! Je fais tout de suite le lien avec la bohémienne qui me parlait de mon féminin séquestré.

Je vois aussi qu'il existe la même séparation à Rennes le Château entre deux groupes de chasseurs de trésor : ceux qui recherchent un vrai trésor rempli de pièces d'or sonnantes et trébuchantes (coffre-fort d'écu) ; et ceux qui recherche un trésor spirituel, un accès vers eux même, vers leur nature et leur essence, ou vers Dieu (pommier)…

Et, j'ai pourtant fait ce rituel comme une automate, sans vraiment y réfléchir. Mais j'en réalise vraiment toute sa portée à cet instant précis… Cela est tellement en rapport avec toute ma problématique familiale que j'en reste bouche bée ! Cela a également tellement un rapport avec la maladie de ce siècle : l'argent qui tue notre nature ! Comment la bohémienne pouvait-elle savoir à quel point le rituel qu'elle m'avait demandé de faire était chargé de sens ?

L'écu et le pommier… ces deux symboles ont l'air d'avoir une signification essentielle pour moi.

J'ai jusqu'à présent choisi l'écu dans mon quotidien : la poursuite de la réussite et la volonté de gagner de l'argent. Et si c'était l'inverse qu'il fallait faire ? Suivre ma nature profonde, symbolisée par l'arbre ? Et si c'était cela la clé de chacun : aller vers sa nature pour y découvrir ses désirs, ses élans, sa richesse, sa créativité et son bonheur ? L'argent viendrait alors sans forcer… sans que cela obsède nos pensées… Cela ne serait plus qu'un moyen pour faciliter nos échanges, mais plus une fin en soi…

Tout de suite, mon petit vélo mental reprend le dessus… J'entends mes propres pensées… Ma tête reprend le contrôle : *« Oui, mais de quoi tu vas vivre… ? » ; « Tu crois vraiment qu'on peut vivre de ses passions… ? » ; « Et qui va nourrir tes deux têtes blondes… ?» ; « Il faut être responsable dans la vie, personne ne peut se la couler douce… » ; « Et de toutes les façons, c'est quoi ta nature profonde… ? Tu n'en as aucune idée, alors autant faire ce que tu dois faire et arrêter de te prendre la tête… »*.

18H00 : Pour couper court à toutes ces pensées qui m'assaillent, je retourne séance tenante sur internet pour regarder la symbolique du pommier. La première chose qui me vient à l'esprit à l'évocation de cet arbre, c'est bien sûr la bible et sa genèse.

Je tape donc le mot clé, et dès la première page téléchargée, je reste bouche bée à la lecture de la première phrase : *« Plusieurs textes associent également la figure de Merlin aux arbres et particulièrement aux pommiers »*… Moi qui m'attendais à lire des informations sur la genèse et sur Adam et Ève, je tombe encore sur ce Merlin ! Quelle ironie ! Il manquait plus que Merlin l'enchanteur ! Le revoilà celui-là ! Je ne m'imaginais pas en plus que le pommier avait un quelconque rapport avec lui !

Tout a encore l'air de se relier comme par magie ! J'ai de nouveau l'impression de faire un jeu de piste. C'est quand même fou ! On dirait des pièces d'un puzzle qui se rassemblent les unes avec les autres, pour commencer à former le début d'un tableau dont je n'aurai pas encore la vision globale. C'est comme si le tableau existait déjà, que quelqu'un savait dans le futur à quoi il ressemblerait ; et, que j'étais aiguillée par un je ne sais quoi, ou un je ne sais qui, pour continuer à emboiter ses pièces une à une.

Je poursuis ma lecture.

« *L'association de Merlin avec les pommiers provient en partie de la mythologie celtique. Dans l'imaginaire celtique, ces arbres sont étroitement liés au thème de la magie et aussi à l'Autre Monde. Dans l'imaginaire chrétien, le pommier est l'Arbre de la Connaissance dans lequel Ève prit le fruit défendu* »...

Ah quand même la voilà la référence biblique !

... « *Associer Merlin à l'Arbre de la Connaissance, le montrer assis dessus le dominant, ne peut que conclure à une prise de possession de la Connaissance. L'image de Merlin croquant dans un fruit, en l'occurrence la pomme, est une figure du personnage engagé sur la Voie, car « le fruit est l'image de l'anthropos, du Soi* ».

Pour résumer, on a le personnage de Merlin qui a accédé à la connaissance. Le Pommier est l'arbre de la connaissance, et Merlin est un druide qui est souvent représenté à côté de cet arbre. Mais quel est le rapport avec moi ? Pourquoi faut-il que le pommier et Merlin soient justement des symboles qui croisent ma route ? Aurais-je moi aussi accès à une certaine connaissance, en ce moment ? Est-ce ces voix ou ces synchronicités qui me guident pour que j'accède à ma vraie nature ou à mon Soi ? Mais pourquoi moi ? Et pourquoi d'un coup ?

Il est clair que depuis quelque temps, il m'arrive des évènements qui me conduisent à certaines prises de conscience essentielles qui vont sûrement me mener vers un changement profond… Je fais aussi des liens avec mon histoire personnelle... Ces liens me montrent certaines erreurs que j'ai pu commettre, comme suivre le modèle parental… Avant que tout cela n'arrive, j'agissais comme un automate, guidé par un programme familial, sans conscience. Mais de là à être sur la voie de la connaissance, il ne faut pas pousser !

Malgré toutes ces interrogations, je m'empresse de continuer à lire, car je réalise que si les enfants m'ont jusqu'à présent laissé tranquille, captivés par le petit écran, cela ne saurait durer !

...*« Si la pomme rend fou, c'est qu'elle représente la prise de conscience rapide, l'éveil. Dans ce passage, Merlin partage sa Connaissance avec ses compagnons, qui doivent nécessairement traverser l'étape de la folie pour s'éveiller définitivement. »*

Encore le thème de la folie ! Moi qui étais justement en train de me dire que je virais dingue ! Et ce passage sur l'éveil, il veut dire quoi ? Que Merlin est devenu un éveillé comme Boudha ?

J'avoue que je commence réellement à être perdue... Je voulais en savoir plus, et je suis encore plus embrouillée dans ma tête. Et cette référence à Ève... c'est quoi ?

Je me rappelle les leçons de catéchisme, où on parlait du pommier, arbre de la connaissance du bien et du mal. Je me souviens de l'histoire que l'on nous racontait. : les hommes ont été chassés du paradis, parce qu'Ève poussée par le serpent avait croqué le fruit défendu ... Je me suis toujours dit depuis qu'il était bien lourd de porter ce poids pour nous les femmes. On doit quelque peu inconsciemment forcément être coupable d'avoir poussé Adam à pécher ! À cause de nous, nous avons perdu le Paradis ! Rendez-vous compte !

Est-ce pour cela que les femmes ont été reléguées à la place de tentatrice ? Est-ce pour cela que la seule place octroyée aux femmes dans la religion est celle de sœur portant un voile ? Est-ce pour cela qu'inconsciemment, la seule place qui est légitime pour nous et pour la société est celle de mère ?

Je me dis tout à coup que cela a sûrement été encore une raison de plus pour oublier ma nature de femme ! Je me répète à voix basse ses mots « *Tu seras un homme ma fille* »... Des larmes coulent sur mes joues...

20. ARBRE DE VIE

« Toute théorie est grise, mais vert florissant est l'arbre de la vie. », de Johann Wolfgang von Goethe

Jeudi 10 octobre

11 h 00 : Partie pour une balade en forêt ce matin, je fais le point… Certes, ma vie est un vaste chantier, mais j'ai la conviction profonde que toutes les épreuves que je suis en train de traverser ne sont que le reflet de ce que tout mon être réclamait au plus profond de moi-même. Je sais maintenant que je n'ai pas eu le courage de mettre un terme à une situation qui ne me ressemblait pas, qui ne reflétait que mon inertie intérieure et le non-respect de ma personne. C'est pour cela que les évènements ont choisi pour moi. C'est le sens que l'on devrait d'ailleurs donner à chaque crise, qu'elle soit individuelle ou collective…

Je n'ai pas voulu voir le désastre qu'était ma vie. Je n'ai pas voulu écouter mes intuitions profondes que j'avais muselées pour éviter d'avoir à faire des choix qui me faisaient trop peur. Je n'ai pas eu le courage de lâcher ce que je savais ne plus me correspondre… Et n'ayant pas su quitter ce qui ne m'allait plus, je suis devenue sans vie, inerte, non-animée. Je n'ai plus rien ressenti et j'ai fait mes tâches quotidiennes comme un pantin articulé, sans les relier à un quelconque sens et désir.

Même si les temps sont durs, je suis au fond très contente du processus qui est l'œuvre, même si je ne le comprends pas complètement. Je sens en effet, que tout ce qui se produit depuis quelques mois sert une chose bien plus grande que moi et qui est essentielle. Cela sert : la vie… Et je réalise maintenant que si on nie le vivant, il cherche par tous les moyens à se faire entendre.

Avant j'étais morte. Je me suis laissée mourir à petit feu, faute d'avoir voulu prendre des risques. Rester dans sa zone de confort et chercher à tout prix à la préserver m'a conduit dans une impasse, dans un non-mouvement et une non-créativité… Je n'avais même pas senti que je ne voulais plus de ce boulot qui ne m'apportait que des insatisfactions. Je faisais ce qu'il *fallait* faire au détriment de ce que je *sentais être* juste.

Au milieu de toutes ces pensées, je ricane intérieurement. Ne serais-je pas en train de remercier mon patron d'avoir pris l'initiative de me mettre dehors ? Il faut le faire !

Rire un peu ne m'empêche pas de poursuivre mon bilan personnel.

Mon mariage, lui aussi a été un fiasco, mais je n'ai pas voulu me l'avouer. J'ai manqué de courage. Même si je n'en suis pas encore au stade où je pourrais remercier mon ex-mari de m'avoir trompé, je sais vraiment maintenant que mon couple ne pouvait plus durer, et qu'il reposait sur un mensonge…

Je prends conscience que la crise est d'autant plus dure que l'on refuse le changement qui est pourtant inéluctable… C'est le mouvement de la vie… Si j'avais suivi ce que je pressentais au fond, je n'aurais peut-être pas eu autant d'épreuves d'un seul coup à traverser…

Finalement, tout s'est écroulé comme un château de cartes, car rien ne pouvait tenir droit. En effet, il n'y avait aucune racine dans mes activités, car elles ne reposaient sur aucun désir, aucun élan, aucune envie… Or, la racine de toute action doit prendre corps dans un élan, un désir, une envie, dans le cœur ou dans le ventre.

Mais auparavant, tous mes comportements, mouvements ou réalisations ne trouvaient leurs sources que dans ma tête et dans ses injonctions. Toute ma vie n'a reposé que sur des obligations, ou sur des pâles imitations de ce que les gens font ou doivent faire, pour on ne sait quelle raison, à part « survivre » ou gagner sa subsistance ; ou pour une course aux objets en tout genre qui changent de mode chaque année, et dont on se lasse très vite.

J'ai finalement avancé dans une direction vide de sens, sans savoir vraiment ce que je voulais et sentais au plus profond de mon être, de mon cœur et de mes tripes.

À partir d'aujourd'hui, je dois absolument trouver ce qui me correspond, ou ce qui m'anime en profondeur et me passionne. Je ne peux et ne veux plus vivre à moitié ! Jusqu'à présent, j'ai laissé mon prédateur intérieur, comme l'a si bien dit la bohémienne, s'emparer de moi par souci de sécurité. Ce prédateur m'a conduit à lutter et combattre pour survivre. Il m'a poussé vers une course vers l'avant qui était vide de sens. Il m'a raconté des sornettes, auxquelles j'ai cru dur comme fer !

Dans ma tête, ce prédateur commençait ses phrases par : « *Tu dois...* » *;* ou *« il faut ».* Il m'a poussé à la comparaison en me faisant imaginer ou miroiter toutes les possessions et les belles choses que je pourrais obtenir, si je travaillais dur, ou si je luttais comme il se doit... Il m'a obligé à FAIRE avant d'ÊTRE. Il m'a poussé à chercher la sécurité ou la reconnaissance sociale, au détriment de mes élans de créativité... Cette volonté de fausse sécurité et de reconnaissance extérieure m'a conduit à effectuer un boulot insignifiant, où je ne me suis plus respectée, avec un patron pervers et des tâches quotidiennes déconnectées du vivant en moi... Agir avant d'être... Tout était à l'envers.

C'est aussi au nom de cette fausse sécurité affective que j'ai gardé un mari que je savais au plus profond de moi ne plus me correspondre. Mais j'avais tellement peur de me retrouver seule, face à ma blessure la plus profonde d'abandon et de solitude ! Être seule, je m'en croyais tellement incapable !

Mais qui suis-je au fond ? Qu'est-ce qui m'anime finalement ? Pourquoi me suis-je sentie si dépourvue d'énergie, coupée à la racine, sans sève ? Si je sais aujourd'hui ce que je n'aime pas ou plus, je ne sais pas au fond vraiment ce que je veux. C'est bien beau ce discours de mon « être profond » ; ou de ma « nature profonde ». Mais, QUI SUIS-JE ?

Je ne sais pas vraiment ce que je veux faire de ma vie. J'ai de vagues pistes, des petits élans que je commence à sentir au creux de mon ventre, mais c'est bien léger et si fragile... Je sais que j'aime voyager, que j'aime l'aventure et les questions existentielles... J'ai ressenti un appel face à des gens comme Dieuleveult... Mais il ne faut tout de même pas rêver..., si ?

11h30 : Perdue dans mes pensées, je m'assieds près d'un arbre. Je suis paradoxalement en paix, alors que je n'ai plus rien à quoi me raccrocher vraiment. Et, je me sens tout à coup profondément reliée à cette nature qui m'entoure, comme si elle me remplissait, m'entourait, m'accueillait.

Et si c'était là que résidait ma vérité ? Si c'était là, dans ce silence que je pouvais me retrouver ; me reconnecter à ma nature véritable, et à mon « JE SUIS »?

Je suis dans un état de relaxation profonde ; et encore une fois, une voix se fait entendre. C'est la voix la plus profonde qu'il m'ait été donné d'écouter. Elle vibre dans toutes mes entrailles. Tout mon corps tressaille. Je suis remplie d'une énergie des pieds à la tête, la même que je ressens d'habitude, mais avec une paix immense en prime... J'éprouve pour la première fois de ma vie, la plénitude.

Moi qui étais avide de choses à faire ou de personnes à rencontrer, moi qui étais si vide à l'intérieur, moi qui ai couru après des palliatifs extérieurs (argent, achats, nourritures, princes charmants...) toute ma vie pour ne pas sentir ce vide... ; là dans ce silence, dans ce vide et dans cette solitude, que j'ai pourtant cherché à fuir toute ma vie et contre lesquels j'ai lutté, je sens la chose la plus extraordinaire qu'il m'ait été donné de ressentir! Je suis pleine et entière...ENFIN...

Je n'ai besoin de rien d'autre que ce que je suis en train de vivre dans cet instant présent. Comment est-ce possible ? Est-ce si simple la paix ? Des larmes de joies coulent sur mes joues... Je me sens enfin chez moi... Et pour me sentir si bien, je réalise que je n'ai absolument besoin de rien, et que je n'ai rien à faire !

Pourquoi avoir cherché partout à l'extérieur, ce qui se trouve pourtant là, juste sous mon nez ? Il suffisait juste d'arrêter toute chose à faire et de rester là... simplement... Qui l'eut cru ?

Être PLEINE dans le RIEN... pff... quelle découverte ! Et quel paradoxe !

Je sors de cette béatitude à cause de ma curiosité mentale toujours aussi aiguisée, pour poser la question qui me brûle les lèvres à cette voix que je viens d'entendre. Cela me fait sortir net de cet état de paix. J'espère néanmoins que je saurai le retrouver à volonté…

— Qui es-tu ?

— *L'arbre de vie, l'Arbre de la Connaissance, l'arbre de la création, symbole de la Déesse et du féminin sacré,* répond la voix.

— L'arbre de quoi ? Je me retiens pour ne pas rire...

— *Lève la tête,* me dit-elle.

Je lève la tête ; et que vois-je ? Quelle n'est pas ma surprise ? Je vois : UN POMMIER !

Je suis donc là, sous un pommier qui me parle, et qui se dit être l'arbre de la création, celui d'Adam et Ève ! Rien que ça ! Et là, je vous jure que je me mets à rire jaune. Je suis aux prises avec le pire fou rire nerveux de ma vie.

Je n'avais même pas vu que je m'étais assis aux pieds d'un pommier, perdue dans mes pensées ; ce même arbre dont j'ai fait des recherches l'avant-veille !

Au même moment, une énergie prodigieuse qui part de mon sexe et qui remonte le long de ma colonne vertébrale met fin à mon délire nerveux. De nouveau, mon corps se met en mouvement. Les mouvements ne sont une fois de plus pas volontaires. Mon corps, comme à son accoutumé, reprend les commandes… Et, je sens que tous ces mouvements ont un effet sur mon corps, comme s'ils me guérissaient de quelque chose.

Cela peut paraitre complètement dingue, mais je suis parfaitement en paix malgré tous ces évènements insolites… Des énergies vibrent le long de mon corps, des courants d'air froids et chauds me caressent le visage alors qu'il n'y a pas de vent, des sensations de picotements envahissent mes jambes... Curieusement, je vis tout ce processus comme s'il était parfaitement normal !

Je me souviens des mêmes mouvements involontaires que j'avais eus dans ma chambre lors de la séparation avec Paul, ou dans les églises. Mais là, les mouvements ne sont pas violents. Ils sont doux et harmonieux, et me transportent en même temps dans une paix immense. Je me sens également profondément reliée à cet arbre qui semble me transmettre quelque chose, venue du fond des âges.

Ma tête persiste néanmoins à lutter contre cet état insolite… ; et, pourtant je me laisse faire, car cette force qui vient de je ne sais où prend tout de même le dessus.

Malgré l'incongruité de la situation, je suis en paix. Mais il subsiste néanmoins une interrogation mentale que je formule à cet Arbre… Malgré le ridicule des circonstances, où mon corps se contorsionne dans des mouvements non contrôlés, je formule ma question à peu près dans ces termes :

— Cher Arbre de Vie, j'ai vécu depuis quelques mois pas mal de situations que je commence à peine à intégrer et à digérer, mais là je crois que c'est le POMPON ! Alors, il faut vraiment m'expliquer ce qu'il se passe !

Au moment où je pose la question, je me sens tiraillée entre deux forces contraires : ma tête qui veut reprendre le contrôle et comprendre ; et mon corps qui ressent quelque chose d'extraordinaire et qui lui n'a rien besoin de savoir, car il sent ce qui EST… Ce corps n'a besoin de rien d'autre tellement ce ressenti dépasse tout, et que cette sensation ne peut être intellectualisée.

La voix me répond :

— *Je suis l'arbre de vie, et ce que tu viens de ressentir est le début d'un long processus d'éveil que tu as choisi d'entamer.*

Je fais tout de suite le lien avec le texte lu avant-hier, qui parlait de l'arbre de la connaissance, de Merlin et de son processus d'éveil. Apeurée, je proteste.

— Tu rigoles ! Je n'ai rien choisi du tout moi ! J'étais bien tranquille et tout s'écroule comme un château de cartes ! En plus, je sens des choses bizarres maintenant dans tout mon corps ! Je ne sais pas ce que c'est ! Et même si c'est parfois agréable, cela me fait peur ! La dernière fois, j'ai même vomi juste après avoir eu un orgasme spontané dans mon appartement ! Et là, je trouve que cela commence à faire un peu trop ! Je n'ai pas choisi de m'éveiller moi, et cela m'est complètement égal !

L'état de sérénité que j'avais enfin connecté a vite fait de se dissoudre… Ma tête et ses raisonnements reprennent le dessus sur mon corps. Mon cerveau ne lâche rien de ce qu'il connaît. Il n'admet pas tout ce qui pourrait sortir de l'entendement… La nouveauté lui fait trop peur… Il veut rester le maître…

L'arbre répond :

— *Une partie de toi a choisi de te réveiller. D'autres parties de toi, surtout ta tête et ton mental luttent encore, ce qui crée ces mouvements bizarres dans ton corps… Mais ne t'inquiète pas, le processus est normal ! Ces mouvements cesseront un jour…*

— OK ! Mais à supposer que j'ai choisi de me réveiller ! Qu'est-ce qu'il faut que je réveille ?

— *Ton arbre intérieur !*

— Mon quoi ?

— *Ton arbre intérieur. L'arbre de vie est le symbole universel de la Déesse. Et cette Déesse est morte en toi. Tu as choisi de la réveiller à travers toutes les épreuves que tu es en train de vivre. C'était le seul moyen pour que tu l'entendes…*

— Bon, oui je sais, une gitane me l'avait déjà dit ! Mais, en quoi l'arbre de vie est-il le symbole de la Déesse ? Je ne comprends rien !

— *Pour être bref, si tu prends les fruits, ils symbolisent l'aspect nourricier et créatif du principe féminin… Les racines de l'arbre quant à elles, représentent la capacité du principe féminin de plonger dans les profondeurs de l'inconscient. C'est l'aspect lunaire qui éclaire les ombres. C'est aussi la reliance naturelle des femmes avec les cycles de la nature et avec la Terre-Mère ; car comme cette dernière, les femmes vivent des cycles dans leurs corps chaque mois à travers leurs menstruations… Et la sève et le tronc, c'est le principe féminin de l'énergie de vie qui circule dans le corps, qui monte du bas vers le haut. Cette énergie de vie est la Shakti dont parlent les hindous, ou encore la Kundalini que tu viens de ressentir dans ton corps, il y a deux minutes à peine. Cette énergie est celle qui permet de ressentir et d'être en lien avec sa sensibilité ; et donc d'être touché par ce qui nous entoure. C'est l'énergie qui permet d'être connecté avec son corps, son ventre et son cœur, et au final ne faire qu'un avec tout l'univers.*

— La Kunda QUOI ? Et Shakti QUI ? De quoi on parle encore ! Je ne comprends rien à tout ton charabia ! On dirait le discours d'une secte ou d'un gourou !

— *La Kundalini ou la Shakti est le nom donné à l'énergie vitale fondamentale qui anime tous les êtres, homme ou femme. C'est une énergie féminine qui part du bas du corps et monte vers le haut. Chez toi, elle était bien endormie... Et tu vois, c'est la sève de chaque être humain ; et à ce titre, elle peut être comparée à la sève de l'arbre... Dans ton corps, elle s'est réveillée pour qu'enfin ton féminin séquestré refasse surface. Mais je te rassure, les réveils ne sont pas pour tout le monde aussi brutaux. Mais pour toi, ton féminin était tellement muselé par un masculin prédateur plutôt que soutenant et aimant, qu'il y a eu comme une explosion dans ton corps. C'est comme un phénomène de cocotte-minute ! Quand il y a trop de pression, il faut bien que cela sorte ! On dit parfois que la Kundalini qui sort de son endormissement serait comme un serpent frappé à coups de bâton ! Tu vois ce que cela peut donner !*

— Et bien oui ! Ça pour sortir, cela sort ! J'ai comme des courants électriques qui sortent de mes mains. Je n'arrive même plus parfois à allumer une lampe sans que je fasse tout disjoncter ! Cela m'est arrivé l'autre soir. Il a fallu que je change trois plombs ! Mais explique-moi mieux alors, ce qu'est réellement ce phénomène.

— *La Kundalini signifie « la lovée », car à la base elle est lovée au niveau du sacrum. Cette énergie présente chez tous les individus, est symbolisée sous la forme d'un serpent qui réside à la base du corps.*

— Oui, c'est ça ! Un serpent ! Cela fait déjà deux fois que tu m'en parles ! Tu ne vas pas me parler du serpent de la genèse tout de même ?

— *Oui, exactement. Mais tu comprendras d'ailleurs que la réelle symbolique du serpent telle qu'on te l'a apprise n'a rien à voir avec son sens profond. J'y reviendrai plus tard.*

— Ah non ! Pas la bible ! Pas la genèse ! Tu ne vas pas me faire des cours de catéchisme ! Dis-moi juste ce qu'il m'arrive là, maintenant ! Pourquoi mon corps bouge-t-il ? Pourquoi ces nouveaux ressentis ? Pourquoi toutes ces voix qui me parlent ? Pourquoi ces enseignements ? Pourquoi ces synchronicités et ces hasards ?

— *Je vais te l'expliquer. L'énergie de la Kundalini réside au départ endormie dans chaque être. Mais ce serpent ou cette énergie se réveille parfois en fonction des expériences de l'individu... Ce réveil peut être provoqué par le yoga notamment. Ou il peut être involontaire, révélé par les épreuves de l'individu quand il est trop loin de sa nature véritable, comme dans ton cas. Ou, il peut avoir lieu quand l'individu est tout simplement prêt. Ce réveil est donc ce qu'il t'arrive en ce moment même. Et c'est l'évolution future de l'humanité pour accéder à une nouvelle conscience.*

— Tu veux dire que l'humanité est en train de changer ?

— *Oui, pour ceux qui sont prêts à prendre ce chemin, oui. Après l'homo sapiens, on passe à une autre forme d'humanité. Il serait temps d'ailleurs ! Vu les dégâts que vous causez sur votre planète ! Mais c'est loin d'être un chemin facile. Tu commences à peine à en goûter les fruits. Tu deviens de plus en plus consciente de qui tu es ; et cela passe aussi par des épreuves. C'est ton chemin de croix ! L'ombre et la lumière marchent souvent main dans la main lors d'un parcours initiatique.*

— Ah non ! Ne me parle pas de la croix ! Tu sais, je fais comme une sorte de rejet de toutes les histoires religieuses ! J'ai trop souffert de la rigidité des bonnes sœurs quand j'étais en école privée. Reste dans des explications concrètes, s'il te plait ! Qu'est ce qu'il se passe concrètement ?

— *Bien alors pour être concret, quand cette énergie se réveille dans le corps, l'individu vit des expériences où il est relié à des énergies intenses et extraordinaires. Ces énergies mobilisent sa vitalité profonde. D'ailleurs, ce réveil peut prendre différentes formes selon les personnes et les moments de l'expérience. Il peut également avoir une intensité plus ou moins grande, et peut se manifester chez l'individu par des symptômes différents.*

— Ces mouvements du corps que j'ai, ils en font partie ?

— Oui, et je peux t'en citer bien d'autres. Tu pourras d'ailleurs te renseigner là-dessus si tu veux, car d'autres que toi ont vécu ce type d'expériences. Et voir que ces personnes traversent la même chose que toi, ou encore comprendre quel est le processus qui est l'œuvre t'aidera à traverser ce réveil avec beaucoup plus de sérénité.

— Cela me rassure un peu ce que tu me dis. Quels sont alors ces symptômes ?

— Je vais t'en citer quelques-uns pêle-mêle, pour que tu saches à quoi t'attendre. Mais il faut que tu saches aussi que beaucoup de personnes vivent ce processus, et qu'ils ne comprennent pas ce qui leur arrive. Certains passent même pour fous et sont parfois hospitalisés, alors qu'ils auraient juste besoin d'être accompagnés. Tu auras d'ailleurs entre autres la tâche de transmettre toute cette initiation que tu es en train de vivre.

— Mais ça ne va pas non ? Tu veux que l'on m'enferme moi aussi ! Je n'envisage pas du tout d'expliquer à une assemblée d'individus qu'un serpent est prêt à tout instant à se réveiller dans leurs corps ! Et ma famille ! Tu ne la connais pas ma famille ! Comment veux-tu qu'elle comprenne un truc pareil ? À la rigueur, je suis d'accord pour un changement intérieur, mais le plus discret possible ! D'accord ? As-tu vu d'où je viens ? D'une famille bien rationnelle : métro, boulot, dodo. On gagne de l'argent, on s'achète une maison et un 4X4, et on a un joli compte en banque et voilà ! Ni une ni deux, le tour est joué !

— Oui, et je sais que tu as essayé de leur ressembler. Et as-tu vu où cela t'a mené ? À un inéluctable échec ! Et sais-tu pourquoi ?

— Euh, non…

— Parce que cela n'est tout simplement pas ta nature et que tu luttes dans la mauvaise direction. Les forces spirituelles et supérieures se mettent donc en route pour te remettre sur la bonne voie, c'est-à-dire TA voie, celle qui t'appartient en propre. Et cette voie te sera révélée au fur et à mesure de ton chemin, si tu sais écouter les signes, et si tu sais écouter tes aspirations et tes élans. Mais il faut que tu saches que jusqu'à présent, il n'y a que toi qui luttes. Car tu n'as pas choisi cette vie, et tu t'obstines à vouloir toujours faire la

même chose ! À faire ce que tu dois, plutôt qu'à faire ce que tu ressens ! Tant que tu continueras de lutter dans cette direction, tu échoueras !

— Mais c'est super injuste ! J'en ai marre ! J'aimerais tellement que la vie soit simple ! Je gagnerais l'argent nécessaire pour pouvoir me la couler douce ! J'aurais un mari, une petite maison avec jardin ! Je ne demande rien de plus ! Comme tout le monde ! Je n'ai absolument pas envie de transmettre un truc auquel je ne comprends rien du tout, et qui va me faire passer pour l'illuminée de service ! Puis, je n'y crois pas aux forces supérieures dont tu parles !

— *Calme-toi, Charline... Tu ne crois pas aux forces supérieures ? Es-tu sûre ? Après tout ce qu'il vient de t'arriver ?*

— Pff... Oui, tu as raison. Je ne peux plus ne pas y croire. C'est trop énorme. Des forces extérieures se sont mises en route pour me faire expérimenter quelque chose. Elles m'ont forcé à pénétrer à l'intérieur de moi. Les richesses extérieures disparaissent les unes après les autres, au profit d'une richesse intérieure. Je le ressens tellement fort ! Mais, c'est ma tête qui lutte.

— *Oui Charline... Et sache que c'est toi qui as choisi cette nouvelle voie. Mais tu n'en as pas encore la conscience. Tu as la force pour passer ces épreuves. Regarde l'entrain que tu mets pour lutter et résister contre ce qu'il t'arrive. Utilise la même énergie à laisser couler ce qui doit être, et tout se déroulera parfaitement ! Laisse couler cette énergie en toi. Écoute toutes ces forces.*

— Oui, mais c'est plus facile à dire qu'à faire !

— *Tu n'as rien à faire justement, mais à laisser être... Il n'y a plus de lutte... Et comme je te le disais, de nombreuses personnes qui ont un éveil de leur Kundalini inopiné ne savent pas ce qu'il leur arrive. Et trouver des conseillers qui reconnaissent les symptômes de cet éveil est particulièrement compliqué compte tenu de l'ignorance sociale dominante sur ce processus de transformation...*

— Tu as raison ! Je suis moi-même complètement perdue ! Je suis même obligée d'écouter un arbre ! Tu vois donc l'étendue de ma détresse !

— Très drôle Charline... Ce qui est moins risible c'est qu'il existe des histoires de visites désespérées chez les docteurs, conseillers, psychologues qui ne comprennent pas ce qui se passe et qui ne sont pas capables de soigner toutes les douleurs ou les problèmes causés par une crise de Kundalini ; sans parler des visites chez les psychiatres pour les visions mystiques, paranormales et magiques qui peuvent se produire. Ces pauvres gens se croient fous, alors qu'ils sont juste en train de se transformer !

— Tu veux dire que beaucoup de gens vivent ces crises sans le savoir ?

— Oui, et voici les manifestations communes de cette montée de Kundalini : es-tu prête ?

— Euh... Je ne sais pas trop... Bon, vas-y !

— Les muscles peuvent se crisper en crampes ou spasmes. On peut ressentir des démangeaisons, des vibrations, des frissons ou des sensations de picotement. Parfois, l'impression d'électricité circulant dans tout le corps est intense. Des sensations de froid ou chaud sont possibles. Des mouvements involontaires du corps se produisent souvent pendant la méditation, pendant les moments de repos ou de sommeil. Il est courant d'avoir des explosions émotionnelles ; avec changements rapides de l'humeur et des épisodes apparemment délibérés ou excessifs de chagrin, de peur, de colère, de dépression. Il n'est pas rare de voir des vocalisations spontanées (incluant rire et pleurs) aussi involontaires et incontrôlables qu'un hoquet ; et d'entendre un ou plusieurs sons intérieurs.[7]

— STOP ! Mais tu es en train de me décrire la camisole chimique là !

— Pas du tout, et c'est cela qui est paradoxal. Parce que ce qui est commun à toutes ces expériences si elles sont vécues en conscience, c'est qu'au bout de ce chemin de transformation, l'individu se réveille à sa propre nature profonde. En premier, il y a tous ces symptômes bizarres parce qu'au début c'est une énergie de purification et de nettoyage. Mais ensuite, la Kundalini devient l'énergie qui est la seule capable de nous faire connaître véritablement notre nature profonde. C'est le vivant en nous ! Et, c'est seulement grâce à elle, que l'individu touchera dans son corps et dans sa chair

ce qu'est le cosmique, le divin, la conscience. C'est grâce à cette transformation que l'Esprit peut traverser le corps. C'est le divin dans la matière. Dieu, le Soi, la Conscience, l'Esprit, le Tout, ou quel que soit le nom que tu lui donnes, n'est alors plus quelque chose d'extérieur à l'individu. Il s'expérimente dans sa chair même.

— Eh bien… euh… je ne sais plus trop quoi dire… Je suis un peu paumée là …

— *Retiens seulement que cette énergie permet à l'individu d'accéder à sa véritable identité. Cette identité véritable devient alors à la fin du processus, confondu avec le Soi de tous les êtres… Le microcosme devient identique au macrocosme ; l'individu devient identique à l'univers. La personne se confond à l'énergie de vie qui circule en elle, énergie de vie qui est commune à tous les êtres, à la nature et au cosmos... Et c'est parce que l'individu rencontre son féminin, son corps et ses sensations à travers l'éveil de la Kundalini qu'il va pouvoir accéder au Saint-Esprit, à la conscience du TOUT. Pas de Dieu sans Déesse... Pas d'accès au ciel s'il n'y a pas de racines… Dieu le père et la Déesse mère se réconcilient enfin…*

— Euh… là, ça devient compliqué pour moi. Tu es en train de me dire que grâce à cette énergie l'individu prend à la fois conscience de qui il est, c'est-à-dire conscience de son JE et de son corps ; et à la fois qu'il pend conscient du TOUT, parfaitement relié à tout l'univers ? C'est ça ?

— *C'est exactement cela. Et l'éveil de la Kundalini, c'est aussi et essentiellement celui des sens et du corps. La connaissance se réalise une fois que tous les sens sont mis en éveil : les odeurs, les saveurs, la vue, l'ouïe, le toucher ; c'est-à-dire lorsqu'il est possible de sentir de l'intérieur une seule et même sensation qui serait celle de l'univers tout entier…*

— C'est très beau ce que tu dis, mais je suis définitivement larguée…

— *Si l'individu se sert pleinement de tous ses sens ; ces derniers deviennent parfaitement aiguisés, et cela accroît la perception du monde qui l'entoure. Il devient alors pleinement conscient de qui il est ; et en même temps, il est pleinement conscient de la façon dont il est relié avec le monde autour de lui... Et c'est cela qui est paradoxal. L'individu accède à Dieu grâce à son corps, alors qu'on lui a toujours dit de le fuir... C'est la rencontre du divin et du charnel, de l'esprit et de la matière, du cosmique et du tellurique, du haut et du bas, de la Déesse et du Dieu, du père et de la mère... il n'y a plus de séparation, plus de clivage...*

— Euh alors là, c'est vraiment trop puissant pour moi ! Moi, je suis terre à terre, vois-tu ! Alors j'aimerais bien que tu sois un peu plus ancré et enraciné, ce qui pour un arbre me parait la moindre des choses ! Parce que si comme tu le dis, je dois transmettre au plus grand nombre cette réalité, j'ai bien peur que mon auditoire soit rempli d'illuminés qui disent visiter d'autres galaxies pendant la nuit ! Je préfèrerais que tu restes plus simple ! Jusqu'à la symbolique de l'arbre, je te suivais à peu près, mais là je suis vraiment un peu perdue !

— *Je vais essayer d'être plus clair. La Kundalini est la force de vie, celle qui te relie au tout et à l'univers. Ton corps n'est qu'un pont entre l'Esprit et la matière... Plus tu sens ton corps et tes sens, plus tu perçois de façon aiguisée ce qui t'entoure, et plus tu es en lien avec l'univers. Plus tu te sens à l'intérieur, plus tu es en lien avec l'extérieur ; puisque ce sont les sens qui te relient avec dehors... Et aiguisant tes perceptions, tu deviens même capable de sentir les énergies plus subtiles et divines... Ton corps devient donc ce pont entre le bas et le haut grâce à cette énergie qui circule...*

— De mieux en mieux...

— *Et cette énergie pourrait être comparée à une énorme énergie sexuelle, c'est-à-dire à l'énergie qui sous-tend n'importe quel comportement humain.*

— Quoi ? L'énergie sexuelle sous-tend le comportement humain ?

— *Au sens large oui. Il s'agit du désir, de l'envie de faire, des forces vives qui nous animent, des émotions qui nous font sentir vivant et vibrant. Sans désir, il n'y a pas d'action, pas de mouvement. Et cette énergie se situe dans le corps. Le souci de votre société, c'est qu'elle vous maintient dans le mental et dans la tête, et qu'elle vous coupe du corps et de son intelligence. Or la clé de votre éveil RÉSIDE DANS VOTRE CORPS ! Entre Chair et Ciel, votre corps est le véhicule de ce qui peut vous faire expérimenter le Divin.*

— Alors là ! Je ne te suis pas du tout ! Je te demande d'être plus clair et tu m'embrouilles ! Ce n'est pas ce que l'on m'a appris à l'école ! J'ai été chez les religieuses, tu sais ! Il y a le corps et l'ESPRIT ! L'esprit c'est super, mais le corps, on nous a toujours appris à nous en méfier !

— *Non, l'Esprit est le principe masculin. C'est la conscience. Ce n'est pas une énergie tellurique. C'est son opposé. C'est l'aspect pur et sans forme du flux divin, c'est l'aspect immatériel de Dieu... C'est ce qui est en arrière-plan et qui perçoit, c'est ce qui accueille toutes tes sensations... Le corps, lui, c'est le principe féminin. C'est l'énergie qui circule et les sensations que tu ressens... Et, il convient de réunir les deux dans un processus d'éveil. Pour revenir au symbole de l'arbre de vie, le principe féminin ou le corps, c'est l'arbre ; et le principe masculin ou la conscience, c'est le soleil qui nourrit l'arbre. La pomme, ou fruit de la connaissance fait la jonction entre la sève venant de la terre mère, et le soleil venant de Dieu le Père...*

— Whouhaou...

— *Le problème c'est que l'on vous a fait croire que seul l'esprit était valable. Et la religion a bien joué son rôle dans cette vision. Et cette vision a contribué à vous cliver et à vous enfermer, plutôt qu'à vous éveiller. Vous ressemblez à des automates qui courent après leur survie, sans prendre le temps de sentir le vivant en vous. Certains corps sont si rigides et fermés ! D'autres ne ressentent plus rien dans leurs corps et n'éprouvent alors plus aucune reliance avec les autres et l'univers. Ils ne sentent plus par conséquent, le mal qu'ils peuvent faire aux autres ou à la planète ! Ressentir devient l'une de vos priorités de ce siècle...*

— Oui, tu as raison. D'ailleurs, les gens restent dans leurs têtes, figés dans des débats d'opinions interminables. La course de la société actuelle est devenue une course à toujours plus de technologie, sans réfléchir à ses dégâts éventuels... Les discours religieux sont également froids et rigides, déconnectés du vivant. Des spirituels se promènent en robe de bure, exsangues… Sans le principe féminin, la religion et la société deviennent malades… Tu n'es pas d'accord ?

— *Oui, et vos technologies sont comme des pommes sèches, sans jus, car elles sont issues d'arbres sans sève et sans racines. Il faut chercher la responsabilité de ces technologies sans conscience dans la fuite de vos corps. D'ailleurs pour reprendre la symbolique de l'arbre de tout à l'heure, l'arbre de vie aux fruits d'immortalité a été transformé dans la genèse en un arbre de péché, vecteur de mort. Et vos corps sont souvent des arbres desséchés et exsangues. S'ils produisent des fruits, c'est-à-dire les fruits de vos créations, ils ne sont pas nourrissants et sont vides de conscience et de vie, comme beaucoup de vos produits.*

— Je comprends ce que tu veux dire. Nos créations sont le fruit de notre intelligence mentale, mais elles sont coupées du vivant, du cœur et du corps. Cela peut faire des dégâts… J'ai même travaillé dans un secteur qui manipule le vivant au nom de l'avancée technologique… La science d'aujourd'hui est vide, froide et dangereuse... Même l'argent n'est plus rattaché à quelque chose de tangible comme l'or… Il est de plus en plus immatériel. Toute notre société devient virtuelle et perd son ancrage. On fait même l'amour sur internet ! Quelle illusion !

— *Oui, votre société sans racine part à la dérive. Tout cela parce que vous avez fui votre cœur et vos ressentis. Une des raisons est religieuse. Toutes les femmes et tous les hommes portent dans l'inconscient collectif le poids du péché d'avoir croqué la pomme… Le serpent (la kundalini) qui est censé être un oracle de sagesse, l'énergie qui apporte la libération et l'éveil tant convoité, a été transformé en un démon… Et l'énergie même de vie est censée être démoniaque ! Et les femmes ont été brulées vives à certaines époques, car elles incarnaient ce principe de vie et cette sagesse… C'est d'ailleurs le serpent ou ce démon qui a poussé Ève à dire à Adam de croquer la pomme, le fruit défendu. Cet acte a soi-disant provoqué votre chute… Et vous, les femmes et les hommes vous ne pouvez plus créer de beaux fruits juteux et nourrir le monde, car cet acte même est censé représenter la chute de l'humanité… Vous avez alors fait mourir votre arbre intérieur, vos émotions, vos élans et vos désirs, car vous vous sentez coupables. Vous n'avez plus cette sève qui part de votre sexe et qui remonte jusqu'à votre tête, cette énergie de vie qui vous met en lien avec votre créativité et votre élan de vie. Et vous les femmes, vous n'arrivez alors plus à vous connecter à votre nature intérieure et à votre force de vie lovée au fond de votre utérus ; à cette force qui vous pousse à vous réaliser, à être animée et à nourrir le monde de valeurs nouvelles...*

— Alors là ! Quelle démonstration ! Tu es donc en quelque sorte en train de me dire que pour être spirituel et divin, il faut obligatoirement passer par le corps ?

— *C'est l'une des voix oui ; et il faut que tu saches d'ailleurs que Ève signifie la vivante... Et le principe féminin est la vie et le corps, là où le principe masculin est le mental, la conscience et l'Esprit... Chaque individu doit pouvoir marier ses deux principes en lui.*

— Je commence à comprendre… Permets-tu que je fasse une petite sieste avant que tu poursuives ta démonstration ? Parce que là, je suis épuisée ! Et c'est mon corps qui parle ! Tu vois, j'apprends vite ! Et je m'écoute enfin…

— *Oui... c'est bien Charline... prends un temps pour intégrer... je t'attends...*

Je me repose tranquillement aux pieds de ce magnifique pommier… et une vision sous la forme d'un magnifique pommier s'impose à moi.

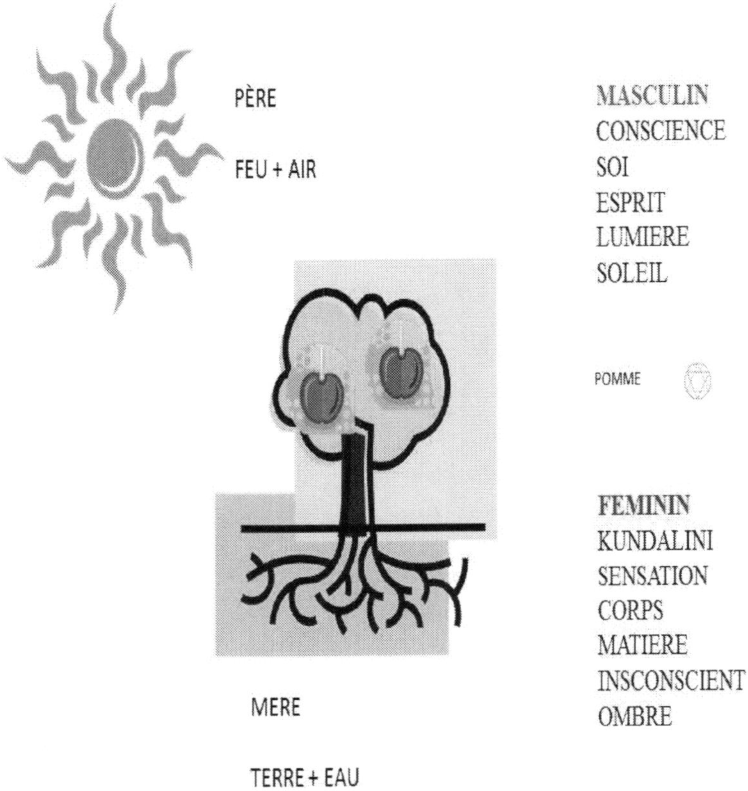

Ce dessin que je vois en vision rend tout ce qui me semblait compliqué parfaitement limpide ! Cela résume tout ce que l'arbre de vie a tenté de m'expliquer. Cela devient évident en moi. Le féminin, c'est le corps, c'est l'énergie de la kundalini ou le serpent. Elle part du bas du corps, passe par la colonne vertébrale, et peut monter jusqu'en haut du crâne. C'est l'énergie avec laquelle j'ai été aux prises ces derniers temps. Je comprends mieux du coup ce que je ressentais alors. Cette énorme énergie m'a donné des symptômes physiques, mais cela m'a aussi permis de me relier avec la vie en moi, avec mes sensations et mon corps que j'avais fui depuis si longtemps ; cela m'a également connecté à mes élans et mes désirs.

C'est donc cela l'énergie de la Déesse. Celle qui m'a appelé dans mes visions. Et c'est une énergie tellurique puisqu'elle vient de la Terre. On y puise toute notre énergie vitale qui nous remet en lien avec nos ressentis et émotions, à la source de nos élans. C'est cette énergie-là qui peut ensuite irriguer le cœur qui sans elle ne peut qu'être sec, froid et fermé.

L'esprit, ou Dieu, ou le principe masculin n'aurait rien à voir avec cette énergie-là ! Mais apparemment, une montée de Kundalini permettrait d'y accéder. Est-ce ce sentiment de paix que j'ai ressenti au moment où la voix de l'arbre de vie est venue me parler ? Vais-je y accéder un jour ? Est cela le but d'une montée d'énergie ?

Le plus étonnant dans cette vision c'est que la pomme, le fruit de cet arbre, fruit de la connaissance et de la création porte en son centre le sceau de Salomon que j'ai aperçu à Alet-les Bains et à Rennes le Château... Et ce qui me frappe tout à coup, c'est de me souvenir que quand on découpe une pomme en deux, il est vrai qu'il y a ce symbole à l'intérieur... vous pourrez vérifier.

C'est édifiant ! Mais que veut dire ce symbole ?

Je revois la vision qui m'était apparue à Rennes le château avec l'étoile de David. Il y avait aussi dans cette apparition, la présence des 4 éléments autour du symbole... Je fais donc le lien avec cet arbre et le fruit de la connaissance... Les choses semblent se préciser et se relier... Le puzzle prend forme.

Je finis par m'endormir la tête posée sur le tronc de cet arbre.

21. LE CORPS

« Le corps est la baraque où notre existence est campée. », Joseph Joubert

Même Jour

14h00 : Après mon petit somme, toujours aux pieds du pommier, je mange le pique-nique que je m'étais préparé avant de partir pour ma petite balade. Je repasse dans ma tête toute la conversation avec l'arbre de vie.

La religion catholique, où la façon dont elle a été enseignée depuis des siècles a laissé penser que le corps était le lieu de tous les péchés. Et cet arbre me soutient pourtant que c'est la clé de l'éveil spirituel ! Il va réellement avoir besoin de développer encore plus son argumentation, parce que je ne vais pas gober facilement, un truc aussi délirant !

— *Le corps est bien plus qu'une une magnifique biologie. Il est divin.*[8]

— Ah, te voilà toi ! J'imagine que tu as entendu mes pensées ! Divin, le corps ? De mieux en mieux ! À la limite, passe encore si tu veux me diviniser le cerveau, cette fabuleuse machine, mais les tripes !

— *Ne sois pas étonnée... Il y a dans les profondeurs du corps des potentialités inouïes, des énergies extraordinaires. Tu commences à peine à en explorer une infime partie, et elles restent endormies la plupart du temps chez l'ensemble des hommes et des femmes de cette planète. Je vais te donner un exemple : prends une gouttelette de sperme.*[9]

— Mais tu es vraiment obsédé pour un arbre ! Voilà que tu vas diviniser le sperme maintenant ! Il faut le faire ! Tu es bien provocateur !

— *Laisse-moi finir. Si tu regardais au microscope une gouttelette de sperme, tu serais ébahie. Tu verrais une multitude de têtards se précipiter à la recherche de l'ovule tant convoité ! Le sperme, ce liquide blanc à première vue si anodin, est capable de choses extraordinaires, non ?*

— Pff… Il ne manquerait plus que je sois effarée par le sperme d'un homme !

— *Pourtant si tu réfléchis, une goutte de sperme qui ressemble à un têtard tout juste né et qui a l'air de rien détient à l'intérieur d'elle tout l'héritage de l'homme qui l'a engendré. Une seule goutte va pouvoir engendrer un enfant unique et comprend donc en son sein la promesse de l'humanité future. Crois-tu que c'est votre tête qui crée cette œuvre ? Ne vois-tu pas là derrière une autre intelligence à l'œuvre ? Crois-tu que c'est votre cerveau qui pousse ce minuscule spermatozoïde en direction de l'ovule pour le féconder ?* [10]

— Euh non…

— *Je pourrais te citer encore de multiples exemples sur cette incroyable intelligence du corps, qui n'a pas besoin de votre pensée rationnelle pour fonctionner. Le corps sait depuis toujours à quoi sert un spermatozoïde, comme il sait quelle est la fonction de chaque organe. Voies-tu la magie qui opère dans le corps en dehors de toute conscience cérébrale et de tout raisonnement mental ? Et si vous humain, étiez plus conscient de cette fabuleuse intelligence du corps, vous vous y brancheriez plus souvent. Vous développeriez une intuition sans faille ! Et si vous laissiez faire plus souvent cette intelligence-là dans vos vies, votre société ne serait pas dans cet état de crise sans précédent. Chacun serait à sa place, là où il doit être ; comme ce têtard de spermatozoïde sait quelle direction il doit prendre ; comme l'oiseau sait à quelle place il doit être pour voler en harmonie avec ses congénères ; ou comme la fleur sait à quel moment elle doit pousser. Vous, vous ne vous laissez plus guider par cette intelligence corporelle ou cette force. C'est votre tête qui a le contrôle de vos corps, alors que c'est l'inverse qu'il conviendrait de faire… Votre cerveau devrait être au service de l'intelligence de vos corps… Et vous êtes comme des têtards, mais vous partez dans tous les sens, devenant des têtards égarés.*

— Oh là… mais tu es en train de m'insulter là…

— Non. J'aime bien prendre des images fortes pour me faire comprendre. Si tu te laissais guider par la même force qui anime cette goutte de sperme, tu serais à ta place... De la même façon que tout est à sa place dans la nature, quand vous n'entravez pas son chemin ; tu serais juste là où tu dois être, si tu te reliais à ton corps... car le corps et la terre sont faits de la même énergie et de la même substance...

— J'avoue que je ne cerne pas trop ce que tu racontes. Mais en même temps, l'image que tu prends est bien forte. Je ne pensais pas que tu te servirais de l'image du sperme pour m'expliquer la force de l'univers... cela me donne envie de sourire...

— Oui, je sais. J'adore manier les paradoxes. Je mélange le sacré et le profane, car je ne rejette rien de ce qui fait partie de l'univers. Je marie les extrêmes... Mais crois-moi, même si ton cerveau résiste à mes dires, tes cellules m'entendent ! Ton corps est une parcelle de l'univers en mouvement, univers qui est guidé par les mêmes forces que la gouttelette de sperme. L'essence de ton corps suit une dynamique intelligente qui est reliée au grand tout. Tout est connecté et réuni, rien n'est séparé. Une marche en forêt dans cet état de fait devient une expérience nouvelle, car tu sentiras que le corps en fait partie. Et le corps, si tu sais l'entendre et l'écouter, te conduira à ta juste place. C'est lui qui a la clé, car il est une porte d'accès au divin ! Le corps est relié à l'esprit. Ils ne sont pas séparés. Si tu es dans ton corps et dans son énergie, tu es en lien avec ce qui l'anime, et en lien avec l'esprit, ou Dieu, ou la conscience, ou l'intelligence universelle, ou qu'importe le nom que tu veux donner à cette force...

— Pff... Je veux bien croire que le corps est intelligent. Je prends bien conscience qu'il se passe des trucs dans mon corps que je ne commande pas. Je vois bien que le corps obéit à des lois qui lui sont propres, lois qui font fonctionner ensemble des cellules et des organes..., mais de là à dire qu'il est divin !

— Je vais essayer d'être plus clair. Le grand problème de votre société est que la plupart des gens sont dissociés de leurs corps. Les rationnels sont trop

dans leurs têtes et leur mental. Et même ceux qui prétendent être dans la spiritualité sont en fait dans la fuite de leurs corps. Ils sont perdus quelque part... Ils font des sorties du corps ; ils prônent des états de transe ou des pratiques ascétiques ; ou ils restent scotchés dans un arrière-plan de vacuité qui les éloigne du vivant. Mais sache qu'ils naviguent dans des mondes illusoires qui ne pourront pas les conduire à l'éveil. Ce sont des voies de garage...

— Attends, minute. Bouddha a connu l'Éveil lui !

— Bouddha ne s'est réalisé qu'une fois qu'il a abandonné les pratiques ascétiques. Une chose est sûre, personne ne peut connaître le véritable éveil spirituel en se coupant du corps et de ses sens, ou en sortant de lui. [11] *On ne peut pas qualifier quelqu'un d'éveillé s'il exclut quelque chose qui fait partie de l'univers, y compris son propre corps. L'éveil inclut tout... car l'éveil, c'est connaître Dieu ; et Dieu c'est tout...*

— C'est donc par le corps que l'on arrive à la source ? C'est ça le vrai enseignement spirituel ? Quel paradoxe ! J'ai du mal à y croire. Surtout avec l'enseignement que j'ai reçu.

— Il y a très peu de chercheurs spirituels qui trouvent, car personne n'imagine que l'on peut trouver le Graal aussi proche de nous-mêmes. Qui peut imaginer que la clé se trouverait dans quelque chose d'aussi bassement matériel que le corps ? Les êtres soi-disant spirituels ne sont-ils pas trop orgueilleux pour admettre qu'ils ont un corps qui descend du singe ? Ce corps qui est animé d'instincts, de colère, de pulsions... ; lui qui a besoin de boire, de manger ou d'aller à la selle [12] *... Les hommes sont certes des êtres intellectuels, voire spirituels, mais aussi instinctuels. Et c'est parce que vous arriverez à tout inclure et à tout relier que vous serez éveillés. Ce n'est pas en cherchant à dompter le corps, ou à le maîtriser, ou à le combattre, ou à le fuir, que vous parviendrez à vous éveiller ; mais c'est parce que vous ferez corps avec lui..., parce que vous le sentirez et suivrez sa magie...*

— Veux-tu dire que la véritable clé serait de marier ces deux aspects en soi : l'instinctuel et le spirituel ? Que si on échoue dans l'éveil, c'est juste parce qu'on lutte contre notre nature animale ?

— *Ce que j'essaie de te dire, c'est que les extrêmes ne sont jamais bons. La honte concernant le corps a toujours existé dans votre civilisation... Et vous êtes clivés et coupés de son intelligence. Pourtant la vraie conscience accepte sa nature animale, comprends-tu ?*

— Euh...

— *Marier le corps et l'esprit est la voie. La force, l'énergie et l'intelligence universelle sont dans le corps. Mais les religions ont séparé le corps et l'esprit. Cet été de fait a accentué la croyance que vous n'êtes pas le corps. Cela a augmenté le sentiment qu'il fallait chercher le divin, en dehors de ce corps, dans une figure avec des cheveux blancs au-dessus de la terre et des corps... Beaucoup ont essayé de trouver Dieu ou l'illumination par la négation du corps, en allant même jusqu'à sa flagellation. Cette négation du corps et du principe féminin s'est manifestée par la négation du plaisir des sens. Pourtant, il y a peut-être Dieu le Père (Conscience et Esprit), mais il y a aussi la Déesse-Mère (Corps et Matière) : pas d'enfant sans un père et une mère...*

— Pourquoi ai-je du mal à te croire ? Cela me parait tellement énorme ! À l'encontre de tout ce que j'ai pu lire ou entendre !

— *Tu n'as rien à croire ! Juste à vivre, à expérimenter, et à sentir! C'est un enseignement qui vient à celui qui est prêt !*

— N'existe-t-il pas tout de même des clés, qui nous conduiraient à vivre ce dont tu parles ?

— *L'une des clés essentielles est de sentir le plus possible son corps ; être le plus possible en contact avec lui..., le sentir tout le temps. C'est le travail de la pleine conscience. D'ailleurs, la Kundalini, les manifestations corporelles et tout ce que tu vis en ce moment, te ramènent juste à cette réalité présente que tu avais voulu oublier : TON CORPS. Cela te ramène à la présence et à l'accueil de ce qui EST, quoi qu'il s'agisse... : y compris ce qui est douloureux. Plutôt que d'exclure, l'idée est de tout inclure. Te souviens-tu de comment tu tombais tout le temps petite, ou de comment tu te cognais les pieds partout ?*

— Oui, je me souviens…

— *Tu avais déjà quitté ton corps. Tu n'as pas cessé de le faire depuis. Et je te rassure, tu n'es pas la seule… Si tu as fui ton corps, c'est qu'il était trop douloureux de le ressentir, car l'habiter voulait dire ressentir ce que tu tentais d'éviter : tes blessures d'enfance. Alors, il est sûr qu'habiter son corps au départ veut d'abord dire faire face à ce que l'on a voulu contourner, pour pouvoir ensuite le transformer ! Et c'est exactement ce qu'il t'arrive ! Toute ton initiation n'a pas d'autre but que de te remettre en premier lieu, en contact avec tes émotions oubliées et enfouies pour les libérer ! Et ce n'est qu'après tout ce travail effectué de libération émotionnelle, que tu auras accès à la vraie intelligence du corps dont je te parlais tout à l'heure. Tu pourras alors sentir la vraie présence, celle qui accueille ce qui EST. Et, tu seras alors à ta place… Tu seras alors dans un vrai OUI…, un OUI à la vie… Et, sache qu'il y a bien plus d'intelligence dans ton corps que dans ta tête. C'est ce que te raconte ton cerveau qui fait que tes émotions te submergent. Rentre dans ton corps et ressens toutes les énergies qui l'habitent ; et tu y retrouveras vite la sérénité dont tu as besoin. Prends l'habitude de revenir immédiatement à l'intérieur de toi, et ta vie sera transformée ! Aussi longtemps que tu es en contact et en présence avec ton corps, tu es comme l'arbre qui est profondément enraciné dans la terre, avec des fondations solides ; et plus rien ne s'écroulera comme un château de cartes dans ta vie.*

— Ben ça alors ! Ça va être du boulot. Dans mon corps, je me sens étriquée et lourde !

— *Il ne peut en être autrement. C'est ce que tu ressentais quand tu étais petite, car tu te sentais de trop. Et pour lutter contre cet état de fait, tu as répondu à toutes les attentes de tes parents en totales contradictions avec ta nature, si bien que tu te sentais emprisonnée ! Puis tu as négligé et verrouillé ton corps pour ne plus rien ressentir ! Remets-le en mouvement, retrouve sa fluidité, et toute ta vie sera de nouveau en mouvement et fluide ! En fait, il faut libérer ses émotions stockées passées, avant d'habiter pleinement son corps et sentir son intelligence. Tu trouveras ta richesse dans ton corps et non pas à l'extérieur de toi. Tu y trouveras ton abondance, ta nourriture et ta sécurité intérieure. Plus besoin de faire une course effrénée pour obtenir quelque chose d'extérieur à toi : possession, mari, amant... Et la symbolique du rituel de l'arbre et de son trésor devient alors parfaitement claire. Ta richesse c'est ton arbre intérieur : ton corps et sa sève. Ce n'est pas la course à l'argent et à la reconnaissance sociale...*

— Pff..., tout devient clair et limpide ! Mais j'ai comme le sentiment que c'est le chemin le moins fréquenté et le moins simple...

— *Oui, c'est vrai. Peu de gens veulent aller dans leurs corps parce qu'ils ont peur d'avoir mal ou d'y trouver un dragon tapi à l'intérieur, prêt à les dévorer tout cru. Mais c'est essentiel... Si tu es remplie d'émotions ou si tu as un malaise, c'est que cela réclame ton attention vigilante. Il ne faut pas le fuir comme le font la plupart des gens. Ce sont des émotions qui ont besoin d'être accueillies. Elles cherchent à être mises en lumière. C'est la première partie du chemin : aller dans ton corps ; prendre conscience de ce qui s'y trouve et de ce qui a été refoulé ; accueillir l'émotion et ne pas se laisser submerger par elle.*

— Pourtant la plupart du temps, si j'ai une émotion douloureuse, je ne veux pas la sentir... D'ailleurs, j'essaie de positiver et je me dis qu'elle n'existe pas. Je pars souvent faire les courses, ou je sors avec des amis...

— *C'est pourtant l'inverse qu'il conviendrait plutôt de faire. Dans un corps sain, une émotion dure très peu de temps. Elle est comme une vague. Mais si tu la fuis et que tu ne la laisses pas s'exprimer, elle va se stocker dans ton corps et elle formera une boule de souffrance. Tout cela rentrera en résonance avec toutes les situations qui la feront ressortir... ; et tu accuseras les autres de te causer cette émotion, au lieu de ressentir en toi ce qu'il se passe. Il est tellement plus simple d'accuser la vie ou les autres de ses blessures, plutôt que de faire le travail, ou de se mettre en lien avec ce que l'on aurait besoin de sentir pour le libérer !*

— Si je comprends bien, la première partie du travail est donc d'aller dans le corps, pour prendre conscience de ses souffrances et ensuite les libérer ?

— *Exactement. Ce qui est paradoxal, c'est qu'il faut aller à la rencontre de la douleur pour qu'elle diminue. Ce qui cause la souffrance, c'est de dire non à la douleur. C'est la résistance à ce qui est... Dire oui et accueillir conduisent à sa diminution. Mais surtout, il faut rester dans la sensation du corps et ne pas se raconter son scénario habituel. Car c'est la tête qui s'accroche à la souffrance ! Et, vous êtes très forts pour vous raconter des histoires. Le mental adore les histoires ! Il s'accroche au scénario qui alimente l'émotion et l'émotion ne peut pas se libérer, et même elle prend de la force... Reconnaître l'émotion, et l'accepter est ce qui permet de s'en libérer. Pour cela, il faut rester au plus proche de la sensation sans se raconter d'histoire.*

— Tu veux dire que dans mon cas, quand je me suis séparée, il fallait que je me rapproche de la sensation de douleur dans mon corps pour libérer cette souffrance, sans me raconter mon scénario du genre : « tous les hommes sont les mêmes » ; « je me sens si seule » ; « c'est de sa faute » ; « c'est toujours pareil... » ; etc. ?

— *Oui.*

— Mais cela faisait tellement mal ! J'ai cru qu'on me plantait un couteau dans le cœur !

— *S'ouvrir à ce qui est, et surtout quand c'est douloureux, est la seule façon de libérer son corps de toutes les blessures stockées. Et c'est la résistance, le fait de dire non et la fuite, qui cause la souffrance. Passer par toutes les émotions et sensations d'une situation douloureuse permet d'en faire le deuil, car on libère la charge énergétique qui sinon se stocke.*

— Il est vrai que j'ai du mal à aller dans mon corps. Surtout quand j'ai une souffrance émotionnelle. Je préfère accuser les autres. C'est plus facile. Mais maintenant, cela devient limpide. Dans mon corps, il y avait la charge émotionnelle d'une blessure passée : celle de l'abandon de mon père. Cette charge s'était stockée et avait besoin de se libérer. Elle est donc rentrée en résonance avec une situation qui pouvait l'activer. Je me suis donc mise avec un homme susceptible de la faire émerger.

— *Vous êtes rentrés en résonance énergétique. Et sais-tu ce qu'il convient de faire dans ce cas-là ?*

— Ben, j'ai deux options : soit, je continue d'alimenter ma souffrance en n'y mettant aucune conscience, en accusant l'autre de bourreau, et en gardant mon statut de victime en me racontant mon histoire habituelle. Soit, je me sers de cette situation pour entrer dans ma douleur et libérer cette charge énergétique qui était dans mon corps depuis l'âge de 2 ans, date à laquelle mon père est parti.

— *C'est exactement cela. Accueillir la douleur est la marche à suivre... Entrer dedans te permettra d'accéder à un autre espace... C'est cela être présent à soi-même... À l'inverse, ne pas prendre la responsabilité de sa sensation ne résoudra pas le problème. On ne change pas les autres... Par contre, ressentir ce que cela fait, comprendre que l'émotion vient de sa propre histoire, ne pas se raconter son scénario de victime est la seule issue pour passer enfin à autre chose ; car on accepte enfin ce qui est là, sans lutter... C'est le seul endroit où quelque chose de nouveau peut émerger... On plonge dans son ombre... et elle devient lumière...*

— Et ben, c'est beau... !

— *Et le voyage dans l'ombre est l'initiation au féminin... Le féminin c'est l'ombre, c'est la lune qui éclaire la nuit, c'est les racines, l'ancrage, les sensations, la plongée dans les profondeurs et dans l'inconscient... Et c'est la symbolique de Marie-Madeleine... Plonge ta conscience dans mes racines, au cœur de la Terre ; et tu comprendras...*

PARTIE VI : LE BAPTÊME

22. LA DECISION

« Une décision n'est bonne que lorsqu'elle est prise. », Anonyme

Jeudi 14 novembre

10H00 : Depuis la conversation folle avec l'arbre de vie il y a plus d'un mois, j'ai décidé de m'occuper de moi et de mon corps que j'avais tant nié... J'ai compris que mon corps était ma terre et qu'il convenait d'en prendre soin.

J'ai fait également le lien entre le mauvais état de notre planète terre et de nos corps, comme si les deux étaient une seule et même chose. J'ai senti à quel point tout était relié. J'ai intégré le principe du féminin dans ma vie : le corps et la terre... Notre siècle a vraiment renié ce principe...

Comprenant que tout changement commence par soi-même, j'ai donc pris l'engagement de nourrir ma terre... Je suis allée marcher régulièrement dans la nature ; j'ai acheté des produits bio ; j'ai mangé sainement ; et j'ai fait de l'exercice physique ; chose qui ne m'était plus arrivée depuis très longtemps.

La kundalini s'est souvent réveillée pendant cette période, surtout au moment où le sommeil me gagnait. Elle ne m'a pas laissé beaucoup de répit.

Et cela continue encore aujourd'hui. Je ressens cela comme un grand nettoyage de mes mémoires du passé. Je laisse donc faire le processus. Et, je suis donc fréquemment envahie par des vagues d'émotions fortes, telles des tsunamis intérieurs répétés : colère, tristesse, peur, moment d'extase... Je comprends de ce fait, pourquoi il a été si difficile pour moi auparavant de rentrer en connexion avec mon corps. Il y régnait et règne encore un tel chaos !

Avant, je prenais un plaisir farouche à présenter cette indifférence aux choses du corps comme une force : mon mental aiguisé et mon intelligence rationnelle étaient pour moi les seuls atouts qui valaient le coup d'être cultivés. C'était pour rivaliser avec les hommes puissants à la tête des entreprises et des pouvoirs politiques en place. Je pensais que là résidait la vérité, la puissance, le bonheur. Je prenais même pour un compliment les expressions du genre : « cette femme-là, elle a des couilles » ; c'est dire !

Aujourd'hui, grâce à toutes ces expériences, je réalise toute l'absurdité de cet état de fait. Je vois même le danger d'un tel investissement au profit de la tête et au détriment du corps : l'absence de toute empathie, de toute sensibilité, de toute reliance avec les autres ; l'absence de cœur, le règne de la froideur, de la rigidité et de la morale bien pensante.

Comment réussir sa vie dans de telles conditions ? Certes, j'avais développé des capacités inégalées au niveau intellectuel, et j'étais reconnue pour cela ; mais cela a été au détriment de tout le reste.

L'arbre de vie a raison. Ce sont les sens qui nous connectent à nos besoins profonds, à nos aspirations. J'ai voulu croire que je n'avais que des besoins intellectuels. Du coup, j'ai maltraité mon corps, car éloignée de lui... Et combien de femmes et d'hommes font de même dans notre société actuelle ?

Je me suis gavée d'anxiolytiques pendant des années à la moindre angoisse pour faire taire toutes mes douleurs psychologiques, sans prendre le soin de savoir quels étaient les messages que ces émotions ou ces maux pouvaient me donner... Je me suis remplie de nourriture sans y prendre le moindre plaisir, à cause du manque d'affection, et du refus de ressentir mon vide. J'ai grossi pour prendre de la place sans être capable de la prendre autrement...

Et quand je vois toutes ces affiches de corps de femmes dans les publicités, comme si leurs corps étaient des marchandises à vendre, je comprends le lien qu'il peut y avoir entre cet étalage du corps et son déni ...

Nourrir mon mental a donc été la seule chose que j'ai été capable de faire. Je n'ai pas senti que mon corps appelait au secours... La kundalini s'est donc chargée et se charge encore de faire le nettoyage ; et je la laisse faire, consciente de la guérison qui s'opère en moi, même si cela passe par des épreuves et des moments douloureux.

Aujourd'hui, grâce à cela, je sais qu'à l'endroit même où je me trouve, il y a une maison qui porte mon nom : mon corps. J'en suis la seule propriétaire.

Pourtant j'avais perdu les clés pour y pénétrer. J'avais laissé des squatters s'y installer.

Je sais qu'il est temps de l'habiter pleinement cette maison..., ma maison... Et j'ai envie de parler à tous les corps de la terre qui ont réagi tant bien que mal à toutes les pressions qu'ils ont subies : pressions morales, familiales et sociales : « *Tiens-toi droit... Fais ceci ou cela... Ne touche pas... Sois sage... Fais vite...calme-toi... Chut... Tais-toi... !* »[13]

Tous ces corps dans ce chaos ont fait de leur mieux. Comment voulez-vous qu'on y soit resté blotti tranquillement dedans ? La seule façon de s'en sortir pour ne pas sentir ce qu'on lui faisait subir était de le fuir, de le rejeter, de le maltraiter, de le rigidifier, de le cuirasser, ou de s'en couper

On a donc choisi plein de stratagèmes pour tous ces corps : leur faire faire des exercices physiques douloureux et difficiles pour les enfermer dans des muscles rigides ; les faire grossir pour les protéger des agressions extérieures ; les faire maigrir jusqu'à l'excès pour pouvoir disparaître...

Ils sont alors si loin de leur souplesse naturelle ! Comment voulez-vous dans ces conditions que les émotions se libèrent. Comment voulez-vous que les corps parlent ! Pourtant, ils en auraient des choses à dire !

Les corps se sont mis des carapaces... Ils se sont protégés dans des armures et des cuirasses pour que rien ne sorte. Est-ce trop tard pour changer ? Comment sortir de cette oppression des corps pour leur faire retrouver leur beauté naturelle ?

Tout à coup, au milieu de mes réflexions, il me vient comme un flash... Je sais ce que je dois faire pour accélérer le processus de mon éveil du corps. Il est nécessaire de faire un acte symbolique fort pour marquer le passage de ma nouvelle naissance.

J'ai été baptisée Charles. Il est impératif que je me rebaptise avec mon prénom de femme ! Le féminin c'est le corps et les émotions ! Le masculin c'est l'esprit, la tête et le mental ! Pour libérer mon corps et mon féminin, il est essentiel d'accomplir ce rituel... C'est une évidence ! Me redonner un prénom de femme, devant Dieu. C'est fondamental pour que je m'incarne en tant que femme et dans mon corps sur cette terre.

Mais comment ? Et où ?

En tout cas, j'aimerais réaliser ce rituel en présence de Marie-Madeleine. Il faut que je trouve un lieu où réside la présence de sa mémoire.

Il me vient alors à l'esprit la grotte de Marie-Madeleine de la Sainte Baume, près de chez moi, où j'étais allée enfant avec une sortie de l'école. Il suffirait que j'y aille une journée. Mais qui pourrait me baptiser ?

10H30 : La sonnerie de mon téléphone portable me sort de mes réflexions.

— Allo ?

— Hello, c'est Éric. Je suis de passage à Marseille avec des amis. On va diner au resto ce soir. Tu viens ?

— Oui, avec plaisir…

Je suis contente de cet appel et de cette proposition de sortie. Je vais enfin me changer les idées, et penser à autre chose ! Cela va me faire du bien de revenir à des choses plus concrètes et terre à terre.

— Très bien, on passe te prendre à 20 h00. À ce soir ! dit Éric en raccrochant.

20h30 : Je suis donc au restaurant avec Éric et un couple d'amis à lui, Charles et Marie. Nous discutons de choses et d'autres ; et je suis ravie d'être dans cette ambiance un peu festive. Cela faisait longtemps que cela ne m'était pas arrivé.

Éric raconte à ses amis le périple que nous avons fait ensemble à Rennes le Château. Le couple est médusé par toute cette narration, qui sort tellement de l'ordinaire !

Je les trouve très sympathiques. En quête et en recherche spirituelle, Charles et Marie veulent à tout prix connaître ce lieu. Ils demandent à Éric s'il voudrait bien les guider pour aller vers Rennes le Château… Éric décline la proposition, car il doit finir le livre qu'il est en train d'écrire.

N'ayant rien de mieux à faire ; et me trouvant très bien en leur compagnie, je prends la décision de les accompagner… Je pense que les verres de vin rouge m'ont quelque peu aidé à prendre cette décision rapide et non calculée, car ce n'est pas mon genre de m'emballer de la sorte.

Nous prenons donc la décision de partir le week-end qui suit.

Je termine cette soirée complètement euphorique et grisée par cette initiative de partir vers de nouvelles aventures… À jeun, il en aurait été sûrement autrement… La peur m'aurait probablement tenaillé le ventre.

23.LES FÉES

« Je suis esclave de mon baptême. Parents, vous avez fait mon malheur et vous avez fait le vôtre », Arthur Rimbaud

Samedi 16 novembre

9h30 : Me revoilà donc sur les routes de Rennes le Château. Je commence à connaître ce chemin par cœur… Je suis cette fois-ci sur la banquette arrière de la voiture de Charles et Marie, une 205 grise. Nous en profitons pour faire plus ample connaissance.

Charles et Marie habitaient en Nouvelle-Calédonie. Ils ont tout abandonné là-bas et ont tout vendu pour recommencer leurs vies à zéro. Je trouve cela d'ailleurs plutôt marrant de vouloir tout plaquer pour venir en France. J'aurais imaginé cela plus folklorique, de rester sous les cocotiers… mais bon… Néanmoins, je suis assez admirative de ces gens capables de tout plaquer. Je n'aurais jamais été susceptible de faire une chose pareille. C'est sûrement pour cela du reste, que la vie a décidé à ma place, en pulvérisant tout sur son passage !

Je remarque que les gens que je rencontre en ce moment ont tous ce souhait de trouver du sens dans leurs vies. Les personnes qui croisent ma route depuis quelque temps, sont pour la plupart en réflexion sur la direction que leur chemin doit prendre, comme si elles ne se satisfaisaient plus de ce que la société leur offrait comme perspective. Elles sont de plus en lien avec une certaine créativité. Faut-il que j'y voie là, le miroir de ma propre évolution et de mon propre cheminement ?

Après deux heures de route, gagnant en confiance auprès de Charles et Marie, je leur raconte mes expériences récentes, et mon souhait de faire un rituel de baptême… Charles reste médusé au volant de sa voiture. Il trouve cela extraordinaire ! Immédiatement et sans réfléchir, il me propose de m'aider, et de me baptiser si je le voulais.

Je trouve que c'est une excellente idée ! Moi qui ne savais pas comment faire pour réaliser un tel rituel ! Voilà la réponse à mon questionnement d'il y a deux jours. Merci la vie !

Plein de questions me viennent à l'esprit et je m'empresse de les lui poser :

— Tu serais prêt à venir à la Sainte-Baume ? J'aimerais le faire dans la grotte de Marie-Madeleine. Ce sont deux symboles forts pour moi : Marie-Madeleine pour le féminin, et la grotte qui représente pour moi le ventre de la Terre-Mère. Quoi de mieux pour une renaissance et un baptême, ne trouves-tu pas ?

— Oui… peut-être... Mais d'après ce que tu m'as raconté, je ne sais pas s'il ne vaut pas mieux que tu te baptises en Pays cathare… C'est là que tout a commencé pour toi… Moi, je verrais bien une église pour ce baptême.

— C'est intéressant oui… Mais moi, je vois plutôt une grotte…

Je passe vite à un autre sujet. Je suis un peu contrariée par le fait que Charles ne ressente pas la même chose que moi.

En général, j'aime bien tout contrôler, et j'ai du mal à me laisser guider par quelqu'un d'autre. J'ai toujours avancé plutôt seule dans mes choix, et laisser faire les autres n'est pas une de mes qualités premières.

En plus, pour moi l'église est un symbole religieux trop en lien avec le pouvoir des hommes, et je ne suis pas prête de lâcher-prise là-dessus. La grotte doit l'emporter sur l'église ! C'est fondamental au niveau symbolique !

Je décide néanmoins de taire ma réflexion… J'ai conscience que j'ai tout de même trouvé quelqu'un qui pourra m'aider à faire ce fameux rituel, ce qui n'était pas chose facile de prime abord. Ne voulant donc pas le dissuader, je n'insiste pas. Mais, je garde néanmoins à l'esprit que je pourrai toujours le convaincre plus tard. Après tout, il s'agit de mon baptême non ?

En y réfléchissant de plus près, je trouve cela plutôt édifiant que la personne qui me propose de me baptiser porte le même prénom «Charles», que le prêtre m'avait donné lors de mon vrai baptême religieux.

Un Charles va me baptiser Charline au lieu de Charles… Étonnant non ? J'ai comme l'impression que l'univers conspire encore une fois de plus en ma faveur…

11h00 : Nous sommes arrivés à Rennes le Château. Cela devient maintenant presque une routine pour moi de me rendre dans ces lieux… Et nous revoilà dans l'église de Marie-Madeleine.

Charles et Marie visitent et re visitent le lieu de long en large et en travers, car ils veulent vraiment comprendre cet endroit pour le moins étrange… Ils explorent les moindres détails de l'église. J'en profite moi, pour faire une petite prière aux pieds de la statue de Marie-Madeleine. Puis nous sortons…

Charles me regarde et me dit :

— J'avais pensé te baptiser dans cette église. Mais je ne le sens pas…

Je trouve que Charles prend vraiment trop le contrôle de ce baptême… Comme si c'était lui qui devait prendre toutes les décisions. Peu habituée à me laisser faire, je lui réponds :

— Oui, je sais… Moi je sens que ce baptême doit avoir lieu dans une grotte à la Sainte-Baume. Je te l'ai déjà dit.

J'essaie de ne pas avoir un ton trop agressif, même si je sens l'irritation monter.

— Oui, tu me l'as dit, mais moi j'ai plutôt la vision d'une église… C'est évident pour un baptême.

Assez agacée par son entêtement, je rétorque :

— Justement, à la Sainte-Baume, l'église est une grotte…, ou si tu préfères la grotte est une église…

— Sauf que je pense que c'est mieux que tu sois dans le territoire où tout a commencé pour toi, c'est-à-dire dans cette région, répond Charles.

Commençant à ressentir un soupçon de colère, je laisse tomber, et suggère de poursuivre la visite de Rennes le Château.

Charles, et son légendaire contrôle des situations dans son masculin affirmé lance :

— Je n'aime pas trop cet endroit et ce village… Il y a trop d'énergie ici. J'ai vu sur la carte, un village en contre bas qui se nomme Rennes les bains. Il y a apparemment des sources d'eau chaude et des sources guérisseuses… Allons-y !

En d'autres temps, j'aurai répondu. Mais bien décidée à ne pas rentrer en compétition avec un homme, avec la ferme intention de ne pas laisser sortir ma colère naissante, je décide de me laisser enfin porter par quelqu'un. Peut-être que cela me permettra d'explorer mon féminin en gestation et proche de sa naissance, grâce à ce fameux baptême ? J'acquiesce donc sans rien dire… Mais ce n'est pas chose facile…

13h00 : Nous voilà donc à Rennes les Bains. C'est un petit village avec un torrent qui le traverse. J'aime tout de suite beaucoup ce lieu. Je m'y sens très bien. L'énergie qui se dégage y est très douce et beaucoup plus sereine. Je suis obligée de reconnaître que l'ambiance est bien plus paisible qu'à Rennes le Château.

Nous décidons d'un commun accord pour une fois de chercher un hôtel pour passer la nuit. Nous nous arrêtons donc devant chaque hôtel que nous trouvons sur notre route, pour demander de quoi dormir… Tout est complet, nous dit-on.

Je trouve cela très étonnant, car nous sommes en plein mois de novembre ! Même la Côte d'Azur est libre dans ces périodes ! J'apprendrai plus tard, que c'est un lieu où beaucoup de gens viennent en cure, et que c'est également un haut lieu ésotérique très visité et qui attire les foules.

Nous commençons à désespérer de trouver des chambres, quand j'aperçois une pension de famille nommée « les fées ». Je trouve cela marrant pour un titre de maison d'hôtes. Malheureusement, la porte est fermée. J'appelle donc le numéro de portable affiché sur le panneau, près de la porte d'entrée. Je dégaine d'ailleurs mon portable à une vitesse telle, que je coiffe Charles au poteau. Il avait lui aussi la ferme intention d'appeler le premier…

Je me rends compte en cet instant que mes actions rapides comme l'éclair sont loin de favoriser la réceptivité de mon féminin naissant… En même temps, vivez dans une famille où on vous a pressé tous les matins, en vous arrachant la couette au réveil pour aller plus vite, et vous verrez si vous ne dégainerez pas plus vite que votre ombre !

Je compose le numéro de portable, fière d'avoir enfin devancé Charles, et attends que l'on décroche.

— Bonjour… ici, les fées…

J'entends une voix féminine très douce au téléphone. Je prends ma voix la plus aimable possible :

— Bonjour Madame..., auriez-vous deux chambres disponibles pour trois personnes ?

— Oh, je viens juste de raccrocher avec un couple qui annule leur chambre, répond-elle. Ils viennent de tomber en panne de voiture à Montpellier… Je n'ai donc qu'une chambre de libre. Mais je peux vous mettre un lit de camp si vous le souhaitez ?

Sans réfléchir, j'acquiesce à cette proposition.

— Ne bougez pas… j'arrive…, me dit-elle.

Dix minutes après, nous la trouvons sur le palier, un peu essoufflée par le chemin qu'elle a parcouru à pied pour nous rejoindre.

— Bonjour, je m'appelle Mathilde… On peut dire que vous avez de la chance ! Ne seriez-vous pas un peu sorciers sur les bords ? dit-elle en cherchant son souffle.

Devant nos mines étonnées par sa question saugrenue, elle laisse les questions de sorcellerie de côté, et poursuit sur des questions plus pratiques :

— Suivez-moi... La chambre ne se trouve pas dans cette maison. C'est un peu plus loin dans le village. Mais vous viendrez ici demain matin pour le petit déjeuner, servi entre 8h00 et 9h30…

Nous suivons donc Mathilde, qui nous installe dans une chambre d'une maisonnette sur la place centrale du village, devant laquelle nous nous étions

justement garés. Elle sort un lit de camp. Elle installe un petit paravent, entre ce qui allait être mon lit, et le lit double de Charles et Marie.
Mathilde partie, nous rions de la situation rocambolesque de dormir dans la même chambre, alors que nous ne nous connaissions pas l'avant-veille. Je plaisante même en leur demandant d'éviter d'avoir des ébats dans la nuit.

Puis après avoir bien rigolé, nous décidons finalement de sortir pour visiter le village ; et pourquoi pas de nous baigner dans les sources chaudes en contrebas.

23h00 : Je tourne et me retourne dans le lit de camp. Je n'arrive pas à trouver le sommeil. J'entends Charles ronfler. Et à force de ne pas dormir, mes réflexions vont bon train.

Cette situation me fait penser aux chambres d'hôtel, dans lesquelles nous allions en vacances avec mon père et ma belle-mère, quand j'étais petite fille. J'avais toujours un lit de camp, et j'entendais ronfler mon père… Cela me fait du reste sourire, car avant de nous endormir nous avions plaisanté avec Charles et Marie, car je jouais à faire leur enfant et je m'amusais à les embêter…

Et là, en cet instant, dans ce petit lit de camp, je me sens comme une toute petite fille. Je suis même un peu mélancolique… J'avais simulé un jeu de gosse une heure avant avec Charles et Marie, sans penser que j'allais vraiment éprouver dans la réalité, cette sensation d'être une enfant, mais une enfant si sensible et si triste...

Je finis par m'endormir, non sans avoir encore tourné plusieurs fois dans mon lit, et avoir versé quelques larmes.

24. LA GROTTE

« Une chute profonde mène souvent vers le plus grand bonheur. »,
William Shakespeare

Dimanche 17 novembre

8h30 : Nous arrivons dans la maison d'hôte « les fées », pour le petit déjeuner. L'ambiance ne ressemble à aucune autre. De la musique zen est diffusée. Une multitude de livres ésotériques sont exposés sur de petites bibliothèques en fer forgé. Des cartes en tout genre sont à la vente : sur les anges, sur le féminin, sur les cristaux… Des personnes attablées autour de leurs petits déjeuners les manipulent précautionneusement pour faire un tirage, espérant découvrir des indications sur leur état du moment. Puis, ils lisent avec attention la carte qu'ils ont tirée au hasard, dans les jeux préalablement posés sur les tables, comme si cela allait leur révéler un grand mystère sur eux-mêmes, jusque-là bien caché.

Je n'ai jamais rien vu de similaire ! Moi qui suis plutôt habituée aux endroits « in » et « branchés » de Marseille !

Je constate que mon monde est en train de prendre une direction complètement nouvelle ! Tout ce qui m'est donné à vivre depuis quelque temps, n'a rien à voir avec ce que j'ai connu jusqu'alors !

Je me sens de nouveau comme Harry Potter, voire comme Alice aux Pays des merveilles, et même comme Indiana Jones, mon héros ! Chaque jour, une expérience nouvelle ! Chaque fois, un endroit insolite et magique de plus à découvrir. Je trouve cela tellement étonnant et excitant que nous ayons atterri dans un tel lieu, par pur hasard !

Nous nous installons à une table ; et Mathilde nous accueille avec un sourire jusqu'aux oreilles. Il se dégage de cette femme, une grande douceur et un grand calme qui m'inspire un sentiment de paix et d'harmonie. J'ai l'impression de rêver, de flotter même, que le temps est suspendu…

— Qu'est-ce que je vous sers ? Thé, Café ? demande Mathilde.

Nous commandons notre petit déjeuner, et je me laisse imprégner de l'énergie de ce lieu chaleureux. Décidément, dans cette région de France, rien n'est comme ailleurs ! Rennes les Bains, Rennes le Château : on dirait que les gens de ces contrées sont habitués à toutes ces bizarreries !

Mathilde revient avec nos commandes. Immédiatement et sans réfléchir, je lui pose la question qui me brûle les lèvres.

— Mathilde, connaîtriez-vous une grotte dans le coin ?

— Oui, bien sûr, répond Mathilde sans hésiter… Il y en a des tas. Mais celle que je vous conseille se situe dans les gorges de Galamus. Elle est magnifique, vous verrez.

Je m'empresse de répondre à Mathilde, avant que Charles ne prenne la parole et dirige la conversation. Je ne voudrais pas qu'il fasse le programme de la journée ! Il en est vraiment capable ! Et moi, c'est une grotte que je veux visiter, pas une église !

— Ah, très bien. Nous allons y aller aujourd'hui avec mes amis. Comment s'y rend-on ?

— Pour y aller, je vous conseille de ne pas prendre n'importe quel chemin ! Il y a des lieux énergétiques puissants, et il s'agit de ne pas les passer dans le mauvais sens !

Charles qui était absorbé dans la lecture d'une carte des anges qu'il avait tirée est soudain fortement attiré par notre conversation. Pendant ce temps, je me demande intérieurement ce que peut bien être un haut lieu énergétique. Je me garde bien d'ailleurs de poser la question pour ne pas paraître idiote au milieu de tous ces gens qui ont eux, l'air d'être parfaitement au courant !

Perdue dans mes pensées, Charles en profite pour reprendre la main :

— De hauts lieux énergétiques, dites-vous ? C'est très intéressant. Expliquez-nous par où nous devons passer ? lui demande-t-il.

— Bien, il va falloir que vous montiez au village de Bugarach. Vous allez contourner le pech de Bugarach, très haut lieu énergétique. Puis, vous prendrez la direction des gorges de Galamus. Arrivé aux gorges, il y aura un parking. Vous descendrez à pied à la grotte qui est un Ermitage. Prenez bien le temps de sentir les énergies. C'est très important. C'est vraiment un passage à faire en conscience !

Le Pech de Bugarach ! Nous allons donc contourner le pic dont nous avait parlé Yolande, la femme avec qui nous avions mangé Éric et moi, lors de ma dernière visite à Rennes le Château... Cette montagne croise de nouveau ma route ! Je l'avais vu de loin. Je vais aujourd'hui lui tourner autour.

C'est la deuxième fois que j'entends parler de ce lieu. Il faudrait peut-être que je songe à m'y rende un jour...

Ce qui est très étonnant, c'est que Mathilde nous parle non seulement d'énergie, mais aussi de passage. Moi qui ai la ferme intention de faire mon rituel dans une grotte, je trouve cela un bon présage. Peut-être serait-il judicieux que je laisse tomber la Sainte-Baume au profit de ce lieu pour mon baptême ? Un baptême, c'est réellement un passage. Et moi par cet acte, j'ai réellement l'intention de mourir à mon ancien moi, pour enfin accueillir pleinement mon féminin !

Je ne parle pas de mon plan à Charles. Je le convaincrai à la dernière minute. Sinon, il va encore me bassiner avec son église !

10h00 : Nous prenons la route vers Galamus. Nous sommes silencieux. Je suis ébahie par la beauté du paysage ! Dame nature nous offre toute sa splendeur dans cette contrée. Tout est tellement vert ! Je suis remplie de gratitude pour tout ce que cette terre nous offre comme vision.

Nous contournons le Pech, comme Mathilde nous l'avait suggéré. Je regarde cette petite montagne, impressionnée. Je suis persuadée que je reviendrai visiter ce lieu, mais pas maintenant. Je sens que ce n'est pas le moment. Ce mont a quelque chose à me révéler quand cela sera prêt. Et, c'est comme si pour l'instant, il me refusait son contact immédiat... Je détourne presque le regard, suite à ce que je ressens… Et ces mots me viennent à l'esprit : « pas maintenant…plus tard… pas prête… »

Est-ce la montagne qui me parle ? L'effet de mon imagination ? Plus rien ne m'étonne maintenant…

Quelques kilomètres plus loin, nous prenons la direction des gorges… J'ai le souffle coupé. À l'arrivée des gorges, un spectacle prodigieux nous est offert : une route escarpée, des creusements naturels vertigineux dans la roche, une rivière qui coule à plus de 100 mètres en contrebas de la route, autant de détails qui nous laissent encore une fois silencieux et admiratifs.

Mon corps est soudain pris de tremblements. Je ne suis plus inquiète maintenant quand ce genre de phénomène arrive… Je connais le processus... Et comme à l'accoutumée suite à ces tremblements corporels, une vision s'impose à moi : Marie-Madeleine habillée de rouge dans sa grotte avec son crâne à la main me sourit. C'est la même vision que pendant le stage de coaching, sauf que là, elle me parle…

J'entends ces mots : « Merci de venir à ma rencontre… Merci… Tu es dans les lèvres du sexe de la terre, et tu t'apprêtes à rentrer dans son ventre… pour une nouvelle naissance… »

Je trouve cette image très parlante. Je fais le lien avec le lieu dans lequel nous nous trouvons. En effet, nous suivons en voiture une grande crevasse, et j'ai l'impression que ses parois forment deux grandes lèvres d'un immense sexe, le sexe de la terre : et au fond y coule une rivière...

En même temps, je suis un peu étonnée que Marie-Madeleine parle de sexe. Je suis à la limite au bord de la culpabilité, et même presque choquée, comme si c'était un blasphème de mélanger le sexe et la religion ! Je vois que je suis encore bien remplie de la morale judéo-chrétienne !

Nous poursuivons notre route, et je respire profondément pour éviter que les tremblements de mon corps ne prennent trop d'ampleur. Charles et Marie n'ont rien remarqué pour l'instant, et je me garde bien de leur partager mes visons !

Nous apercevons enfin le parking et nous nous garons. Nous continuons le parcours à pied. Comme nous l'a conseillé Mathilde, nous descendons par un petit sentier de terre un peu chaotique. Nous prenons le temps de ressentir les lieux.

Puis, nous passons dans une espèce de tube de pierre, comme un tunnel. Et, il me vient tout de suite l'image d'un col d'utérus.

Après le sexe de la terre, nous voilà vers le chemin de ses entrailles ! Pour moi, c'est une évidence ! Symboliquement, je rentre dans l'Utérus de la Terre-Mère pour naître de nouveau, pour refaire le passage de ma naissance une nouvelle fois ! Quoi de mieux comme lieu que le ventre de la Terre-Mère pour faire un rituel de Baptême !

En même temps, ce type de pensée m'amène soudainement à une peur profonde ! La peur d'être brûlée vive sur un bûcher comme les sorcières de l'époque ! Je suis en effet, poussée à effectuer un rituel païen de baptême dans une grotte ! Mais d'où me viennent ces idées saugrenues ? Suis-je le diable en personne ? Va-t-on m'injurier et me lapider sur une place publique pour avoir de telles pratiques ?

Un conflit majeur naît entre ma morale judéo-chrétienne venant de mon cerveau, et ce que me dictent mes entrailles !

Nous continuons notre descente. Toujours plus profond. Plus je descends, et plus je décide de rentrer plus profondément en moi en conscience. J'essaie de faire taire mes peurs qui appartiennent, je le sens à des mémoires très anciennes.

Mémoires de vies passées ? Mémoires inscrites dans l'inconscient collectif ? Je ne le sais pas vraiment. Mais je sens que nous les femmes sommes porteuses de ces peurs qui nous ont conduites à éradiquer ce genre de pratiques de nos vies, sous le diktat de la religion patriarcale faite par des hommes et pour des hommes.

Je poursuis encore ma descente, et je me sens encore plus profondément reliée avec ce lieu et avec cette terre. Je sens alors comme un lien évident entre cette terre et mon corps. Ma conscience machinalement et naturellement se dirige vers mon ventre. Et j'y ressens une énergie très forte. Comme si un feu intérieur était en train de s'allumer au sein même de mon utérus.

Je comprends immédiatement ce qu'avait alors voulu dire Mathilde par « lieu énergétique puissant ». Je le comprends, et surtout je l'expérimente... Je suis dans le ventre de la terre mère ; et je sens mon ventre, comme jamais je ne l'avais ressenti auparavant. Ils sont connectés ensemble. La terre et moi ne faisons qu'un.

J'éprouve dans ce lieu et dans mon utérus une puissance et une présence qui me font sentir à ma place pour la première fois de ma vie. Je n'avais jamais senti que dans ce lieu, dans mes tripes et mes entrailles, il pouvait y résider une telle force ! J'avais toujours pensé que toute l'intelligence résidait dans mon cerveau... Et là, j'étais en train de renverser toutes mes convictions profondes !

La puissance de la femme est logée dans son utérus ! Je suis comme foudroyée par cette prise de conscience. Cette terre est en train de me reconnecter à ma force vitale ! Je suis remplie de gratitude... Je sais que c'est dans ce lieu que je vais faire mon baptême. Cela ne fait aucun doute. Charles devra se plier à cette évidence.

10H30 : Nous arrivons à l'entrée de la Grotte, qui est un Ermitage. Il y a une toute petite cafétéria avec un comptoir et la vente de quelques cartes postales. Quelle n'est pas ma surprise quand j'entends des touristes dire que nous sommes près de l'entrée de ce que l'on appelle la « gueule infernale » ou « Grotte de Marie- Madeleine », dont l'entrée est fermée au public.

Comme par hasard, nous sommes tombés près de la grotte de Marie-Madeleine ! Exactement ce que je cherchais ! Elle est une fois de plus venue à moi par une synchronicité magique... Je suis émue, touchée. J'ai presque envie de m'allonger par terre en priant pour exprimer toute mon humilité face à ces forces qui me guident.

En même temps, j'ai une énorme appréhension..., et le terme « gueule infernale » ne me rassure guère... Pourquoi à chaque fois que je visite un lieu dans cette contrée, y a-t-il des symboles repoussants ? Des diables, des écrits tels que : « terrible est ce lieu » à Rennes le Château, ou la « gueule infernale » ici … Rien de très rassurant !

Nous entrons donc dans la grotte de l'ermitage. Je suis médusée. Le spectacle est ahurissant ! Nous sommes… nous sommes… nous sommes… : dans une Eglise !!!

Charles me regarde avec le sourire. Mes jambes flageolent… Des larmes perlent sur mes joues.

Charles s'approche et me glisse à l'oreille, victorieux :

— Tu vois… Je te l'avais dit qu'il fallait une église dans le pays cathare pour ton rituel.

Je lui réponds émue :

— Et j'ai aussi ma grotte et Marie-Madeleine… Nous avons été parfaitement guidés, Charles.

En disant ces mots, je suis emplie d'une profonde gratitude pour les forces qui nous ont conduites ici. Notre intuition a su nous amener là où nous avions besoin d'être pour accomplir ma renaissance.

En fin de compte, il y a les deux lieux sur lesquels nous n'étions pas d'accord avec Charles : la grotte et l'église. Et, en réfléchissant, je comprends mieux pourquoi c'était si important pour lui comme pour moi de s'accrocher à son propre symbole.

La grotte : le terrestre, la Terre-Mère, l'ombre, le féminin, la lune, le corps, la matière…

L'église : le céleste, le Père Ciel, la lumière, le masculin, le soleil, l'esprit, la conscience…

C'est évident maintenant : Charles voulait le symbole yang, et moi je voulais le yin.

Ce lieu reflète finalement les deux polarités de l'univers : le masculin et le féminin.

Et dans cet endroit, nous pouvons réunir ces deux polarités malgré nos divergences de points de vue. Nos deux volontés et intuitions étaient finalement aussi importantes l'une que l'autre ! C'est comme si ici, on nous invitait à faire taire tous les combats de l'histoire entre les hommes et les femmes…

Quelle symbolique forte pour un passage !

Je commence du coup à comprendre pourquoi beaucoup d'églises sont construites au-dessus de cryptes ressemblant à des petites grottes, avec souvent des vierges noires à l'intérieur… Ces églises ont d'ailleurs souvent été érigées sur des endroits où on pratiquait des cultes à la Déesse : l'église Saint-Victor à Marseille, la Cathédrale de Chartres, La Basilique de Saint-Maximin... et bien d'autres… Il y a, en fait, les deux forces réunies dans ces lieux spirituels : les voutes célestes et les cryptes obscures, l'église et la grotte, Dieu et Déesse, le masculin et le féminin, le haut et le bas, le Père et la Mère…

Pourtant, dans les églises, en présence des prêtres, nous ne prions que le Céleste par le biais de la Vierge Marie, de Dieu le Père et du Christ ; mais nous faisons fi du culte de la Déesse et de ses profondeurs.

En effet, l'église catholique et les religions nous ont souvent poussés à ne prier que le Père vers le ciel. Le seul symbole féminin réellement présent est celui de la Vierge Marie, mais elle est une représentation céleste et désincarnée du principe féminin, bien loin de la puissance qu'il représente.

Je suis invitée aujourd'hui à comprendre qu'il est essentiel de réintégrer la Mère-Terre dans nos prières : la Déesse des origines, une force tellurique qui part des entrailles du corps et du sexe de la Terre.

Je ressens cette puissance dans mon corps par le biais de la Kundalini. Elle part du ventre, du sexe et des entrailles et elle n'a rien à voir avec l'énergie céleste de Marie !

Et si au fond, tout notre chemin était de réunir dans nos cœurs ces deux forces : l'esprit et la matière, le corps et la conscience, l'ombre et la lumière, le bas et le haut, le ciel et la terre ! Il y a le Père Ciel, mais aussi la Mère-Terre ! Nous sommes leurs enfants ! Pas d'enfant sans le Père et la Mère !

Je visite ce lieu, émue et tremblante. Sur la droite, j'aperçois la statue de Marie-Madeleine… Elle est là…, encore… comme si elle m'avait toujours attendue… Je me sens pour la première fois de ma vie soutenue, dans un contenant solide en lien avec la force de mon ventre, et de mes racines.

Je répète ces mots dans ma tête : « Merci… Merci… Merci… »

Nous avançons Charles, Marie et moi, au fond de l'église près de l'autel de pierre. Et, derrière cet autel nous découvrons, non sans surprise, une vaste étendue d'eau… Il ne manquait plus que cet élément pour avoir tous les outils nécessaires à la réalisation d'un baptême !

Je suis une fois de plus étonnée, ébahie même, d'une telle magie et d'une telle parfaite orchestration des évènements, nous ayant conduits exactement où nous avions besoin d'être pour effectuer ce rituel ! Il ne manquait plus, pour que tout soit parfait, qu'une source d'eau provenant du ventre de la Terre-Mère !

Mais qui tient les ficelles ? Comment est-ce possible ? Ma rationalité cartésienne en prend encore un sacré coup… Après aujourd'hui, je ne serais plus jamais la même…

Nous décidons donc d'effectuer ce fameux baptême. Je demande à Marie qui était jusqu'à présent restée en retrait d'accomplir le rituel avec Charles… En fait, cela devient pour moi à l'instant même une évidence. Ce qui s'est passé dans la chambre la veille m'a permis de comprendre que symboliquement Charles et Marie représentent mes parents, et que c'est eux qui doivent me rebaptiser ensemble. C'est eux qui doivent faire cet acte symbolique de me faire femme. J'en suis maintenant convaincue. Pour cette nouvelle Naissance, il me faut un Père et une Mère, ensemble, et en chair et en os…

Mon corps se met à trembler comme s'il pressentait le changement inéluctable qui allait s'opérer en moi suite à ce passage… Charles et Marie m'installent sur l'autel de pierre. Curieusement, il n'y a aucun touriste aux alentours… Charles se met à ma gauche et Marie à ma droite. Je ferme les yeux et je respire profondément, consciente du caractère sacré de l'acte que nous nous apprêtons à accomplir.

Tous les deux ensemble et solennellement puisent de l'eau dans la source et prononcent la phrase tant entendue dans les églises :

— Je te baptise… Charline…, en me faisant ruisseler de l'eau sur le front…

25.LA PLONGEE

« Les femmes font partie du chemin du héros, elles l'accompagnent comme guides ou tentations, fées ou sorcières. Elles sont sans doute l'air du voyage. Et l'homme au cœur aventureux sait que la forêt, la mer, la lande et la nuit qu'il traverse offrent le prodige en même temps que l'épreuve, la merveille avec la diablerie. », Jacqueline Kelen

Même Jour

12h00 : Je suis à l'extérieur de la grotte. J'attends depuis plus d'une demi-heure Charles et Marie, qui sont restés à l'intérieur depuis le fameux rituel.

Je me sens tout à coup terriblement seule. Je suis même extrêmement en colère d'être laissée et abandonnée comme une vieille chaussette, après ce passage si important pour moi. Pourquoi ne sommes-nous pas là ensemble pour fêter l'évènement de ma nouvelle naissance et de ce passage ?

Je rentre de nouveau dans la grotte pour aller voir ce qu'ils font… Et là, quelle n'est pas ma surprise de constater qu'ils sont tous les deux en train de se disputer comme des chiens ! Dans une église ! Dans un lieu sacré ! Après mon rituel !

Je suis complètement abattue... Je me sens abandonnée, délaissée, petite, sans intérêt, et démunie… Une grande tristesse mélangée à une énorme fureur m'envahit. Des larmes coulent sur mes joues.

Je surprends les mots échangés de Marie à Charles… Elle lui reproche de l'avoir complètement délaissée depuis le début de ce périple. Elle a le sentiment d'être complètement exclue de cette aventure. Elle sent qu'elle n'intéresse personne. Elle dit que finalement, on lui a demandé de faire le rituel, juste pour lui faire plaisir… Elle reproche à Charles de ne s'intéresser qu'à moi et à mon baptême depuis quelques jours.

Je suis abasourdie, triste et en colère… Mais, tout à coup, au milieu de ce chaos émotionnel, j'ai une prise de conscience énorme ! Il se rejoue là devant moi le scénario de ma propre naissance : le conflit entre mes parents… ma fracture intérieure de cette coupure entre mon père et ma mère… mon rejet… mon abandon… le sentiment d'être la responsable de la séparation de mon père et de ma mère… la peur de la jalousie de ma mère à cause de mon lien fusionnel avec mon père… la nécessité de me couper de mon père pour ne pas perdre l'amour de ma mère et pour lui être fidèle…

Dans ce lieu censé représenter le lien entre le Père et la Mère, le Ciel et la Terre, je ressens dans mon corps, un abîme immense, une faille terrible, une fracture énorme… Quelle ironie !

Le centre du mandala que j'avais dessiné prend de nouveau tout son sens : cœur brisé, gant de boxe... Moi qui pensais avoir trouvé un lieu de réunion entre le féminin et le masculin, je ne vis que fracture et brisure...

En fait, je comprends tout à coup que j'ai intégré Marie dans le rituel, car j'ai senti son exclusion et j'ai projeté l'image de ma mère sur elle. Sentant son désarroi et sa colère, je l'ai inclus dans le baptême… Je réalise grâce à cela toute la non-confiance de ma mère en son féminin… la peur qu'elle avait de perdre l'amour de mon père… l'interdiction inconsciente de tisser des liens forts avec lui au risque de perdre le lien avec elle… Il fallait que je me range dans son camp pour la rassurer elle...

Je prends conscience que j'ai toujours eu peur d'être une rivale… : la rivale de ma mère. Grâce à ce rituel, toutes mes émotions refoulées remontent comme une vague : ma fracture intérieure, la rivalité avec le féminin, la peur du rejet et de l'exclusion…

Ne serais-je pas en train de revivre mon Œdipe ?

Une remontée émotionnelle énorme part de mon ventre et un flot de sanglots remonte dans ma gorge. J'ai la sensation d'étouffer… La douleur est si forte que je comprends la raison pour laquelle je m'étais coupée de mon corps et de mon féminin… J'avais trop peur de ressentir cette souffrance. Il valait mieux se réfugier dans ma tête.

J'intègre pour le coup beaucoup mieux maintenant les paroles de l'arbre de vie. Toute ma vie, j'ai fui cette douleur ; et j'ai empêché par la même, l'énergie de circuler dans mon corps !

Grâce à ce rituel et à la dispute qui se déroule devant mes yeux, j'ai la possibilité de faire remonter à la surface une blessure si profonde que je ne peux même plus respirer ! Je suis en train d'évacuer un flot d'énergie négative, et cela fait mal.

Je prends conscience qu'au fond de cette grotte je suis en train de revivre mon œdipe non résolu et toutes les blessures qui l'accompagnent ! Pour un passage, c'est un passage !

Me voilà donc en train de faire face à des douleurs du passé… de plonger dans des profondeurs enfouies… de refaire un passage pour transformer ce que j'ai vécu... Je plonge dans mes sensations, en faisant attention de ne pas m'attacher à mon scénario mental… L'arbre de vie me l'a dit… juste la sensation… accepter la douleur pour la transcender… ne pas fuir et ne pas se raconter d'histoire avec la tête…

Est-ce cela le sens de la « gueule infernale » ? Faire face à un dragon qui était tapi au creux de mon ventre ? Regarder la gueule ouverte d'un « alien » jusqu'à présent en sommeil ?

Ce rituel me remet donc en contact avec mon histoire. Et, je suis en train de libérer mon corps des blocages qui entravaient la fluidité de ma vie. Je comprends alors l'impact que peuvent avoir les émotions du passé sur le cours de nos vies et sur les corps.

Est-ce juste ce rituel qui a permis que toutes ces blessures refassent surface ? Pourquoi juste là, maintenant, a-t-il fallu que Charles et Marie se disputent pour me faire ressentir précisément ce que j'avais justement enfoui ?

En faisant des lectures sur Carl Gustav Jung, le médecin-psychiatre, j'avais été étonnée de l'explication qu'il avait donnée sur l'importance des rituels. C'est même d'ailleurs pour cela que j'avais pris la décision de me baptiser une nouvelle fois. Pour refaire ce passage… Mais, je ne me doutais pas de la force avec laquelle cela me permettrait de me libérer d'une souffrance passée.

J'avais lu que ces rituels de passage sont très importants pour la transformation de la psyché. Or, nos sociétés occidentales n'en proposent plus et si elles en proposent, ils n'ont pas forcément de sens avec notre propre transformation psychique. Ces rites ont perdu la connexion à l'essence.

Nos sociétés nous proposent le mariage, les baptêmes…etc., mais il n'y a aucun lien avec les transformations essentielles que cela peut amener dans nos vies. Pourtant, ces passages ont du sens et doivent permettre de faire mourir l'ancien et de naître au nouveau… Les sorcières de l'époque le savaient, et elles ont été brûlées vives à cause de ce savoir puissant.

Je comprends alors qu'une grande part de nos difficultés et de nos névroses a trait à la disparition de ces rituels, ces rites de passage qui nous maintiennent reliés au mystère de la vie. Ces mystères sont la nourriture essentielle de l'âme. Je le sais aujourd'hui, car je le vis profondément dans mes tripes.

Ces rituels nous permettent de bénéficier des énergies de transformation, comme les archétypes et les symboles ! Comme le dit Jung, notre psyché ne peut maintenir son équilibre sans le symbolisme. Les symboles nous connectent à une autre dimension... Et le rituel via ses symboles permet une libération émotionnelle, dont les mots seuls ne parviennent plus à nous libérer.

Je réalise maintenant pourquoi il existe aujourd'hui un tel engouement pour le chamanisme… Ces voyageurs spirituels à la recherche de folklore cherchent à se replonger dans leurs racines terrestres via la nature et dans le monde de l'âme et des esprits, grâce aux rituels de transformation ou aux quêtes de vision… Les sociétés chamaniques et les tribus ont su préserver ces enseignements basés sur l'observation de la nature et de tout ce qui existe sur la terre. Tous les peuples primitifs ont la conscience que nous sommes inter reliés à tout ce qui existe.

Les sociétés occidentales ont développé elles par contre, une approche très intellectuelle de la spiritualité. La civilisation moderne nous a alors déconnectés de notre lien à tout ce qui vit… Si aujourd'hui, le chamanisme refait surface après avoir été ignoré pendant deux mille ans sur notre continent, c'est pour nous relier avec le monde des esprits, de la nature et des symboles.

Pourtant, cette notion même fait peur, alors qu'il s'agit seulement de voir que c'est une vision qui propose de vivre et de ressentir notre connexion avec la nature, de ressentir la dimension spirituelle sans la reléguer à des connaissances mentales ! Toute guérison ne peut vraiment être complète que si elle a un lien également dans le monde de l'invisible, celui de l'esprit. Et seuls les rituels sont opérants pour interagir avec le monde de l'invisible.

S'inquiéter uniquement de l'aspect psychologique, émotionnel et physique des choses n'est pas suffisant… Je suis en train de le comprendre et je remercie les forces de l'univers de me permettre de vivre une chose aussi forte. En connexion avec cette terre et les forces cosmiques, je suis en train de vivre dans ma chair mes blessures et mes ombres pour les transformer. Cela est difficile, mais je réalise que grâce à cela, je suis invitée à revisiter le passé pour le vivre autrement… Je revis ma naissance et mes blessures d'enfance pour renaître à quelque chose de nouveau : et l'ombre se transforme en lumière...

Mais finalement, il n'y a pas peut-être pas besoin de faire des rites issus des traditions chamaniques, ni de partir dans des contrées mexicaines lointaines, ni de s'accoutrer de tenues et de plumes, n'appartenant pas à nos traditions... Il suffit de plonger dans notre histoire française pour y trouver les mêmes rituels que faisaient les druides et les « sorcières-guérisseuses » de jadis… Nous avons sur nos terres, tous les ingrédients et toutes les traditions nécessaires pour notre transformation… Il suffit de puiser dans nos propres racines et notre passé …

Je n'ai tout d'un coup plus aucune colère… Je suis par contre complètement lessivée de toutes ces prises de conscience et de ce gros nettoyage émotionnel… Je n'ai qu'une envie… partir … et dormir…

PARTIE VII : LA DESCENTE

26. CHANNEL

« Savoir écouter est un art. », Epictète

Lundi 18 novembre

9h30 : Je suis attablée devant mon petit déjeuner, les yeux dans le vague. Ma nuit a été très agitée après tous ces évènements. Charles et Marie sont partis tôt ce matin se balader. Ils voulaient poursuivre seuls leur réconciliation, entamée la veille.

J'ai passé la pire soirée de ma vie. Je me sentais tellement de trop la nuit dernière, dans ce lit de camp, à côté de ce couple que je n'avais finalement rencontré que quelques jours auparavant ! Quelle aberration de me retrouver dans cette chambre ! J'ai éprouvé d'un coup toute l'absurdité de la situation.

En même temps, le fait de me ressentir comme un poids pour eux deux qui avaient besoin de rester tranquille après une grosse dispute m'a remis une fois de plus en lien avec une blessure, que je devais revivre pour guérir… Cette expérience m'a permis de sentir et de libérer une charge énergétique du passé, stockée depuis trop longtemps dans mon corps.

Seule dans ce petit lit de camp, j'ai pu me mettre en lien avec mon enfant intérieur abandonné, exclu et de trop, l'accueillir et l'entourer de ma présence…

Décidément, le rituel a poursuivi son œuvre cette nuit…

Ce matin, face à ma tasse de café, je traverse encore en conscience ce que je sens devoir lâcher pour passer de la petite fille à la femme. Cet exercice me permet de laisser tomber toutes ces vieilles croyances et blessures qui m'ont empêché d'avancer dans la vie, pour enfin ne plus être l'esclave d'un passé trop lourd. Et le baptême d'hier m'a fortement aidé à mettre de la présence consciente sur mes abandons, de l'amour sur mes vieux démons, et de la lumière sur mes ombres.

Perdue dans mes pensées, je remarque à peine une petite femme brune qui s'assoit en face de moi, pour prendre son petit déjeuner. Mathilde s'approche alors de nous, pour lui servir une tasse de chocolat chaud.

L'odeur de chocolat, et le va-et-vient de la tasse aux lèvres de cette femme me font sortir de mes souvenirs de la veille. Je remarque tout de suite le regard profond de cette petite dame assise en face de moi. Ses yeux noirs en amande semblent dégager une grande sagesse venue du fond des âges. J'ai tout de suite confiance en ce petit bout de femme, alors que je ne la connais pas.

Je ne sais pas pourquoi, mais j'ai tellement besoin de parler à quelqu'un depuis tous ces évènements que j'engage la conversation avec elle, en lui révélant tout ce que je viens de vivre depuis le stage de coaching.

Pourquoi me livrer à une inconnue ? Je n'en ai aucune idée ! Les choses sont si bizarres en ce moment, que parler à une étrangère ne me choque même pas. Je me fie à ce que je ressens, sans essayer de comprendre. Mon élan intérieur me dictant de tout lui raconter, je me lance sans réfléchir une seule seconde !

La présence de cette femme et le fait de tout lui dire m'aident à relier tous les évènements entre eux, et à intégrer tout ce qu'il s'est passé. Et je prends alors conscience en parlant que mettre des mots sur les choses est essentiel.

C'est donc à cet instant précis que je décide en mon for intérieur, de prendre dès demain des notes sur ce qu'il m'arrive... Faire un journal précisant chaque jour mes expériences va devenir une de mes priorités. Cela laissera d'une part une trace de mon vécu pour le moins extraordinaire, et d'autre part cela m'aidera à digérer toutes mes transformations intérieures...

La femme me sourit. Elle a l'air de comprendre tout ce que je lui raconte. Elle écoute avec une grande compassion. Elle ne cherche pas à expliquer quoi que ce soit ; ni à me raisonner, ni à parler, ni à donner son opinion, ni à trouver une solution. Rien... Elle reste silencieuse. Elle est juste là, et sa présence m'apaise.

Cela me montre la force du silence et de la vraie écoute. Personne ne m'avait jusqu'à ce jour, accueilli de la sorte. Elle n'a rien fait, rien dit ; et pourtant je ne me suis jamais autant sentie entendue.

Par quel heureux hasard cette femme s'est-elle retrouvée assise en face de moi ? Je n'en sais rien. Mais je suis contente qu'elle soit là… Je me sens moins seule ; et cela apaise mes émotions de la veille, alors qu'elle n'a prononcé aucun mot.

Elle ne me dit qu'une seule et unique phrase après mon long monologue :

— Vous me faites beaucoup penser à une amie à moi. Elle s'appelle Clémence. Elle canalise Marie-Madeleine par les pieds.

— Elle, quoi ?!

Au lieu de me répondre, elle regarde tout à coup sa montre en lançant :

— Oh la la, il faut que j'y aille. Je n'avais pas vu l'heure. À bientôt, Charline… Et bonne chance sur votre route !

Je reste là bouche bée, en me répétant les mots : « *elle canalise Marie-Madeleine par les pieds, elle canalise Marie-Madeleine par les pieds…* » Mes yeux sont ronds comme des billes. Il aurait fallu me prendre en photo à cet instant précis ! Je pense qu'elle vaudrait le détour !

Mais qu'est-ce que cela signifie ? Déjà, je ne sais même pas ce que canaliser veut dire. Enfin, si..., à part pour les cours d'eau ; où je sais que l'action de canaliser, c'est les rendre aptes à la navigation. Mais je ne vois vraiment pas le rapport avec Marie-Madeleine ! Je comprends aussi ce mot, s'il est couplé avec d'autres mots comme : canaliser ses émotions, son stress, son énergie… Mais là, dans la circonstance actuelle, je ne comprends rien ! Et canaliser par les pieds en plus ?

Je m'étais habituée au bizarre, mais là j'avoue que c'est le pompon ! Et comble de tout, la bonne femme aux yeux en amande a foutu le camp ! Et elle me laisse ici, sans explication !

Je profite de l'arrivée de Mathilde pour lui poser la question du sens du mot « canalisation ». J'ai un peu peur qu'elle me regarde comme une martienne après ça, mais au point où j'en suis, je m'en moque bien pas mal…

Elle me répond sans sourciller le moins du monde :

— Canaliser, c'est être « un Channel ». C'est un échange vibratoire entre un médium et l'univers. C'est recevoir les messages de l'univers ou de l'inconscient collectif, par différents intervenants (guides, anges gardiens, âmes…)

J'écoute la réponse en me disant que finalement, c'est plus ou moins ce qui est en train de se passer pour moi depuis quelque temps… Mais cela a un côté un peu trop folklorique pour moi. Le mot médium me fait peur. Cela n'a rien de rationnel ; et moi je suis trop cartésienne… Je préfère les notions d'archétype et d'inconscient collectif de Jung plutôt que celles de guides ou d'anges gardiens. Cela fait plus sérieux !

En fait, je suis assez interloquée par le fait que toutes les personnes de cette région soient si habituées à tous ces phénomènes. Cela fait partie de leur quotidien… On parle d'énergie, de médium, de portes vibratoires, d'anges gardiens, de la même façon que si on discutait de la pluie et du beau temps.

Je sais au moins qu'ici, je ne passerai pas pour une dingue !

10h00 : Après le petit déjeuner, je stoppe dans le couloir de la maison d'hôte, pour lire plein de prospectus posés sur les étagères.

Une multitude de thèmes aussi bizarres les uns que les autres sont exposés : conférences sur le pouvoir des cristaux et des pierres, ateliers sur le rôle des elfes et des fées dans nos vies, stages pour savoir utiliser les runes… J'en passe et des meilleurs ! Je suis interloquée…

Puis, je m'arrête devant une affiche en A4, collée au mur au-dessus d'une étagère où je peux lire : « Moïra, voyante et médium, pour vous révéler ce que vous avez toujours voulu savoir… »

Je ne sais pas pourquoi, mais je relève son numéro. Peut-être parce que je suis quelque peu en détresse ! J'ai sûrement besoin de révélations pour me donner des réponses à toutes mes questions du moment !

27. MARIE-MADELEINE

« À chaque tour suffit sa reine. », Jacques Pater

Même Jour

18h00 : Moïra, une jeune femme de trente-cinq ans, m'ouvre la porte. Elle a de longs cheveux roux bouclés, qui lui descendent jusqu'au creux des reins. Je suis subjuguée par sa beauté. Elle dégage une gaieté, une fraicheur et une liberté hallucinante !

Je la suis à l'intérieur de sa petite maison qui se tient sur la place du village. On descend au sous-sol. Nous entrons dans une pièce qui me fait l'effet d'une grotte. Cela sent la terre. Les murs sont voutés, et en pierre. Il y a des crânes de cristal posés partout, de toutes les tailles et de toutes les couleurs. J'ai l'impression d'être dans l'antre d'une sorcière. Quelle histoire ! Mais, qu'est-ce qu'il qui m'a pris de prendre ce rendez-vous ? Et pourquoi ai-je composé le numéro de téléphone que j'avais mis dans la poche de mon jean ?

Elle s'assoit sur son fauteuil recouvert d'une peau de bête, et m'explique comment va se dérouler son entretien.

— Alors Charline, je vais vous expliquer comment va se passer notre entrevue pour ne pas que vous vous affoliez, car ce que je fais est très inhabituel.

Ah super ! Me dis-je en mon for intérieur ; déjà que je suis pas mal inquiète !

Elle poursuit :

— Je canalise Marie-Madeleine par les pieds. Alors mon corps peut se mettre à trembler très fort pendant le début de ma canalisation, car elle se sert de mon corps pour venir donner ses messages. Et, ne vous affolez pas si je me mets à crier très fort. Cela est normal. Cela fait partie du processus.

— … Silence…

— Charline ? Ça va ?

Me voyant complètement abasourdie, Moïra se lève pour me donner un verre d'eau.

Reprenant peu à peu mes esprits, je lui demande :

— Vous êtes Clémence ?

— Oui. Je suis Clémence, répond-elle. Et Moïra est mon nom quand je canalise, et que je donne mes consultations. J'ai reçu ce prénom en canalisation. J'imagine que l'on vous a parlé de moi alors ?

Je ne m'habituerai jamais à toutes ces synchronicités. C'est tellement puissant et hallucinant, qu'à chaque fois j'ai besoin d'un peu de temps pour intégrer. Avoir la femme dont me parlait la dame du petit déjeuner ce matin, en face de moi, m'interloque une fois de plus…

— Oui oui..., m'entends-je acquiescer.

Je ne souhaite pas m'étaler sur le comment j'ai entendu parler d'elle. J'ai juste envie de démarrer ce pour quoi je suis là, et qu'on en finisse vite ; car je suis déjà épuisée avant même d'avoir commencé.

Nous sommes donc assises l'une en face de l'autre. Moïra a fermé les yeux. Je la vois respirer avec un expir et un inspir lent et profond.

Son corps émet de légers tremblements, et sa tête dodeline de droite à gauche. Il se passe au moins cinq minutes, ce qui pour moi correspond à une attente interminable, avant qu'il ne se produise réellement quelque chose de tangible…

Moïra soulève alors brusquement ses paupières. Mes yeux plongent dans son regard noisette. Et, je suis immédiatement envahie d'une immense énergie de compassion et d'amour. J'ai tout d'un coup mon thorax qui semble craqueler comme si quelqu'un essayait de m'écarteler les côtes. Je ressens que cette immense énergie entre par mon sternum. C'est énorme ! J'en reçois tellement, que tout fissure à l'intérieur de moi. Une énorme envie de pleurer me submerge.

Je me laisse pénétrer par cette forte vibration. J'éprouve un lien fort avec la femme assise en face de moi ; et, je pense en même temps à toutes les femmes de la terre. Je ne sais pas pourquoi, mais je me sens en profonde connexion avec toutes les femmes, comme si elles étaient mes sœurs. Des larmes ruissellent sur mes joues. Je suis profondément vulnérable… Et dans cette vulnérabilité, j'y pressens une énorme force et une grande puissance.

J'ai jusqu'à présent toujours évité de ressentir cette sensibilité ; et là, je lâche tout… Cela me fait un bien fou. Je sais qu'il est en train de se produire une très forte guérison pour moi, en ce lieu, avec cette femme, et avec cette énergie. Je ne me l'explique pas, mais je me laisse faire.

Moïra pousse alors un immense cri, et parle enfin :

— *Je suis Marie-Madeleine et je pleure avec toi, chère âme. Je pleure avec toi et avec toutes les femmes. Je pleure sur vos blessures et sur vos corps, pour que vous puissiez enfin ouvrir la porte de votre trésor, que vous maintenez caché depuis des siècles et des siècles. Pleurez chères âmes, pleurez mes sœurs, car ces pleurs font fondre toutes les cuirasses et toutes les protections que vous avez érigées, pour protéger le trésor qui réside à l'intérieur de vos corps. Tu es venue me voir pour retrouver la clé. Je te la donne. Ton corps est ton temple. En son centre est ta puissance. Ressens, vibre et partage.*

Après ces mots, Moïra pousse de nouveau un énorme cri... Et, elle s'arrête net de parler… Nous restons là, silencieuses un long moment. Puis, nous tombons dans les bras l'une de l'autre en pleurs.

Contre l'épaule de cette femme, je ressens son amour simple et puissant. Cet amour n'est pas celui de Marie-Madeleine, mais celui de Clémence ou Moïra. Et cela m'emplit le cœur d'une immense joie. Un lien fort, comme celui qui pourrait exister entre deux sœurs, passe entre nous, et pourtant je ne la connais pas.

Je prends alors conscience que dans nos sociétés occidentales, nous ne sommes pas habituées à avoir des liens de cœur, entre nous les femmes. Et même au contraire, la rivalité est souvent présente ! Je réalise qu'il n'y a même pas de mot dans le dictionnaire, pour exprimer ce lien possible. Il existe pourtant le terme «fraternité» pour les hommes ! Le mot «sororité» n'existe pas. Il ne reste plus qu'à utiliser ce terme, pour qu'il passe dans le langage courant. Je m'en fais la promesse.

Devant la puissance de la connexion que j'éprouve avec Moïra, je sens à quel point le lien avec les autres femmes pourrait être pour moi un socle et un contenant solides. Et cela deviendra pour moi une priorité à mon retour à Marseille, de tisser des relations étroites avec mes sœurs...

Est-ce déjà l'effet de cette canalisation qui me fait prendre cette décision ?

En tout cas, toute idée de rivalité avec ma mère due au complexe d'Œdipe, ou avec Marie, ou avec la femme en général que je pouvais encore avoir la veille a disparu instantanément.

Ahurie et épuisée par cette canalisation, je demande conseil à Moïra à propos de mes aventures passées. Je lui explique mes expériences vécues. Sentant sa grande connaissance sur Marie-Madeleine, je pose des tas de questions.

Moïra accepte de me répondre avec gentillesse. Je lui raconte ma visite à Rennes le Château ; et tous les évènements qui se sont produits depuis.

Elle m'écoute attentivement avec un regard bienveillant, et m'explique :

— Ah oui, Rennes le château… Si Marie-Madeleine t'y a conduit, c'est pour te remplir de son énergie. Tu sais, Marie-Madeleine est entourée de symboles. Et cette symbolique est intéressante pour celui qui est sur le chemin. L'un des premiers symboles intéressants à regarder est celui de la Tour.

Je l'interromps pour confirmer ces dires :

— Ah oui effectivement, il y a la Tour Magdala à Rennes le Château, construite par l'Abbé Saunière. Je l'ai visité, il y a peu.

— Oui, et la tour évoque l´idée d´un axe, pouvant se comprendre comme un lien unissant le ciel et la terre.

— Et alors ?

— De la terre part des courants telluriques qui sont les nerfs de la planète. Des pierres géantes ou menhirs furent posés sur ces courants pour les canaliser. Plus tard, des temples se sont construits sur ces centres énergétiques. Puis, les cathédrales ont été érigées sur ces lieux de cultes. Dans les cryptes de ces cathédrales, tu y trouveras souvent un puits, symbole de la profondeur, et une vierge noire.[14]

— Oui, j'ai entendu parler de cela. Mais quel est le rapport avec la tour ?

— Magdala vient de l'hébreu « Migdala » qui signifie : tour. Et ce symbole évoque le fait que dans le corps, il y a le même courant tellurique que sur la terre, qui part lui du sexe pour remonter vers le ciel, jusqu'au sommet du crâne ; c'est la *Kundalini.* Marie-Madeleine avait cette énergie réveillée dans son corps, et elle a commencé son initiation grâce à elle. Cette énergie part de la terre et de ses profondeurs pour monter jusqu'au ciel. Et c'est ce symbole de la Tour qui y fait référence, comme les menhirs de l'époque : c'est un axe qui unit la terre et le ciel...

— Ah, je comprends mieux pourquoi Marie-Madeleine est venue me guider. J'ai moi-même cette même énergie qui s'est réveillée dans mon corps ; et c'est loin d'être facile, car il m'arrive tout un tas d'épreuves ! J'ai eu quelques explications sur ce phénomène récemment, grâce à un arbre d'ailleurs. Cela m'avait quelque peu rassurée, car je ne comprenais pas ce qu'il se passait en moi. D'autant, qu'au même moment dans ma vie tout s'est effondré !

Moïra me regarde plein de compassion :

— Je sais, ce n'est pas un chemin aisé. Je suis passée par là moi aussi. Et cela continue encore aujourd'hui. Avant de te faire monter vers la lumière, cette énergie t'amène dans les profondeurs de l'ombre, dans le puits. Et cela n'est pas si simple ! Il faut un certain courage. C'est la vierge noire qui est le symbole de cette initiation.

— Ah Ça ! Pour être dans le puits, je suis dans le puits ! Et du courage, c'est sûr que j'en ai besoin !

— Oui, au départ oui, mais comme tu dois le savoir, cette énergie monte ensuite par palier ; et dans le corps quand elle arrive jusqu'en haut du sommet du crâne, c'est l'illumination. C'est pour cela que les saints sont représentés avec une auréole sur la tête. Mais avant l'illumination, il y a les épreuves, la traversée des ombres dans les profondeurs du puits. Et pour reprendre le symbole de la tour, elle a de solides fondations dans la terre ; et elle est terminée par des créneaux qui rayonnent sur le monde comme l'auréole d'un Saint… Béranger Saunière a d'ailleurs construit sa Tour Magdala, couronnée de vingt-deux créneaux, comme une auréole ! Et dans la Tour de Magdala, il y a également vingt-deux Marches.

— J'ai déjà entendu parler de ce chiffre 22 à l'église de Rennes !

— Ce chiffre 22 est très important. C'est le chiffre de Marie-Madeleine. Cela évoque également les lames du tarot de Marseille, qui sont les 22 étapes à passer lors d'une initiation. Chaque carte, au nombre de 22, évoque une étape sur ce chemin, avec un passage et une épreuve.

— Ah ! Je comprends mieux ! C'est donc le chiffre du point final de l'initiation ! C'est quand on est arrivé au bout ?

— Le point final est le commencement. Car il n'y a jamais de fin ni de début. Tout évolue en spirale, comme dans un cycle. On donne à la dernière lame et à cette carte, soit le numéro zéro soit le numéro 22. Le 21 forme le cycle complet ; et le 22 est donc le retour à zéro… Cette lame est celle qui représente la vacuité, l'illumination, le haut de la tour et ses 22 créneaux. Mais elle est aussi la carte qui sépare le cycle accompli du cycle qui va commencer, comme l'espace de vide qui existe entre un expir et un inspir, dans le cycle de la respiration…

— Je comprends... Il n'y a donc pas de fin... Alors, le 22 est le chiffre de Marie-Madeleine ?

— Oui... Comme tu le vois, il y a deux chiffres 2 dans le nombre 22. Le chiffe 2, étant la dualité et le féminin. La femme est duale par excellence. Elle est le cycle de la nature, qui n'a pas de début et pas de fin. Dans la nature, tout vit, tout meurt et tout se transforme pour revivre de nouveau. La dualité, le 2, c'est la matière, le corps et le principe féminin… Le principe masculin, lui, c'est l'unité. C'est l'esprit, la vacuité, le UN.

— Et bien, je vois. Cela devient un peu compliqué pour moi là… Revenons à nos moutons. En bref, Marie-Madeleine avait elle aussi suivi une initiation grâce à l'énergie de la Kundalini, c'est cela ?

— Oui… Et cette énergie passe par sept centres énergétiques dans le corps, qui sont les sept «chakras».

— Les sept, quoi ?

— Chakra signifie *roue* ou *disque.* Ce sont les points de jonction des canaux d'énergie dans le corps. Ces chakras sont représentés par des fleurs de lotus ; et ils marquent sur le corps de l'homme et de la femme, les étapes de la progression de la kundalini le long des *Nâdi* (canaux), *Sushumna* (le canal central parasympathique), *Ida* (canal sympathique gauche) et *Pingala* (canal sympathique droit), qui relient entre eux les *chakra* (centres d'énergie).

— Pff, je ne comprends rien…

— Symboliquement, ce que je viens d'expliquer, tu peux le représenter avec le caducée avec les 2 serpents (les 2 canaux) qui s'enroulent le long d'un bâton (le canal central). Chaque Chakra a une couleur qui lui est associée, les mêmes couleurs que les couleurs de l'arc en ciel… Le dernier chakra, le « *chakra* aux mille pétales », correspond à l'aboutissement du déploiement de la kundalini, équivalent à l'éveil spirituel, ou aux 22 créneaux de la Tour si tu préfères. Tu peux regarder sur le mur à ta droite, à quoi cela ressemble si tu veux...

Je tourne mon regard vers un dessin affiché au mur, et essaie d'associer ce que je vois avec mon propre corps…

Même si j'ai du mal à tout intégrer, je suis passionnée par tout ce que cette femme me raconte. Je la laisse poursuivre en buvant ces paroles.

— C'est pour cela que l'on a parlé de Marie-Madeleine qui était dominée par sept démons ; car quand cette énergie se réveille, elle active les sept centres énergétiques. Voilà pourquoi toute une série d'épreuves survient à chaque étape, en fonction d'où se situe l'énergie qui monte. Il convient alors à chaque étape de dompter son dragon intérieur, de passer les sept passages, ou sept sceaux, pour transformer les sept vices ou les sept péchés capitaux, en sept vertus ! C'est d'ailleurs pour cela qu'il y a cette symbolique du diable à l'entrée de l'église de Rennes le Château, ou que l'on parle de « gueule infernale » à Galamus. Pour chacun d'entre nous, il s'agira de faire face à ses ombres et ses propres vices, à chaque étape pour les transformer. C'est cela, chevaucher son dragon. Cette symbolique est d'ailleurs partout présente dans les contes, où chaque héros a sa série d'épreuves pour atteindre le Graal, l'amour de sa bien-aimée…

— Ah, je comprends pourquoi j'ai eu si peur de devenir folle, quand cette énergie s'est activée. Et c'est pour cela que j'ai vécu des épreuves financières, une séparation, un licenciement, au moment de cet éveil de Kundalini ! Tout s'explique ! J'ai ressenti toutes mes plus grandes blessures : insécurité financière ; sentiments de solitude, d'exclusion et d'abandon ; impression de déchirure intérieure ; grande tristesse et abattement ; sans parler d'une immense colère contre la terre entière à cause de tout ce qu'il m'arrivait ! J'étais pleine de ressentiments !

— Ce sont toutes les émotions que tu avais enfouies et refoulées.

— J'ai aussi senti cette énergie qui frappait à certains endroits de mon corps, comme si elle ne pouvait pas circuler, sûrement au niveau des chakras dont tu parles. J'ai même vomi, eu des plaques de boutons, eu des sensations d'étouffement… J'ai fait des bonds dans mon lit. L'énergie bloquait énormément au niveau de mon sternum. C'est comme si elle n'arrivait pas à passer à cet endroit de mon corps. Et maintenant que j'y pense, c'est ici précisément que Marie-Madeleine dans ta canalisation m'a donné le plus d'énergie, comme pour décoincer quelque chose.

— C'est parce que cet endroit est le siège des émotions.

— Je te remercie vraiment pour toutes ces explications. Grâce à elles, je comprends mieux pourquoi tout s'est accéléré dans ma vie, depuis cet éveil de kundalini.

— Oui, tu vis tes plus grandes peurs qui sont les passages des trois premiers Chakras, qui sont eux en lien avec la matière et les énergies plus denses, pour t'en libérer et accéder à la seule énergie qui en vaille la peine : l'amour. Cet amour, tu le ressentiras au niveau du cœur qui est le 4e chakra, une fois nettoyée des chakras du bas. Ensuite, ce seront les énergies divines et plus subtiles qui entreront en action pour atteindre l'éveil de la conscience du dernier chakra... À ce propos, il faut que tu saches que certaines personnes ont les chakras du haut très ouverts, mais ils sont complètement désincarnés, en fuite par rapport au monde de la matière. Or le vrai éveil, c'est l'ouverture des chakras du bas (Matière), et du haut (Esprit)… le lien entre les deux se faisant au niveau du cœur. Pour l'instant, ton initiation a lieu dans la matière. Chaque chose en son temps…

— Ouaou ! Quelle démonstration !

— Oui, tu sais maintenant que la Kundalini active les sept chakras. Elle transforme les sept péchés capitaux en sept vertus, ou autrement dit, elle expulse les sept démons du corps ! Tu sais aussi que les sept fameux démons auxquels Marie-Madeleine a dû faire face sont la représentation de l'activation de ces sept sceaux du corps, correspondant à des passages… Et, tu peux imaginer que quand les sept Chakras rayonnent, on devient un être réalisé, comme Marie-Madeleine l'est devenue. Ce rayonnement est d'ailleurs représenté comme je te le disais par l´aura ou l'auréole des saints, par les ailes du caducée, par les 22 créneaux de la tour Magdala de Rennes… Notre Pécheresse Marie-Madeleine s´est donc transformée en Prêtresse, grâce à cette énergie qui part du sexe, et qui traverse chacun des chakras, libérant les ombres de chaque passage pour les transformer en lumière. Faut-il alors s´étonner que l'on veuille que son nom soit Migdala, TOUR ? En effet, cette énergie éclaire chacun des sept étages de cette tour, pour former une colonne lumineuse de la terre vers le ciel.

— Je suis bluffée…

— D'ailleurs, 7 est un chiffre clé. On y fait référence partout : dans la bible, dans les contes, dans la vie courante... Il y a sept jours de la semaine ; sept jours de la création ; sept couleurs de l'arc-en-ciel dont chacune correspond à un chakra ; sept notes de musique; sept sacrements ; sept nains (7 émotions) de Blanche Neige qui travaillaient dans une grotte. Il y a les bottes de sept lieux…[15]

— Je comprends mieux pourquoi on dit que les contes sont initiatiques, et donnent des informations sur nos processus de transformation internes. Je pensais que ce n'était que des symboles. Je n'avais pas envisagé que nous humains pouvions expérimenter ce genre de chose… Maintenant que je le vis de l'intérieur, je cerne toute l'importance de ces histoires que l'on ne raconte même plus aux enfants, préférant les caler devant la télévision ou leurs ordinateurs portables !

— Oui, on ne transmet plus l'essentiel... Pourtant, on parle à l'inconscient grâce au symbolisme des contes. Et, de plus en plus de personnes vont être amenées à vivre ce processus de transformation qui n'est pas facile. Il demande de faire face à son propre dragon intérieur, à ses ombres, à ses propres vices, et à ses propres épreuves. Et voir ses ombres demande beaucoup de courage… Ce processus est en marche au niveau global avec toutes les crises actuelles, et au niveau individuel pour chacun d'entre nous… Il est réellement en marche… Et peu de personnes ont l'information nécessaire qui pourrait les aider. Pourtant, ce savoir existe.

Je suis absolument interloquée par toutes ces révélations. Tout est crypté partout pour celui qui cherche. Les Alchimistes avaient cette connaissance. Quelques sociétés secrètes enseignent ces initiations. Les contes sont remplis de symboles qui donnent les clés pour cette transformation… N'est-il pas temps que cette connaissance soit divulguée dans cette période de grand changement ?

Je poursuis mes questions :

— La première fois que j'ai vu Marie-Madeleine en vision, c'était dans une grotte. Elle est représentée dans une grotte dans l'église de Rennes le Château. Pourquoi la grotte ?

— C´est un rite très ancien que celui du retour au sein de la Terre, à la Matrice. Ce n´est pas par hasard si Marie-Madeleine est représentée en Pénitente dans la grotte ou la caverne. C´est le symbole d´un rite d´initiation.

Je prends conscience que j'ai effectué un tel rite, sans en avoir la connaissance préalable. Je réalise de nouveau que je suis extrêmement bien guidée et accompagnée, depuis le démarrage de mon processus de transformation intérieure.

Moïra poursuit :

— La Grotte symbolise la descente aux enfers, ou le royaume des ombres. C'est un rite d´initiation. On descend dans les profondeurs de la terre, pour dépasser successivement ses vieilles blessures et ses peurs, pour pouvoir franchir les sept étapes dont nous avons parlé, c'est-à-dire l´ouverture de ses sept chakras… Dans cette étape, on se déshabille de nos vieilles croyances qui ne fonctionnent plus. On se dénude au fur et à mesure. Par exemple, Robinson, dans « Vendredi ou les Limbes du Pacifique », au début de son aventure, se glisse dans une fissure très étroite, de telle sorte qu'il a l'impression d'être dans le vagin de son île. C'était la seule voie pour atteindre une grotte, où il adoptera la position de fœtus, dans laquelle il ne peut entrer que complètement nu. Il retourne ainsi au sein de cette île mère, en se dépouillant de toutes ses parures.[16]

Je rétorque encore une fois étonnée par la similitude du rituel que je viens de faire avec Charles et Marie :

— Mais c'est fou, j'ai ressenti la même chose hier dans la grotte ! C'était comme si j'étais rentrée dans un sexe, celui de la terre. ! J'ai voulu faire un rituel de renaissance dans une grotte. J'ai ensuite revécu mes blessures du passé, mes peurs, mes ombres… pour m'en dépouiller, et tout cela pour renaître !

— Oui c'est exactement le symbole de ce retour au centre de la terre pour vivre sa traversée des ombres. C'est d'ailleurs sous terre dans les cryptes qu'il y a les vierges noires. Elles sont le symbole de ce même passage obligé de tout initié… Jules Verne a repris cette symbolique quand il parlait de la terre creuse et du voyage en son centre, avec toutes les épreuves qu'ont subies les voyageurs. Ou encore, on retrouve cela dans Alice aux pays des merveilles qui tombent dans un trou au fond de la terre…

— Oui, je vois, cette image de la grotte ou de la caverne est très forte. Et le crâne alors, quelle est sa symbolique ?

— Le crâne est le symbole de la connaissance et de la conscience. Marie-Madeleine incarne cette connaissance, la *Sofia,* la *gnose,* qu'elle a expérimentée grâce à son initiation, et le crâne est son symbole… Comme tu vois, je suis entourée de crânes de cristal dans ma maison, car leurs énergies sont puissantes… Prends un crâne dans tes mains… Laisse-toi guider par un crâne qui t'appelle… Et sens-en la vibration…

Je déambule dans la pièce sombre. J'ai l'impression que tous ces crânes me regardent… Je me rappelle alors le crâne que Marie-Madeleine m'avait mis dans la main dans ma première vision, pendant le stage de coaching. Je me remémore ma première rencontre avec elle… Je suis encore étonnée par cet heureux hasard, de me trouver avec une femme qui canalise Marie-Madeleine, et qui me demande de prendre un crâne dans les mains, dans une pièce qui ressemble à une vraie grotte. Tout cela comme dans ma vision initiale… Cette vision s'incarne aujourd'hui, quelques mois plus tard…

Pendant que je poursuis ma recherche du crâne, Moïra me lance :

— Descends dans ton corps Charline pour sentir… Arrête une minute de penser. Prends une grande inspiration… Laisse-toi aller…

Pff… oui OK…, je vais faire ce qu'elle me demande. Mais, me sentir observée par Moïra et par tous ces crânes, m'empêche d'être vraiment relâchée. C'est vrai que ma tête mouline. Je ne sais pas comment Moïra a fait pour s'en rendre compte. Je respire un bon coup, pour tenter de faire le vide dans ma tête.

J'ai alors comme une vibration électrique dans le bras droit… Et, je suis immédiatement attirée par un tout petit crâne rose en quartz. Pourtant, il y en a des biens plus gros et impressionnants dans cette pièce.

Je me dirige vers ce petit crâne … et la vibration de mon bras se fait plus forte. Quand je m'éloigne… la vibration diminue. C'est bien celui-là qui m'appelle.

Je suis vraiment ébahie de pouvoir sentir tout cela. Décidément, toute ma rationalité est en train de partir en fumée dans cette contrée.

Je prends donc dans ma main, ce crâne qui vibre très fort. Et là…, je suis en communion avec ce crâne. Ma tête se vide de toutes mes pensées. Je ne sais plus rien… Je ne connais plus rien… Je n'appréhende plus rien… Je suis même limite perdue… Je tente de saisir quelque chose au passage, une pensée, un mot pour me rassurer, mais il n'y a que du vide. J'ai envie de lâcher ce crâne, pour revenir à du connu ; mais je ne le fais pas. Je n'ai plus aucune notion du temps… Je ne sais pas si je me sens bien ou mal, car je ne sais plus ce que bien et mal veulent dire… Ou, peut-être que j'ai mal, car je me sens bien ; ou que je suis bien, car je me sens mal… Tout est paradoxe et unité en même temps… Je ne sais pas combien cet instant dure… Cela me semble être une éternité… Cela me semble être un bref instant… C'est confus et clair en même temps…

Moïra me prend le crâne des mains… Je suis un peu dans un brouillard semi-cotonneux. Je la vois emballer ce crâne dans un papier journal. Lentement, je reprends mes esprits.

— Mais que s'est-il passé ?

— Tu as fait la rencontre avec ton crâne, celui qui va te guider sur ton chemin de la conscience… Je m'apprête à faire une chose que je n'ai jamais faite. Je vais te donner ce crâne, car il ne peut en être autrement. C'est un cadeau que je te fais, au nom de Marie-Madeleine, et du lien qui s'est tissé entre nous deux dans cette pièce. Si tu es venue ici aujourd'hui, c'est pour recevoir ce présent. Ce crâne est pour toi. Il t'attendait. Sa vibration est forte. Tu viens d'en faire l'expérience. C'est à toi de mesurer l'impact qu'il peut avoir sur toi. Rentre en lien avec lui petit à petit ; et vous saurez vous accorder tous les deux, sans que cela soit trop difficile à gérer pour toi…

— Mais je ne peux accepter ce don… Cela est bien trop !

— Il faut que tu apprennes à recevoir, Charline. Refuser un tel présent, après ce que tu viens de vivre, et après la guidance que tu as eue pour être venue jusqu'à moi, est une chose impensable ! Alors, ne prononce pas une seule parole de plus, chère sœur de cœur ! Allez, file !

20h00 : Je me retrouve sur la place du village, avec ce paquet en papier journal dans les mains. Je me sens tout à coup perdue…

Toutes ces synchronicités magiques qui s'enchainent les unes après les autres me font à cet instant, très peur… Pourquoi m'arrive-t-il tout cela à moi ? Je me sens tellement petite, sans valeur, misérable. Je n'ai pas envie d'accueillir toute cette puissance que je ressens. Je n'ai pas envie de recevoir un tel cadeau ! Je n'ai pas envie de vivre tout cela ! C'est tellement difficile de recevoir quand on n'en a pas l'habitude !

Je n'ai qu'une envie, c'est revenir dans mes anciennes habitudes et ma petite vie d'avant. Je veux retrouver ma zone de confort ! Cet inconnu devant moi me fait trop peur. Le connu, c'est tellement plus simple ! Même si ce connu est minable et insignifiant.

Et là le discours de Nelson Mandela, que j'avais affiché dans le couloir de mon appartement marseillais, me vient dans la tête comme une chanson :

« Notre peur la plus profonde n'est pas d'être nul et incapable.
Notre peur la plus profonde, c'est d'être puissant au-delà de toute mesure.
C'est notre lumière, et non pas notre ombre, qui nous effraie le plus.
Nous nous demandons :
Qui suis-je pour être brillant, talentueux, génial ?
Mais la vraie question devrait dire :
Qui êtes-vous pour ne pas l'être ?
Vous êtes un enfant de Dieu.
Rester jouer dans votre école maternelle n'offre aucun service au monde d'aujourd'hui.
Il n'y a rien de saint ou d'illuminé à vous rétrécir et à vous cacher pour ne pas insécuriser votre entourage.
Nous sommes nés pour manifester la gloire de Dieu qui est en nous.
Ce n'est pas limité à certains, c'est en nous tous.
Quand nous laissons briller notre lumière, les autres ressentent inconsciemment la permission de faire de même.
Quand nous nous libérons de notre propre peur, notre puissance libère automatiquement les autres. »

Je trouvais ce texte magnifique et je me plaisais à le relire. Mais maintenant, je prends toute l'ampleur de ce que réellement ce texte dégage, parce que je vis dans ma chair ce qui y est écrit. Oui, je vis là, sur cette place du village, cette peur d'être différente et puissante. Je vis cette peur du changement. Et je n'ai qu'une envie, c'est de me rétrécir pour rentrer dans un trou de souris, ou pour retourner jouer dans la cour des maternelles. La cour des grands me fait trop peur…

28. LE FAUTEUIL DU DIABLE ET LA RIVIERE ROUGE

« Le Diable n'apparaît qu'à celui qui le craint. », Proverbe arabe

Même jour

21h00 : J'ai déposé mon crâne dans ma chambre d'hôtel sur l'étagère. Je me repose sur mon lit, épuisée par toutes mes aventures. Il s'est passé tellement de choses dans cette contrée depuis hier ! Il faut absolument que l'on rentre demain à Marseille, car mon corps et ma tête ne pourront pas intégrer un évènement de plus !

Charles et Marie ne sont toujours pas revenus de leur escapade. Ils m'ont laissé un message sur mon lit de camp me signifiant qu'ils souhaitaient rester seuls pour aller manger au restaurant. Un sentiment de solitude puissant m'habite depuis… Je laisse faire, habituée maintenant au processus…

Grâce à tous les enseignements que j'ai reçus, j'essaie de ne pas me laisser submerger par mon scénario mental de solitude et de rejet que je connais trop bien. Je tente de ne pas me raconter ma version habituelle... Je regarde juste ce qu'il se passe en moi, comme me l'a recommandé l'Arbre de Vie. Je reste simplement vigilante à mes sensations.

Et j'observe alors, cette grosse boule qui m'envahit le plexus, les larmes qui mouillent mes yeux, la contraction de mon sternum. J'accueille et j'embrasse ce qu'il se passe dans mon corps. Et étonnamment, grâce à cette observation simple, ces sensations corporelles deviennent plus légères, jusqu'à devenir même presque agréables. Les blocages se dissolvent petit à petit ; et font curieusement place à une douce chaleur qui se diffuse subtilement dans tout mon corps.

Est-ce cela la clé ? Vivre ses sensations en conscience, y compris celles que l'on ne veut pas sentir par peur de se relier à une trop grande douleur ?

Je viens de plonger dans mes blessures, et la boule dans le plexus qui était très compacte s'est élargie. J'ai eu au départ l'impression d'étouffer, puis cela s'est adouci.

Comment est-il possible de vivre maintenant autant de douceur, dans ce lieu de mon corps qui était si douloureux ? Quel paradoxe ! Comment des sensations et des émotions peuvent-elles changer aussi vite ?

Je comprends en cet instant et grâce à cette expérience à quel point l'impermanence des choses est une règle qu'il faut savoir accepter en ce bas monde... Pourquoi vouloir tout garder fixe et immuable, alors que par définition tout est changeant ? Quelle illusion que de résister à cette grande règle de la vie ! Les émotions ne sont pas faites pour durer. Elles ne persistent que parce qu'on s'y accroche, ou parce qu'on ne veut pas les sentir pleinement...

Je plonge dans mes ombres et mes peurs, et j'y trouve une lumière et du soutien. Je me sens curieusement entourée, alors qu'il y a deux minutes à peine je n'éprouvais que de la solitude et du rejet !

Aujourd'hui, je trouve un appui dans un monde inconnu. J'ai pour la première fois une ressource dans laquelle je peux puiser à souhait. Et cette ressource est en moi. Loin de tout ce que la société nous offre et nous étale chaque jour dans les panneaux publicitaires : possession, argent, objets, amants... Quelle trouvaille !

Je constate un soutien dans mon isolement, un plein dans l'accueil de mon vide, une certitude dans l'accueil du mouvement incertain de la vie..., une lumière dans l'obscurité...

21h30 : J'ai besoin d'aller prendre l'air et de me promener dans cette nature luxuriante que j'observe depuis ma fenêtre, afin de profiter de cette sérénité retrouvée.

Après une petite promenade, je marche le long de la route goudronnée à la sortie du village, pour essayer de trouver un sentier... Sur la droite, je repère une montée en goudron que je décide d'emprunter, pour m'écarter de la route principale. Je passe alors plusieurs habitations qui me semblent être un havre de paix. Tout de suite après sur la gauche, semble se dégager un chemin forestier. Je décide donc de m'y engager ; et dès le début de mon ascension, je remarque un petit panneau m'indiquant : « *Le fauteuil du diable…* »

Mon souffle devient court… : encore une histoire de diable… Cela me rappelle celui de Rennes le Château à l'entrée de l'église, ou « *la gueule infernale* » près de Galamus. Est-ce encore un clin d'œil de l'univers, pour m'informer que je suis en pleine traversée de mes ombres et de mes peurs ?

Je prends donc cette direction, même si ma tête me recommande fortement de prendre mes jambes à mon coup.

La montée est de plus en plus abrupte. Mes jambes deviennent lourdes… J'entends quelques oiseaux au loin. Cela égaye un peu le sentiment de lourdeur qui me tenaille de nouveau la poitrine. Moi qui avais trouvé la paix, il y a une demi-heure à peine ; voilà de nouveau que je ressens ce poids au niveau de mon plexus. À croire que cela n'était pas complètement parti !

Mes tempes bourdonnent à cause de l'afflux de sang dans ma tête… Que voulez-vous ; le sport et moi, cela fait : deux ! Je suis presque sur le point de renoncer, tellement mon souffle devient court et tellement mes jambes forcent.

Puis tout à coup, j'aperçois au loin un genre de rocher qui domine un ravin. J'entends également comme un bruit d'eau… Je m'avance, et je vois une petite source couleur rouille qui coule. Je trouve cela assez insolite.

Mon corps tremble et une autre vision m'apparaît : une rivière de sang…, rouge écarlate… J'ai l'habitude maintenant de ce processus, de ce corps vibrant et de ces apparitions visuelles soudaines. Mais pourquoi cette vision ? En cet instant précis ? Est-ce l'approche du fauteuil du diable qui me fait entrevoir cette image plutôt gore ? En même temps et curieusement, cela ne m'effraie pas.

Je fais donc quelques pas… Et là, devant mes yeux, se tient un fauteuil de pierre ! Oui, vous avez bien entendu ! Un fauteuil ! Avec des inscriptions bizarres dessus ! Je suis tellement épuisée que je n'ai qu'une envie : m'asseoir ! En même temps, une certaine angoisse m'envahit. N'est-ce pas le fauteuil du diable en personne ?

Il faut être complètement folle pour se rendre dans ce lieu, seule, à la nuit tombée ; et d'avoir envie de s'asseoir sur le fauteuil du diable ! Non ? Et la rivière de sang, n'est-ce pas un avertissement ?

Je regarde l'heure sur mon iPhone : 22h22… Étonnant… 22 le chiffre de Marie-Madeleine ! Me reviennent en mémoire les 22 marches…, les 22 créneaux…, sa fête le 22 juillet…, la couleur rouge sang de sa robe…

J'ai peur… En même temps, je réalise que je ne suis pas là par hasard. Si je suis ici, c'est forcément que j'ai quelque chose à y faire… Même si ma première tentation serait de fuir, je ne sais que trop maintenant que je dois suivre les signes. Et je sais pour l'avoir déjà expérimenté, que si je n'écoute pas ces signes, ma vie prendra une tournure inadéquate.

Je dois donc m'asseoir… en cet instant précis… à 22h22 tapante…

Je prends une grande inspiration… Mes jambes vacillent… Je m'avance… et m'assieds…

Le dos calé, bien droit, les bras sur les accoudoirs, je trône… Je sens la pierre froide sous mes fessiers. Je ferme les yeux, et…

une puissance énorme part de mon sexe et de mon utérus. Elle fait vibrer tout mon corps… Encore. Mais pourquoi une nouvelle fois ces mouvements du corps, cette vibration, ces tremblements ?

J'entends de nouveau une voix :

— *La raison est simple... Tu t'es coupée du corps alors que c'est là que réside la plus grande clé de la spiritualité, surtout chez la femme. La femme est la prise de Terre de l'humanité. Mais elle ne remplit plus cette fonction depuis longtemps, car elle est devenue dans votre société souvent bien trop intellectuelle ! Et c'était d'ailleurs ton cas… Ce que tu ressens c'est l'énergie tellurique. Ton corps tremble, car cette énergie essaie de circuler en toi. Mais, il y a encore trop de barrages, parce que certains de tes chakras sont bouchés. Quand elle pourra mieux passer et mieux circuler; et quand tu auras libéré toutes tes émotions refoulées et stockées ; alors ce sera plus fluide et plus doux…*

— Mais qui es-tu ?

Je lui pose cette question même si je suis inquiète de la réponse, craignant que ce soit le diable en personne qui ait décidé d'engager la conversation.

— *Je suis la Déesse obscure... Je suis Kâli, la noire, la vouivre, la vierge noire, la sorcière. Donne-moi le nom que tu veux. Je suis le fauteuil du Diable ou le fauteuil d'Isis. Je suis l'énergie exigeante de la déesse de la mort et de la vie. Celle qui peut détruire les formes anciennes pour faire place à des nouvelles. Je suis la Déesse destructrice et créatrice. Je suis la Vie/Mort/Vie, le Chaos à partir d'où tout se construit. Je suis la Déesse des profondeurs... Je suis la Lune, celle qui éclaire la nuit et les ombres... Je suis celle qui fait découvrir qu'au fond du puits obscur, il y a une lumière aveuglante.*

— Au fond du puits ? Quel puits ?

— *Ton utérus, ton sexe, ton ancre, ta prise de terre.*

— Quoi ?

— *Oui, je suis celle qui te met en lien avec les forces de ton utérus, là où tu peux te reconnecter avec les forces cycliques de la nature et avec ta puissance de femme.*

J'écoute cette voix, et je suis en même temps tentée de fuir. Je m'observe assise sur ce fauteuil à la tombée de la nuit. Je suis envahie d'un flot d'émotions : tristesse, angoisse, peur et colère, de me retrouver dans cette situation incongrue une nouvelle fois, alors que je ne rêve que de tranquillité et de routine.

Limite agacée, je demande :

— Mais de quoi parles-tu ?

— *Dans le corps des femmes, il y a des cycles de vie et de mort. Vous vivez chaque mois à travers vos menstruations les cycles de la nature. Votre endomètre se crée et se détruit par le sang qui coule entre vos jambes. Là réside le secret de votre puissance. Or, vos sociétés mettent le couvercle sur l'importance de vos cycles ; et sur le pouvoir que cela donne aux femmes d'accéder à leurs corps, à leurs utérus, à leurs sexes, et à la sagesse qui s'y trouve.*

— Ça y est ! C'est reparti les délires...

— Charline, tu ne pourras pas explorer ton féminin si tu ne réhabilites pas ton sexe et ton utérus dans ton cops. Tu ne pourras pas non plus intégrer ta féminité sans intégrer la phase primordiale de la puberté, et entendre les mots qui sont nécessaires à cette intégration des menstruations.

— Euh, je ne vois pas l'intérêt de revivre cette phase de la première fois que les « Anglaises ont débarqué »... Je ne vois pas de quoi en faire tout un plat, d'ailleurs !

— Pourtant, sais-tu qu'il y a des mots qui sont essentiels dans le temps initiatique des menstruations ? T'a-t-on posé des questions au temps de tes premières règles ? As-tu vécu ce passage de façon positive ? A-t-il été accompagné de paroles éclairantes ? Te souviens-tu du premier jour de tes règles ?

— Pardon ? Mais pour quoi faire ? Quel est l'intérêt ?

Mon irritation est à son comble ! J'ai crapahuté pendant une heure pour me retrouver sur le fauteuil du diable qui me parle de mes premières « ragnagna » ! C'est le comble !

La voix, elle, poursuit son discours imperturbable...

— Depuis des siècles, les règles des femmes ont occasionné des attitudes de déni. Tu en es d'ailleurs la preuve ! Je vois à quel point cette conversation te met mal à l'aise, et combien tu es tentée de fuir, peu habituée à parler de la « chose »... Les notions d'impureté, de souillure ont été attachées à ce moment pourtant essentiel des menstruations. À l'époque, on isolait même parfois les femmes indisposées du reste de la communauté. Dans notre culture occidentale d'aujourd'hui, ce sang des règles est tabou. Les femmes ne sont pas censées y porter une attention de façon particulière. Elles se cachent même et se protègent de son flux. Comment bien vivre sa féminité, alors même qu'il existe des regards négatifs portés sur la femme et ses règles ? Notre société cherche à les gommer, et même à les faire disparaître du planning des femmes ; alors que c'est un élément essentiel à votre reconnexion à votre nature et à votre corps. Cette négation du féminin aujourd'hui risque de couper les femmes à jamais de leurs fonctions créatrices et nourricières ! Pourtant, il s'agit du

sang, de la sève, de la racine même de la vie ! Comprends-tu la portée de ce que je te dis ?

— Ben, j'ai un peu du mal…

— *Il est essentiel que tu ressentes, à quel point les menstruations sont un temps sacré. C'est un moment magique, car il correspond au cycle de montée et de déclin de la lune, au mouvement du flux et du reflux des marées, au mouvement de la Vie/Mort/ Vie de la nature, aux cycles des saisons de la planète terre. Ce sang constitue la substance la plus extraordinaire et la plus magique qui existe sur notre planète.* [17]

— C'est marrant, tu parles du sang et de sa force… Je venais juste d'avoir une vision d'une rivière de sang… Mais, j'ai tout de suite assimilé cela à quelque chose d'horrible et de gore…

— *Oui, l'assimilation du sang avec quelque chose de mauvais peut être vite faite. Pourtant, tu as ressenti l'appel de la Déesse des profondeurs… Tu es en train d'accepter notre rencontre. Tu as commencé à accepter de laisser survenir dans ta vie la non-activité, le silence, l'accueil de ce qui vient à toi, là dans le noir, avec moi. Et c'est là que réside la promesse de la libération et du renouveau… Dans les profondeurs du parcours de chaque femme, il y a cet appel inconscient à se souvenir de cette rencontre ancienne et sacrée avec les forces du sang, de la terre qui traverse le corps des femmes.*

— Mais pourquoi nos sociétés ont-elles tant décrié, ce que tu prétends être sacré ?

— *Parce que les gens ont peur de cette descente. C'est le parcours qui conduit à l'éclairage de ses ombres ou de ses émotions refoulées. C'est une déconstruction. C'est l'écroulement de toutes les illusions. C'est faire face à son dragon. Pourtant ce dont vous avez peur est en réalité le trésor au centre de votre être, la source de l'énergie féminine dont vous avez été si longtemps sevrées. Ce dragon que le héros finit toujours par tuer, ce monstre qui vit au fond de l'océan, ce diable tapi au fond des bois, voilà pour la femme qu'il devient son sauveur. C'est une initiation.* [18]

— D'où le nom de « fauteuil du diable »…, d'où l'amalgame que les religieux faisaient entre les femmes et le démon…, d'où le nom de sorcières pour ces femmes puissantes de l'époque, d'où les buchers…

— *Oui...*

— Mais moi je n'ai plus vraiment de cycle, car je prends une pilule à base d'hormones.

— *C'est pour cela que je tire la sonnette d'alarme. Tes menstruations te mettent en rapport à ton corps, à tes émotions et à ta sensibilité de femme ! Vouloir les stopper, c'est essayer de te rendre linéaire alors que tu es par nature cyclique. Tu es duale et cyclique, car le féminin est matière et corps. Vouloir stopper tes cycles menstruels, c'est te couper de ta réceptivité à la sagesse de la nature. C'est renier la vie en toi. Le sang c'est la vie même, et il véhicule l'oxygène. Si tu le renies, la vie dont le sang est porteur cherchera un passage, quoi qu'il t'en coute. C'est pour cela que la kundalini s'est réveillée si fort chez toi. Pour que tu te reconnectes à ton corps, et à ta nature que tu avais tant reniée ! Enfin ! Tu en étais tellement loin ! Le sang, c'est la vie. Renier le sang des règles, c'est mourir à ta nature de femme. Et toi, tu dois renaître au féminin. Mais, les images véhiculées par la religion t'ont fait aller à l'inverse de la direction que tu étais censée prendre.*

— Quelles images ?

— *Par exemple celle de la vierge Marie qui est une image céleste de la femme. Tu n'as cherché qu'à vouloir atteindre cet archétype pour être parfaite, jusqu'à nier ton propre sexe ! Mais il n'est qu'un aspect du féminin. Et toi, tu avais besoin de retrouver ta femme et tes racines. Et maintenant, il est temps que tu te relies à la puissance sacrée de ton sang et de tes menstruations. Car c'est à ces moments que la femme est le plus en lien avec le cosmos. C'est à ce moment-là que dans les tribus, on consulte les rêves des femmes...*

— Est-ce pour cela que Marie-Madeleine est vêtue de rouge, et qu'elle est représentée au pied de la croix ?

— *Oui... C'est l'image de la vie qui circule. Marie-Madeleine est une image incarnée du féminin, à la différence de la Vierge Marie. Comme tu le sais, elle est habillée de rouge et aussi de vert... Le rouge c'est la couleur du sang et de la vie : les menstruations, le sang qui coule dans les veines et qui véhicule l'oxygène. Le vert symbolise la couleur de la nature et de la chlorophylle. Les couleurs de Marie-Madeleine sont donc les couleurs de la vie sur terre, de la nature, des choses du corps. C'est la femme sauvage avant d'être la spirituelle. Marie-Madeleine est le vivant, le vibrant, la terre, la force tellurique, l'énergie, la montée dans la tour. Elle est l'initiation à travers les différentes étapes, les 22 marches, les 22 étapes initiatiques représentées par les 22 lames du tarot, pour passer de l'ombre à la lumière, des sept démons aux sept vertus. Elle est celle qui fait vibrer les sept chakras, du plus bas au plus haut. Elle est celle qui relie l'ombre et la lumière... Elle est celle qui relie la pluie et le beau temps pour donner l'arc en ciel avec ses sept couleurs et ses sept vibrations. Elle est celle qui fait vibrer les sept notes de musiques créant les plus belles harmonies... Elle est celle qui a le cœur irrigué par cette force de vie qui part des entrailles de la terre et de son utérus en coupe... Elle est celle qui sait transformer le brasier et le feu de l'enfer en un souffle divin ... Elle est celle qui sait regarder le démon avec les yeux de l'amour pour le transmuter en l'ange de la félicité...*

— Je comprends mieux pourquoi elle m'a appelé au secours alors ! J'étais comme morte, coupée du corps, de mes désirs et de mes envies. Ma tête était mon seul refuge ! Elle est donc venue me réveiller pour allumer le brasier de mon corps! J'ai préféré me fermer plutôt que d'avoir à sentir mes blessures d'enfance et le feu qui me rongeait. Mais ne pas sentir, c'est mourir, ou vivre à côté de ses pompes... Et Marie-Madeleine m'a remis dans mon corps, dans mon ventre et dans mes pieds !

— Oui. Et à ton avis, est-ce un hasard, si Marie-Madeleine est représentée au pied de la croix vêtue de rouge ? Est-ce un hasard si elle oint les pieds du Christ ?

— Euh..., je ne sais pas...

— Marie-Madeleine est bien ce symbole de la racine, de l'incarnation, de la prise de terre. C'est pour cela qu'elle est souvent représentée aux pieds du

Christ. Elle est l'ancrage dont les hommes ont besoin avant de monter vers les cieux. Elle marque le début de l'initiation du Christ : le début de l'initiation vers son éveil, le début de sa traversée des épreuves, et de ses blessures, le début de son processus de mort pour renaître et ressusciter... Il y a la même symbolique avec le démembrement d'Osiris : la rencontre du Roi-Soleil avec la Lune, une mort pour une renaissance. La découverte que quand il n'y a plus rien, il ne reste que l'amour. Le Christ a tout vécu : l'abandon, l'humiliation, la trahison, le rejet jusqu'à la mort pour renaître et ressusciter. Par ce sacrement qui était pratiqué dans les temples de la Déesse dans les anciens temps : oindre les pieds de Jésus ; c'est le faire Christ. Jésus démarre alors son chemin de croix... sa traversée du désert... le début de son ascension... Il est grâce au féminin reconnecté à ses sens et à ses sensations. L'homme n'est pas par nature connecté aux cycles de la nature, à son corps et à ses sensations. C'est la place de la femme que de le relier à la terre et à son corps.

— Je suis interloquée... Cette histoire a donc une symbolique forte pour nous tous ?

— *Oui, et plus pratiquement et de manière moins symbolique ; il est essentiel pour vous, les femmes, que vous retrouviez cet ancrage, avant que le monde parte à la dérive. Le monde d'aujourd'hui à cause des valeurs masculines et cérébrales renie la terre et son sol, diabolise les émotions et les sensations qui sont pourtant à la base même de la vie et la porte vers l'amour... Les hommes sont en perte de repère. Ils n'ont pas cet accès à la terre et la même facilité d'accès au corps et à ses sensations... Voilà pourquoi ils sont en quête de celles qui pourront leur donner cet ancrage nécessaire à leur évolution. Mais en même temps, ils en ont peur ; car c'est une traversée du désert qu'il n'est pas facile d'emprunter... D'ailleurs, si les hommes font souvent des sports à fortes sensations qui les mettent en danger, c'est pour sentir enfin ! Ils peuvent même partir en guerre pour se reconnecter à la vision du sang. Ou encore, il recherche dans la sexualité avec de nombreuses femmes, cette sensation de connexion au corps dont ils ont tant besoin ! Quand la vie est reniée, elle cherche par tous les moyens à se faire entendre ! Et votre société est devenue virtuelle, elle souille son sol. Elle ne trouve plus sa place à cause de son manque d'ancrage et de l'oubli du principe féminin. Il est essentiel de réhabiliter ce principe, sous peine de voir votre terre se détruire. Et les femmes ont pour mission de faire renouer les hommes avec le senti, le vivant...*

— Cela devient de plus en plus évident, tout cela. Toutes les guidances que je reçois me parlent de la même chose : d'éveil de Kundalini, d'ancrage, de terre, de corps, d'énergie tellurique…

— Oui... C'est la femme... La vie... As-tu d'ailleurs remarqué que la kundalini se trouve symbolisée sur votre Caducée, affichée dans toutes vos pharmacies ? Ce n'est pas un hasard. C'est la force de vie... celle qui redonne la santé... Mais d'abord, il y a ce passage dans l'ombre et les blessures.

Assise sur le fauteuil du diable, je prends conscience de la portée de cet enseignement… Je ferme les yeux et me connecte à mon corps qui vibre. Une puissante énergie me traverse le corps, et je me laisse emporter…

29. LE SEXE ET LE SACRE

« Dieu a donné un cerveau, un cœur et un sexe à l'humain, mais pas assez de sang pour irriguer les trois à la fois », Anonyme

Mardi 19 novembre

***2H00 :** Je fais l'amour au soleil. Je me sens femme. Je suis en train d'éclore comme une fleur. Mon sexe respire et s'ouvre telle une offrande. Les herbes s'entrelacent et dansent autour de mon corps. Mon corps, mes seins, mon sexe se plaquent contre la terre fraiche et humide. Je suis une femme. Je suis la terre. Elle est moi, je suis elle. Je me sens vivante.*

Je m'ouvre au soleil. Je m'offre en spectacle. Je lui donne ma vie, mon sang et mon énergie. En retour, je suis transpercée par ses rayons et je reçois sa lumière. C'est comme une danse sans fin.

Mon corps vibre et tremble avec les éléments. Mes seins se gonflent et pointent pour ressentir toute sa chaleur. Mon cœur bat. Mon sexe se dilate, et il s'ouvre comme une rose rouge aux mille couleurs et aux mille senteurs. Il coule semblant vouloir offrir sa sève à tout ce qui l'entoure. Il éclate de plaisir et je veux que cela ne se termine jamais.

Oh, soleil, tu es celui qui me permet de vivre et d'être si belle. Sans toi, je n'existerais pas. Je te remercie d'être si généreux et de donner sans attente. Ta lumière est intarissable. En retour, je te donne la vie et le sang que je sens dans mes cellules et dans mes veines. Je te donne ma beauté et mon corps tout entier. Et toi, tu me donnes ta lumière et ta chaleur…

Depuis que je ressens ta présence, je peux absorber la force de la terre et te la restituer. Je suis le trait d'union entre toi et la terre. Je suis une plante qui canalise pour toi l'énergie, et je te l'offre pour te donner un spectacle d'une grande beauté. Je suis le vivant et le vibrant qui te dédie son mouvement. Je danse autour de ton axe… Quelle extase… !

2h10 : Un claquement de porte me réveille en sursaut. Je suis en nage. J'éprouve un plaisir immense. Est-ce cela, la jouissance ? La vraie ? Mon Dieu, que se passe-t-il ? Si quelqu'un me voyait ? Je ne comprends pas ce qu'il m'arrive… Je crois bien que je viens de vivre un énorme orgasme ! Et voilà, maintenant, que cela se produit dans un rêve !

En général, je ne suis pas vraiment corporelle ! Le sexe n'a jamais été vraiment mon truc. Je me suis toujours concentrée sur des choses intellectuelles en reniant les choses du corps, probablement à cause de mon éducation judéo-chrétienne. Pour le coup, là dans mon lit, je suis un peu paniquée ! Même si mon réveil de Kundalini récent m'a reconnecté à mon corps ; et même si j'ai vécu depuis quelques orgasmes spontanés inexpliqués, je n'avais jusqu'alors jamais rien ressenti de tel !

J'ai une soudaine envie de crier « au secours » pour la bonne et simple raison que je viens de faire l'amour au soleil dans une chambre d'hôte, dans un lit de camp à côté d'un couple en déconfiture !

Il n'y a vraiment que moi pour vivre ce genre d'expérience ! C'est indescriptible, inouï, gênant et en même temps magnifique ! Je rougis seule dans la nuit…

C'est probablement la faute de ce sacré fauteuil qui m'a parlé de mon sexe, de mon sang et de mon utérus ! Quelle idée de m'être assise dessus aussi ! Je pressentais qu'il y avait quelques risques. Et voilà, cette chose devait arriver ! Et encore une expérience bizarre de plus… Une !

J'entends Marie qui se recouche après avoir soulagé sa vessie. Je comprends mieux maintenant d'où vient le claquement de porte qui m'a réveillée. Heureusement que cela m'a sorti de mon rêve ! Avec ce que je viens de vivre, il ne valait mieux pas que mon rêve continue ! J'aurais pu crier et réveiller tout l'immeuble, tellement mon ressenti orgasmique était fort et puissant !

Je vais être obligée d'ailleurs d'attendre un bon quart d'heure avant de tenter de me rendormir, pour que l'énergie dans mon corps se calme. J'ai de surcroit vraiment trop peur que cela puisse recommencer et que cela réveille toute la chambre !

15h00 : Enfin seule ! Charles et Marie m'ont déposé chez moi ! Mes fessiers posés sur mon bon vieux canapé, je suis aux anges ! Qu'il est agréable de retrouver un peu de sécurité, du connu, un territoire bien à soi ! L'aventure a du bon : me faire apprécier mes pantoufles à mon retour!

Le voyage de rentrée au bercail c'est bien passé. J'ai dormi tout le long du chemin. Avec la nuit que j'avais passée, cela n'a pas été difficile de trouver le sommeil dans la voiture. Je n'avais de toutes les façons aucune envie de discuter avec Charles et Marie. J'attendais tellement ce moment d'être à la maison !

Et enfin chez moi, je me pose la question habituelle. Comment vais-je faire pour intégrer une fois de plus, toutes ces nouvelles expériences : le baptême dans la grotte, la rencontre avec Moïra, le crâne de cristal, le fauteuil de diable, et ce satané rêve de ce matin à l'aube ?

Je finis par m'allonger sur le canapé où je m'étais assise, épuisée par tout ce périple. Je décide de méditer sur tout ce qui vient de se passer. Je sais qu'aller dans mon intériorité est une des clés essentielles pour assimiler tout ce que je viens de vivre. Mon espoir est grand de trouver par cette petite pause, un temps de paix et de sérénité profonde.

15h10 : Je me détends, je me relaxe… Je respire… Un expir… Un inspir… Je me concentre sur le mouvement de cette respiration et les vagues de mon ventre.

En plein milieu de ma méditation, une partie de mon corps se fait plus ressentir qu'une autre… Chose bizarre, il s'agit de mon vagin. Je le ressens plus que le reste. Cette partie s'est mise à fourmiller. J'y sens comme une grosse masse. Moi qui voulais trouver le calme par cette pratique, voilà que mon corps reprend du service !

Et là, j'entends :

— *Alors, comment était-il cet orgasme ?*

J'arrête immédiatement l'expérience, car cette phrase m'interloque ! Je suis tremblante. Que s'est-il passé ? Je n'ose plus bouger. Une envie énorme de pleurer me serre la gorge ! J'aspirais à la sérénité, et en échange j'obtiens une question d'une voix, issue de mon vagin. Si j'étais jusqu'à présent prête à toute sorte d'expériences, j'avoue que celle d'une discussion avec mon sexe me fait l'effet d'une goutte qui fait déborder le vase. Cela est trop ! Je ne peux plus... Je ne sais plus où j'en suis...

Après quelques minutes, j'essaie de me raisonner et de me calmer. Qui a dit que méditer permettait d'accéder à la paix ? Pourquoi faut-il qu'à chaque fois que je tente l'expérience, il m'arrive des choses insolites ?

Malgré la peur, l'irritation naissante et la tristesse de ne pas être comme les autres, je ressens pourtant au fond que je dois continuer cette pratique méditative... Néanmoins, une part de moi n'a pas envie de poursuivre. Engager la conversation avec cette partie de mon corps me rebute quelque peu... Elle est tellement loin, si loin de moi ; et depuis si longtemps !

Et puis converser avec son vagin n'a rien de banal ! Qui pourrait croire que la grande intellectuelle que je m'évertue de représenter aux yeux du monde se retrouverait un jour allongée sur son lit, en train de dialoguer avec la partie la plus intime et la plus refoulée de son anatomie ?

Cela me rappelle la pièce de théâtre « *les monologues du vagin* ». [19] Des copines m'en avaient parlé ; mais je n'avais jamais fait le pas d'aller la voir. Ce n'était pas pour moi un sujet intéressant... En effet, depuis bon nombre d'années, je m'étais coupée de cette partie de mon corps ; alors je ne voyais vraiment pas l'utilité de me rendre à une pièce de théâtre qui en parlait ! Le cerveau était la seule partie chez moi qui fonctionnait à 2000% !

Mais, en réfléchissant plus en profondeur, je comprends mieux maintenant la raison de l'époque d'écarter de ma conscience le fait que j'avais un sexe. Il y avait en effet quelques risques pour moi à aller voir ce qui s'y passe : risque d'être confrontée à une grande culpabilité à cause de mon éducation judéo-chrétienne ; risque peut-être aussi de ressentir du désir que je ne pourrais maîtriser ; risque de lâcher prise et de perdre le contrôle ; risque de ressentir ; risque de me sentir en situation de faiblesse et d'infériorité ; risque d'être une femme jugée comme impure…

Je prends alors toute la mesure du fait que cette partie de mon corps est pour moi remplie de peurs… Est-ce pour toutes les femmes la même chose ? Suis-je la seule à avoir des angoisses logées dans mon bas ventre ?

La liste des risques que je contacte est tellement longue que je comprends pourquoi j'ai tellement mis de temps à rentrer en connexion avec cette partie de mon anatomie ! Et c'est maintenant que cette occasion se présente !

J'ai presque envie tout à coup de hurler. Pourquoi est-ce que cette partie du corps n'est pas « nommable » pour moi ? Pourquoi entend-on parler chaque jour des sexes masculins qu'ils osent montrer, mesurer, comparer, affirmer à longueur de journée, alors que moi je ne sais même pas ce que j'ai entre les jambes ?

Pourquoi est-ce pour moi une chose si lourde, là, chargée de peur ? Pourquoi est-ce un lieu que je ne me donne même pas le droit de ressentir sans penser que c'est sale ; ou sans que le mot putain investisse mes pensées ?

Je suis tremblante, couchée sur mon lit, pleine de jugement sur l'orgasme que j'ai vécu cette nuit, remplie de terreur à l'idée que mon vagin puisse me parler.

Mais je suis courageuse. Je sais que je dois converser avec lui. Et je pressens que le fauteuil du diable est l'élément déclencheur de ce dialogue.

Je prends de nouveau une grande inspiration pour revenir dans ma méditation. Je suis prête…

— *Charline… pourquoi tant de peur ?*

— Parce que j'ai depuis toujours cette croyance que pour être une femme parfaite, il me fallait être une bonne mère, une épouse fidèle qui prend soin de son homme, une bonne professionnelle aussi. Et, j'ai inconsciemment une croyance que le sexe n'est pas quelque chose de pur. Je juge tout ce qui a trait au sexe. Tout le monde parle de cela, tout le temps. Les femmes sont vendues au nom du sexe. Les publicités montrent des images de femmes-objets. Je ne vois le sexe que comme un plaisir instinctuel qui n'est pas relié au cœur ! Et j'en ai marre de voir du sexe partout. Les hommes réclament du sexe tout le temps ! Les affiches, les pubs, tout me montre LE SEXE ! J'ai l'impression d'être un gros cornet de glace face aux hommes qu'ils vont rejeter une fois consommé ! Et en pleine évolution personnelle, j'ai peur que le sexe soit une entrave à mon évolution. Sans parler de tous les jugements que notre société a sur les femmes qui seraient libres de vivre leurs envies !

— *Et bien, il y en a des raisons ! Mais, si tu vois le sexe partout, c'est peut-être que tu as quelque chose à apprendre grâce à lui non ?*

— Euh… Je ne comprends pas vraiment ce que tu veux dire.

— *Et si tu t'arrêtais de comprendre pour une fois ! Et si tu t'autorisais à vivre ! Ne voies-tu pas, que tu m'as ignorée depuis tant d'années ? Ne comprends-tu pas que j'ai le droit de citée, comme toutes les autres parties de ton corps ? Ne ressens-tu pas ma puissance ?*

— Mais non, tu dois rester caché ! Le sexe, on ne doit pas en parler sous peine d'être traitée de prostitué ou d'impure ? Je ne veux pas être assimilée à ces femmes sur les affiches ! Dans l'éducation religieuse dont toute notre société occidentale est baignée, il y a seulement de la place que pour la vierge Marie ! Et moi, c'est à elle que j'ai choisi de ressembler ! Toute ma vie, j'ai souhaité être acceptée ; et te réhabiliter dans mon corps c'est bien trop risqué pour moi ! C'est prendre le risque d'être jugé, et moi je ne le veux pour rien au monde ! D'ailleurs, je veux évoluer spirituellement ; et t'habiter c'est redescendre ! Moi je veux monter !

— *Tu veux monter où ? Tu veux fuir le monde, c'est cela ? Tu crois que sur terre tout est mauvais ? Tu penses que ton salut est ailleurs ? Et pourquoi le sexe ne serait-il pas divin ? C'est naturel non ? Dieu a créé la terre, ton corps et ton sexe... La nature t'a doté d'un sexe, c'est pour s'en servir non ? Pourquoi le renier ?*

— Mais, parce que je suis au-dessus de cela !

— *Ça, c'est sûr ! T'es au-dessus, t'es dans ta tête ! Et tu te crois supérieure aux autres, qui pourtant eux savent utiliser ce dont la nature les a dotés !*

— Mais enfin ! Ça suffit ! Tu ne vois pas tous ces obsédés qui ne pensent qu'à sauter sur tout ce qui bouge ! Oui, je me crois supérieure à eux !

— *Tu vois du sexe partout, car cela te dérange ! Tu attires ce que tu crains ! Le message est clair ! C'est ton propre jugement sur les femmes qui te fait refuser la nature féminine. Ce qui te dérange est la part de toi-même que tu ne veux pas voir ! Mais au fond, tu attires ce que tu juges en toi. Pourtant tu as besoin de sexe, comme tout le monde ! Alors, autorise-toi à vivre le sexe et prends-y du plaisir !*

— Cela est trop pour moi pour aujourd'hui ! Je suis fatiguée... Je suis rentrée chez moi pour me reposer de mon périple. J'aimerais tellement être tranquille maintenant !

— *Tout s'apaisera quand tu feras face à ce que tu refoules depuis tant d'années ; en l'occurrence, à moi : ton vagin ! Et il n'est pas légitime que tu laisses mourir une partie de ton corps ! Laisse-moi t'expliquer en quoi ton sexe est divin, car ton mental a besoin d'être nourri pour comprendre et avancer ! Je vais donc argumenter sur le sexe, même si c'est la dernière chose dont le sexe lui-même a besoin. Tu es d'accord ?*

— Je ne sais pas si ça m'intéresse ton truc ! Remarque, je suis curieuse de connaître ton discours sur le sujet. Je ne vois pas trop ce que tu vas pouvoir dire sur la question, pour me convaincre de son bien-fondé !

— *Le contraire m'eut étonné, Charline ! Ton mental aiguisé est friand de ce que je vais pouvoir lui donner à manger ! Alors, allons-y ! Mais ne crois pas que ton mental va en sortir gagnant ; car le but de ton initiation c'est d'équilibrer ton corps et ta tête, et donc te faire redescendre vers le bas pour le moment, afin que tu puisses mieux monter par la suite!*

— Alors là, je suis définitivement perdue !

— *Ne t'en fais pas. Tu comprendras bien assez tôt. Le but final est d'équilibrer chez toi, le corps, le mental et l'esprit. Rien n'est à rejeter dans ton monde ! Et ton mental pour l'instant, il faut cesser un peu de l'alimenter, pour enfin découvrir les joies du corps qui te feront ensuite découvrir les joies de l'esprit !*

— Hein ? De mieux en mieux. Les joies de l'esprit grâce aux joies du corps ? N'importe quoi… Et puis, il n'y a pas de joie dans le corps ! La joie est ailleurs. Peut-être dans Dieu, dans l'amour, dans l'éveil spirituel, dans les illusions des loisirs et des voyages, mais pas dans le corps. Le corps est une prison dont on doit s'échapper, selon les plus grands maîtres.

— *C'est ta croyance Charline. Et tu fais tout inconsciemment pour te « l'autovalider ». Et moi, mon rôle c'est de te sortir de cet engrenage qui te fait du mal, et te donner une autre vision. Ton âme m'a appelé pour cela. Tu auras ensuite le libre arbitre d'aller vers ce que je te propose, ou non. Je propose, tu disposes, comme on dit ! Es-tu enfin prête, ou vas-tu continuer à faire des pirouettes pour éviter le sujet ?*

— Mon âme a appelé mon vagin… C'est dû n'importe quoi… Bon, je n'ai rien à perdre de toutes les façons, alors, vas-y.

— *Tu vois Charline, parler de sexualité est toujours chose délicate. Tu penses qu'à notre époque les gens acceptent la sexualité ou qu'ils en sont libérés, mais c'est faux. Autour du sexe, il y a des peurs, de la culpabilité, des sentiments de péchés, même chez ceux que tu crois ouverts... Le sexe est souvent accompli comme une performance physique, comme un exutoire, ou comme l'assouvissement d'une envie difficilement contrôlable. Sous cet angle, le sexe est inconsciemment considéré comme impur. Pourtant, c'est par l'acte sexuel que la vie se perpétue et que toutes les espèces se reproduisent. Cet acte comme tu le vois est donc au cœur même de la vie.*

— Je t'accorde que le sexe sert à la procréation, mais il a été bien détourné de cette vocation, et depuis belle lurette ! Le sexe est devenu une marchandise ; et je n'y vois que de la prédation !

— *Je ne te savais pas si puritaine, Charline ! Mais je sais pourquoi… Penser cela du sexe te protège ! Et ceux qui consomment le sexe à outrance sans se relier au cœur sont dans la même protection, car ils ont peur. Comme eux, tu crains de rentrer dans l'intime. Et pour éviter cet intime et le cœur même de la sensation unique dans lequel le sexe véritable nous entraîne, certains se barricadent comme toi dans des croyances rigides ; ou d'autres consomment le sexe jusqu'à plus soif en passant à côté de l'essence même que le sexe véhicule.*

— Hein ? Quelle essence ?

— *Beaucoup de connaissances sont données dans l'acte sexuel. Notre nature véritable peut se révéler grâce à lui. Grâce au sexe, tu peux connaître la plus grande fusion possible, le 2 se confondant avec le 1. Grâce à lui, tu peux expérimenter l'abandon de toi, la vulnérabilité, le don de toi-même, la perte de la notion de ton identité et de ton égo, le retrait de toutes tes armures et de toutes tes résistances, l'expérience des montées énergétiques, l'exploration de tes sensations et de tes émotions les plus profondes. Toutes ces expériences peuvent te permettre de connaître l'ouverture de ton cœur et peuvent te conduire vers l'amour véritable... Mais toi tu as bien trop peur de donner, de te livrer, de ressentir, de vibrer, et de vivre ! Tu préfères rester enfermée dans la tour d'ivoire de ton mental, et dans tes concepts moraux. C'est bien plus sécuritaire que de vibrer, ou de te risquer à l'ouverture de ce cœur, de peur qu'il ne soit brisé de nouveau ! Mais tu n'es pas la seule dans ce cas... Peu de personnes sont prêtes à faire l'expérience de ce chemin de retour vers soi... Or, dans le sexe authentique, on est non seulement nu, mais aussi « à nu ». On ne peut plus se cacher. On n'a pas d'autre issue que d'être vrai. Et peu de gens ont le courage de se dévoiler grâce à l'acte sexuel de peur que l'on ne voie qui ils sont vraiment ! Alors à la place, on monte des barricades ; on dénigre le sexe en le reniant, ou en en faisant de la gymnastique déconnectée des ressentis, au lieu d'y voir son enjeu.*

— Mais de quel enjeu parles-tu ?

— *Du fait que le sexe est un acte sacré. Si tu deviens extrêmement attentive aux énergies qui s'y manifestent et à tes sensations, tu pourrais faire l'expérience de la source même de la conscience et te relier au divin. Dans de telles circonstances, ta tête perd le contrôle ; et cela devient une véritable médiation, te permettant de connaître l'expérience de Dieu.*

— Je ne m'attendais vraiment pas à une telle énormité ! Ah ! Ah ! Ah ! Je suis hilare ! Je vais te laisser poursuivre parce que pour le coup, je m'amuse comme une folle et je prends réellement du plaisir. Mon corps exulte ! Mes cellules se marrent ! Et je crois que tu viens de remplir ton objectif de me connecter à mon corps et au plaisir de le ressentir : cela faisait un bail que je n'avais pas autant ri !

— *Tu ne me détourneras pas de mon but de t'enseigner ce que tu dois savoir Charline. Je reconnais bien là ta stratégie de l'humour, pour éviter d'aborder les sujets qui te dérangent. Et je suis contente de voir que tu t'amuses, car effectivement cela te fait du bien... Mais ton humour ne doit pas servir de paravent pour cacher tes blessures, ou éviter de voir ce qui est bon pour toi. Alors, je vais poursuivre malgré tes moqueries, parce que j'y vois de la souffrance cachée ; et que toute souffrance doit être vue et acceptée pour être libérée.*

— Hum ! Pardon, je t'ai vexé. Attends, j'essaie de m'arrêter de rire… Hum ! Ah ! Ah ! Euh... Je n'y arrive pas. Euh… C'est bon, vas-y ! Je suis prête.

— *Je vais prendre mon argumentation dans un autre sens, car tu n'es pas tout à fait prête à entendre ce que j'ai à te dire. L'énergie sexuelle est l'énergie fondamentale, celle avec laquelle vous êtes nés. Or, dans l'inconscient de votre société, règne l'idée qu'il faut combattre cette énergie parce qu'elle est soi-disant mauvaise. Mais une énergie n'est ni bonne ni mauvaise. Elle est... Toute énergie est neutre. Néanmoins, elle peut être utilisée en votre faveur ou en votre défaveur. Vous pouvez en faire une amie ou une ennemie.*

— Je ne comprends rien à ton charabia comme d'habitude. Tu parles d'énergie, mais je ne vois pas le rapport avec l'idée de faire « Crac Crac »…

— *Sois patiente et écoute. Je vais reprendre les choses depuis le début... Tous les phénomènes de la vie doivent être saisis en termes d'énergie, plutôt qu'en termes de valeurs rigides. La seule vraie réalité de notre univers, c' est que tout ce qui s'y manifeste est de l'énergie.*

— Et alors ? Je sais bien que la matière est constituée d'énergie et que les objets sont de l'énergie densifiée qui vibre à une certaine fréquence. J'ai fait de la physique, figure-toi ! Je connais même la formule d'Einstein E=MC2, dont je peux te donner la signification, car j'avais bien appris ma leçon à l'époque : « La quantité d'énergie contenue dans une particule est égale à la masse de la particule *m*, multipliée par c^2, le carré de la vitesse de la lumière », mais je ne vois vraiment pas le rapport avec le sexe !

— *Le rapport est évident, mais pour cela il est nécessaire que tu me laisses poursuivre ! Depuis Einstein, la physique a encore fait bien du chemin notamment avec la physique quantique. La physique d'aujourd'hui rejoint la spiritualité. Je ne rentrerai pas dans des démonstrations compliquées. La seule chose que tu dois retenir est très simple : l'énergie est une. Elle relie les divers éléments du tout dans un complexe réseau en perpétuel mouvement qui s'effectue autour de deux pôles opposés, le + et le -. Le pôle + se transforme en un pôle - et inversement. L'énergie circule d'un pôle à l'autre ; et la nature, ou la création ne sont rien d'autre que le jeu de cette énergie. Rien n'est donc fixe. Tout est mobile, tout se transforme, tout est relatif.* [20]

— Et alors ?

— *Quand on perçoit la vie sous son aspect énergétique, il n'y a plus de jugements, de catégories, de valeurs strictes. La réalité n'a pas de structures fixes, de schémas. C'est un chaos créatif qui est en perpétuel mouvement par les jeux des polarités de l'énergie, du + et du -. Et il appartient à chacun d'ordonner ce chaos et de lui donner un sens !*

— Alors là, je suis définitivement paumée !

— *Oui, je sais. Je ne veux pas te faire un cours de physique. La seule chose que tu dois retenir, c'est qu'affirmer une chose, c'est refuser son contraire (sa polarité). Or le but de la vie c'est de réunir les polarités, d'unifier les contraires ou plutôt je préfère dire les complémentaires ! Or vos valeurs morales utilisent la séparation et le conflit, au lieu d'unifier. Tout est dualité dans votre monde. Il y a : le bien et le mal, le riche et le pauvre, le bas et le haut, l'homme et la femme, le divin et le sexuel, Dieu et le Diable... Cette attitude est primaire ! Quelle perte d'énergie ! Que de temps passé à lutter contre le sexe opposé plutôt que d'utiliser cette énergie complémentaire, surtout quand l'union de ces deux forces permet d'accéder à la source originelle, à l'UN !*

— Alors, là, je crois que tu délires encore !

— *Si je délire alors je suis comme le fou. Mais ne dit-on pas que le fou est un illuminé parce qu'il met de la lumière sur ce que les autres n'ont pas encore perçu ? L'inférieur peut être transformé en supérieur, l'inconscient en conscience, la matière en esprit. La physique nous dit bien que la matière peut être transformée en énergie, et l'énergie en matière. En fait, la matière et l'énergie sont une même chose, sous une forme différente. Et l'énergie sexuelle peut être transformée en énergie spirituelle, en force créatrice, en force d'amour. L'inférieur et le supérieur ne sont pas deux pôles d'une contradiction, ils sont les deux extrêmes d'une même ligne. Donc, cesse de vouloir aller toujours plus haut en oubliant ce qu'il y a en bas... Comprends-tu ?*

— Euh...

— *Dans vos églises, il y a les cryptes sous terres, là où est présente l'énergie tellurique: ce sont les fondations. Et il y a aussi les voutes célestes, là où il y a les énergies célestes ! Comprends-tu qu'il y a les deux forces dans vos temples ? Réalises-tu que jusqu'à présent, la religion n'a mis l'accent que sur une seule de ces polarités, et vous a coupé de vos racines et de vos bases, en diabolisant l'énergie sexuelle ? Pourtant, point de cathédrales et de voutes célestes sans les fondations qui les soutiennent...*

— Est-ce pour cela que j'ai commencé mon initiation dans une grotte ? Je commence à comprendre. Je débute par la grotte, le vagin, le féminin, le corps et l'énergie sexuelle... C'est la racine de mon arbre. C'est là que je vais puiser la force pour monter vers le ciel...

— *Exactement, l'inférieur (l'énergie sexuelle) est le premier barreau de l'échelle et le supérieur (la conscience cosmique, le divin) est le dernier. Mais un endroit n'est pas meilleur que l'autre. Les deux barreaux sont sur la même échelle. Et, il n'est pas judicieux de diviser l'homme, d'opposer le matériel et le spirituel, le sacré et le profane, le Ciel et la Terre... Ainsi il n'existe pas de conflit ! Le pommier ne peut pas faire de belles pommes s'il n'a pas de sève, s'il n'a pas puisé de l'eau et de la nourriture grâce à ses racines qui plongent dans les profondeurs du sol...*

— Je crois que je commence à cerner ce que tu me racontes...

— Ceux qui ont construit vos cathédrales le savaient. Ils ont édifié les cathédrales sur des terres où les forces telluriques étaient présentes, là où vos druides faisaient des rituels en l'honneur du féminin. Ce sont dans ces cryptes qu'il y a des vierges noires. Ils ont également positionné ces cathédrales sur des lieux en lien avec les étoiles et les constellations. Ils ont réuni le céleste et le terrestre. Dans la grotte où tu as fait ton baptême, il y a la même symbolique de réunion des opposés : la grotte et l'église, la terre et le ciel, le sexe et le divin, le profane et le sacré... Or, les religions traditionnelles en dressant les deux extrêmes l'un contre l'autre, en dressant ce qu'elles appellent Dieu contre ce qu'elles appellent le Diable, le divin et le sexuel, ont largement contribué à créer un État de Schizophrénie en l'homme. Dans l'entrée de l'église de Rennes le château, la symbolique du diable et des anges au-dessus, reflète la même envie de réunir les polarités. Le damier blanc et noir, au sol de cette même église, relève de la même idée de marier l'ombre et la lumière, la lune et le soleil, le féminin et le masculin...

Je ne réponds plus... Je suis médusée et à l'écoute de la démonstration de la voix de mon vagin, la voix de mes profondeurs...

La voix poursuit :

— Si tu divises l'homme en deux parties qui s'excluent mutuellement, tu crées une coupure. Si tu dis aux gens que le corps ou le sexe est mauvais, qu'il est ennemi, qu'il est damné, qu'il est au service du diable, tu crées un conflit dans l'être. Ce dernier commence à avoir peur de son corps, et peu à peu une faille se creuse et devient un précipice qui sépare le corps et l'âme. C'est de cette division que naissent toutes les peurs, les problèmes, les chaos, les

confusions, les désespoirs, les conflits entre l'homme et la femme. Si tu aimes ton corps, il ne sera plus une prison, mais la maison de l'âme et de l'amour…

— Euh... Je ne suis pas sûre de te suivre. Tu es en train de dire que parce que je ne suis pas attirée par la sexualité, j'ai tous les problèmes de la terre ! N'est-ce pas un peu réducteur quand même?

— *Ne sois pas aussi binaire. Je suis simplement en train de t'expliquer que les hommes passent leur temps à lutter contre leurs propres ombres, ou leurs désirs au nom de la morale, et qu'ils y perdent une énorme quantité d'énergie… Regarde-toi ! Tu luttes contre ton propre corps ! Tu renies ses besoins et tu renies les plaisirs qu'il peut t'apporter au nom de principes moraux ou religieux, ou parce que tu ressens une énorme culpabilité à ressentir du plaisir ! Ce qu'il est important de faire, au contraire, c'est d'être conscient de ses désirs pour les transcender… ; voir ses ombres, faire face au dragon, embrasser ses peurs pour les dépasser… ; sentir toutes ses émotions ; y mettre de la conscience… ; ne pas créer de conflit et vivre les désirs en pleine conscience pour mieux les transformer en une énergie qui remonte jusqu'en haut de ton crâne pour allumer la lumière !*

— Je ne peux pas accepter ton discours ! Tant de gens aujourd'hui se perdent dans la sexualité, dans la débauche. Il n'y a qu'à voir tous ces trafics de prostituées pour satisfaire la frénésie autour du sexe !

— *Ce n'est pas à cause du sexe, mais à cause de l'idée que vous en avez!* [21]

— Quoi ? Ce n'est pas clair ton truc !

— *Si vous aimez le sexe et vous n'en êtes plus l'esclave.*[22]

— Veux-tu dire que c'est parce qu'on juge le sexe et qu'on ne l'accepte pas qu'il y a tant de déviance et de gens qui s'y perdent ?

— *Il n'y a jamais de perte, mais des expériences qui permettent de trouver sa propre voie. Je veux simplement dire qu'il est primordial de s'accepter tel que l'on est sans jugement. Et on ne peut grandir que dans une acceptation totale de soi-même avec la conscience de son ombre et de sa lumière… Mais, la plupart des gens font l'amour comme s'ils souhaitaient se débarrasser du sexe, avec précipitation, souvent pour atteindre le fameux orgasme, sans prendre le temps de sentir leurs sensations corporelles ni les énergies du corps. Beaucoup même réalisent le sexe en déconnexion totale du corps, en se servant de leurs têtes en imaginant toute sorte de fantasmes déconnectés de la réalité présente du moment.*

— Oui, cela ressemble à de la gymnastique ou à un sport de haut niveau.

— *Mais ce sexe-là n'est pas de l'amour ; et il vous éloigne même de son essence. Ce sexe-là vous enchaîne, car vous n'êtes jamais assouvis. Il devient un exutoire et une quête d'orgasme fantasmagorique déconnecté du moment présent, du corps, de ses ressentis et du partenaire... Or, le sexe réalisé avec conscience est différent. Il se réalise lentement, en se connectant à ses sensations corporelles, en prenant conscience de son souffle et de sa respiration. Il permet alors de réveiller sa force de vie, sa kundalini qui effectue les nettoyages corporels dont les hommes et femmes ont tant besoin pour libérer les émotions stockées et bloquées. Cette force irrigue alors vos cœurs telle la sève de l'arbre qui irrigue le tronc, les branches pour donner des fruits juteux... Et parce que vous êtes en lien avec vos sensations, vous pouvez alors être en lien de cœur avec l'autre. Vous êtes alors touchés au plus profond de votre être pour connaître réellement ce qu'aimer veut dire.*

— C'est sûr que l'on est loin de cette sexualité-là !

— *Oui... Soit, vous faites l'amour comme une gymnastique déconnectée des sensations et du cœur ; ou alors vous le réprimez totalement pour investir votre tête ou votre intellect. Vous devenez alors des intellectuels rigides et moraux sans douceur... Ou encore, vous vous servez du sexe comme un acte de domination ou de soumission suivant votre état émotionnel... Le sexe est alors pratiqué sans conscience, sans spiritualité ; ou il est réalisé sans cœur, car coupé du ressenti et des émotions... Un tel sexe peut alors devenir pour certain un palliatif à un manque d'amour, ou une dépendance. Les gens veulent du sexe pour combler leur besoin, comme un parasite qui cherche sa nourriture. La sexualité peut être aussi pour l'homme le seul moyen d'exprimer une virilité perdue ou pour la femme un moyen de séduction pour être aimée... Ou encore, le sexe devient une arme en refusant d'accomplir cet acte pour punir l'autre...*

Les exemples sont nombreux pour montrer que l'acte sexuel, tel qu'il est pratiqué par beaucoup, n'est pas un acte d'amour. Il est déconnecté des sensations, de la lenteur, de la respiration, du souffle, des émotions, du vivant, de l'intime, de l'amour et de Dieu… Tout cela parce que le divin, le spirituel et les sensations ne sont plus invités dans la chambre nuptiale…

— Tu veux dire que le sexe est coupé du cœur et du spirituel ?

— *Oui, à cause de la croyance que l'on ne peut pas mélanger le sacré et le sexe, à cause des dogmes qui qualifient le sexe comme une chose impure. Et le sexe dans votre société est pratiqué de telle sorte que cela valide cette croyance. Tout dans votre monde ne montre qu'une image du sexe qui conforte cette vision du monde. C'est un sexe de prédation. On cherche à assouvir ses besoins sexuels ou affectifs. On prend au lieu de donner… Pourtant le sexe avec conscience est une porte d'accès au divin, je te l'assure. Ce que tous les hommes devraient savoir, c'est de ne pas prendre les femmes comme des instruments qui prouvent leur virilité, mais comme des portes vers l'accès au divin*

— Alors là ! Effectivement, on est loin de ce que prône la religion !

— *Je te provoque sciemment pour étonner et changer les paradigmes en place depuis trop longtemps. Il est urgent d'accueillir tout ce qui compose l'être humain dans son ensemble. Y compris ce qui vous rend coupable. Accueille ton sexe, Charline, il est une porte… Accueille-moi, et tu y trouveras ta puissance de femme…*

— Ma puissance de femme se trouve dans mon sexe ?

— *L'énergie part du sexe pour irriguer le cœur et la tête. Sans cette énergie, le cœur est sec et fermé. La femme si elle se connecte à cette énergie saura relier le cœur et le sexe. La femme permet également à l'homme par l'acte sexuel de se reconnecter à ses sensations, à sa sensibilité et à son cœur, là où il en est d'habitude coupé. La femme lui permet de faire ce chemin ! La femme est corporelle de nature, et aide l'homme à redescendre dans son corps et dans l'intime… Il saura alors être touché et ouvrir son cœur. Il pourra alors aimer, et oubliera son désir de conquête. Mais la femme a oublié cette nature profonde, comme toi. Et, elle doit d'abord faire ce chemin elle-même, avant de reconnecter l'homme à son corps, grâce à la sexualité...*

— C'est sûr que les femmes d'aujourd'hui sont très mentales.

— *Oui, mais une femme qui évolue spirituellement fait forcément dans son avancée l'expérience de la montée de ses énergies sexuelles. Tu sais de quoi je parle en ce moment même, puisque tu es en train de le vivre. C'est le serpent de la kundalini qui monte dans ton corps ; le serpent de la genèse qui s'enroule le long de l'arbre de vie ; l'énergie sexuelle et tellurique qui part de ton sexe et de ton utérus pour monter dans chacun de tes chakras.*

— Effectivement, je sens ces énergies, ces orgasmes dans mes rêves ou ces montées intempestives dans mon corps... Moïra m'a parlé de cela d'ailleurs dernièrement. Le fauteuil du Diable aussi m'a aussi expliqué la nécessité pour les femmes de vivre leurs menstruations en conscience.

— *Oui Charline... Et cette énergie tellurique se réveille de plus en plus aujourd'hui. C'est l'énergie de la Terre... Et la relation que tu vas entretenir dans ta vie avec ta sexualité sera étroitement liée à ton enracinement, au sentiment de ta propre valeur, à ta capacité à recevoir et à transmettre les énergies de transformations dont l'humanité a tant besoin. Mais cette puissance fait peur. Tu as failli ne pas me parler et ne pas entrer en lien avec moi à cause de cette peur. Les pires adjectifs existent d'ailleurs pour les femmes qui sont en lien avec leurs sexes : « putain », « salope », « allumeuse », « sorcière »... Cette peur s'est édifiée sur des milliers d'années, et cette peur de cette puissance invalide complètement les femmes d'aujourd'hui.* [23]*Et les hommes ne peuvent plus se mettre en lien avec leurs sensations, car ils leur manquent des femmes leur permettant de faire ce chemin... Et la boucle est bouclée...*

— Mais comment veux-tu ne pas avoir peur du sexe ? On nous assaille d'images, de publicités qui utilisent la femme comme produit pour vendre. La pornographie met en scène des images de femmes soumises et instrumentalisées. J'ai du mal à voir le sexe comme quelque chose qui transformerait le monde, comme tu as l'air de le supposer !

— Pourtant, si tu savais combien le sexe est sacré ! Vos anciens le savaient et ils montraient cette sagesse jusque dans l'art. Il existe des statuettes archéologiques représentant des femmes très sexuelles. Et on y voyait à l'époque toute leur sacralité. Leur nudité et leur sacralité sont presque plus que l'on ne peut supporter d'un coup, car le paradoxe est trop fort ! [24] *Dans les grottes anciennes, la vulve était le premier symbole religieux, représentant la porte, notre entrée dans la vie. Ne vois-tu pas le sacré là-dedans ?*

— Je suis sans voix… Je comprends mieux ma vision d'un sexe dans la grotte de Galamus…

— Oui, car tu es en lien et en contact avec cette expression originelle, sexuelle et religieuse grâce à l'éveil de ton énergie dans ton corps. Tu es parfaitement guidée pour découvrir ce dont je te parle... Dans les temps anciens, la sexualité des femmes était en lien avec leur spiritualité. Comment veux-tu que cette complétude soit expérimentée ou comprise par votre société, pour qui ces deux choses sont aussi irrémédiablement séparées ? Reconnecte-toi à mon essence et tu sauras...

— Je comprends ce que tu veux dire, je crois. Mais vois-tu, j'ai rarement pu arriver à me sentir pleinement chez moi dans mon corps et encore moins dans mon sexe.

— Je sais... Je le sens même. Tu n'es jamais venue me visiter en conscience. Aujourd'hui, c'est un de nos premiers contacts. Tu m'as supprimé jusqu'à présent de ton expérience intérieure. Tu as intériorisé cette haine de ta culture envers la sexualité, pourtant naturelle et sacrée ; tu as intériorisé la peur... la peur véhiculée dans l'histoire de la genèse et de l'arbre de vie à cause du péché originel... Pourtant ta réalité intérieure est un jardin, où tu pourras connaître la Déesse... Elle t'a appelé au secours ... Et tu as entendu son appel !

De grosses larmes coulent sur mes joues. Je comprends mieux l'appel à l'aide de la femme en rouge. Cette femme, c'est celle du fond des âges, celle que l'on a oubliée et enfouie. J'ai entendu son appel et je suis profondément touchée dans ma chair.

Je réalise que même si ce féminin a été bafoué et enfoui, il a été suffisamment fort pour ce faire entendre de moi. Et aujourd'hui, je suis enfin prête à l'écouter. Il est assez puissant ce féminin, car il continue à émerger dans les rêves des femmes, dans leurs visions, dans leurs expressions artistiques... La déesse a toujours été là... Elle n'est jamais partie. Elle a enfin réussi à émerger de mes profondeurs. Mon sexe redevient vivant et vibrant. Je suis pleine d'espoir et de gratitude.

La culture occidentale est baignée de l'histoire d'Adam et Ève et du péché originel, celui d'avoir croqué la pomme, ce fruit défendu. Cette histoire nous a toutes chassées de notre propre jardin intérieur.

Grâce à mon éveil de Kundalini et aux manifestations énergétiques que je vis, mon corps redevient mon temple et mon guide. Et je ressens toutes les qualités de cette énergie corporelle. Et, il n'y a rien de démoniaque là-dedans !

Pourtant, j'ai terriblement peur. J'ai peur d'être accusée d'être charnelle jusqu'à la moelle, et d'être à la source de toutes les tentations des hommes. Je ressens même toute la charge historique des femmes brulées pour sorcellerie, parce qu'elles pratiquaient des rites, ou laissaient libre cours à leur puissance.

Comment puis-je retrouver le chemin vers mon jardin, ce sanctuaire sacré ? Comment être profondément enracinée à cet endroit ?

Il y a pourtant, je suis sûre, certaines femmes qui osent montrer, nommer, et utiliser cette puissance ; des femmes qui osent vivre avec la conscience de leurs sexes entre les jambes !

Il y a, je suis sûre, une voie que de nombreuses femmes pourraient emprunter ! Une voie que je pourrais emprunter moi même ! Et si cette voie du féminin s'exprimait à travers ma voix, mon hurlement et mon cri ! Cette voie serait celles des femmes qui voient leur sexe comme une ressource essentielle, un lieu de connexion à leur moi profond, un lieu de force et de créativité, un lieu sacré, une porte d'accès, un Graal. Ces femmes en lien avec elles-mêmes seraient vivantes et vibrantes, libres de vivre ce qu'elles ressentent. N'est-ce qu'un rêve ?

Comme ce grand homme Nelson Mandela, moi aussi : « *J'ai un rêve*»… : je rêve de femmes qui à elles seules par leur présence sembleraient pouvoir guérir le monde. À travers cette force dans leurs sexes et leurs bas ventres, force qui irradie leurs cœurs, les femmes nourriraient le monde de leurs fruits… Ces femmes vivraient en accord avec leur propre nature, avec leur centre de gravité, leur point G, et leur cœur ; les deux, main dans la main…

Comme je les rêve; ces femmes : libres dans le corps ! Est-ce une utopie ?

Et tout à coup, je pleure… Je pleure sur mon sexe et mon corps… Je pleure sur le sexe et le corps de toutes les femmes… Cette tristesse me prend le corps et les tripes. Mon corps tremble… Car aujourd'hui, malheureusement, trop de femmes souffrent encore ; où alors, elles identifient comme moi ce vagin a un lieu de péché et de culpabilité. Toutes ces femmes qui se coupent de leur nature profonde, qui vivent déconnectées d'elles-mêmes tels des zombies, connectées à leurs cerveaux, exsangues. Je vois ces femmes d'affaires dans les entreprises, comme celle que j'étais il y a peu, qui ne peuvent dégager que froideur, rigidité et certitude ; au lieu de douceur, de créativité, de souplesse et d'adaptation dont le monde a tant besoin. Le monde est devenu froid et rigide, car il manque ce feu qui commence à peine bruler dans l'âtre de mon corps.

Mon initiation grâce aux lieux sacrés que j'ai foulés de mes pieds vient de débuter : la grotte de ma naissance, le fauteuil d'Isis… Pour la première fois de ma vie, cette partie de mon corps se réveille réellement. Elle se fait sentir et me parle. Mais, j'ai encore peur… Peur du mal que l'on pourrait me faire, peur du jugement d'impureté, peur de la morale, peur sourde et puissante… Mais, je sais que si je regarde en face cette peur du rejet et du bannissement, je saurais la dépasser. Cette peur m'a permis d'ériger des armures et de me protéger. Mais maintenant, je suis une femme qui va faire entendre sa voix et qui sait où est sa route, son chemin et sa voie !

Cette voie, c'est d'aller à la rencontre de mon corps qui a tant de sagesse ! C'est sentir la vie et le sang qui y circule. C'est unir mon sexe et mon cœur, le chakra racine et le chakra du cœur, dont les couleurs sont le rouge et le vert ; le rouge et le vert : couleurs de Marie-Madeleine, du sang et de la chlorophylle, symboles de vie…

Il me vient alors une prière…

Au nom du corps qui est ma terre
Que ta volonté soit faite
Que ton règne arrive
Certains prient Dieu et puis le ciel
Pensant que là, se trouve l'essentiel
Moi, je prie mon Corps et la Terre
Car c'est elle, ma Mère
Sentez-vous ce lien entre vos corps, mon corps, et le corps de la Terre ?
Savez-vous ce qu'il convient de faire ?
Sentez-vous qu'il faut en prendre soin ?
Pourtant ils sont des temples encore trop lointain
Continuez à vous prendre la tête
Et la terre tempête
Continuez à vous meurtrir
Et la terre va mourir
Continuer à souiller, violer les corps meurtris
Et vous aurez des tsunamis
Renier vos corps
Et c'est la mort
Tais-toi... Fais pas ça... Pleure pas... Bouge pas... Va par là... Non par ici...
Continuez à vous parler ainsi
Et la Terre va trembler
Pour enfin vous réveiller
Au nom du corps qui est notre terre
Que ton nom soit sanctifié
Que ton règne arrive

Avant que le monde parte à la dérive
Soyez vivant
Et la terre se détend
Soyez vibrant
Et les temps redeviendront cléments
Vivez votre belle matière
Et vous en serez fier
Le sacré se loge dans votre nature vivante, et dans vos corps vibrants
Pour intégrer la connaissance spirituelle, il convient de plonger dedans
Les rythmes vitaux de nos organismes sont en résonance avec le cosmique
Intégrant cela, vous rencontrerez Dieu dans votre physique.
Plonger dans vos ventres et dans vos grottes profondes
Vous y trouverez les racines et les fondations de la nature du monde
La connaissance vous sera alors révélée
Et vous accèderez à votre unité
Si vous cherchez Dieu dans l'extérieur
Ce ne sera que malheurs
Cherchez-le dans votre intérieur
Et vous sentirez sa chaleur
Car c'est dans la rencontre de votre dualité que vous serez mariés
La croix sera bien le trait d'union entre des opposées
Plus aucun monde ne sera séparé
Vous aurez en amour tous vos contraires
Et, la Mère rencontrera le Père
Le féminin et le masculin danseront pour que rien ne se fane
Pour découvrir le sacré au cœur du profane
Le haut et le bas sur la même échelle
Le spirituel au sein du matériel
Au nom du corps qui est mon temple et ma terre
Que ton règne arrive
Toi qui es la fondation de toutes nos églises érigées vers les Cieux

Tu es le réceptacle qui peut accueillir Dieu
Tu es le lien entre le ciel et la terre
Ce contenant qui accueille la lumière
Toi qui étais assimilé au mal
Tu redeviens le réceptacle et le Graal
Au nom du corps qui est ma terre
Que ta volonté soit faite

PARTIE VIII : LE RÉVEIL DE LA BELLE ENDORMIE

30. LA LUEUR AU FOND DU PUITS

« C'est du fond des puits immenses que dans le jour on voit les étoiles ; c'est dans le profond des âmes que, pendant le tumulte de la vie, on entend la voix de Dieu. », Henri-Frédéric Amiel

Lundi 16 décembre

9h00 : Cela fait un mois que j'erre comme une âme en peine, seule depuis mon retour. Je me sens si vide et si démunie ! Je n'arrive pas à faire surface. Mon corps est toujours aux prises avec des poussées énergétiques puissantes que je ne sais pas contrôler. Même si je sais maintenant pourquoi il m'arrive tous ces évènements, je n'en demeure pas moins épuisée, et seule face à cette force qui me dépasse et qui ne me laisse aucun répit.

Je ne veux plus partir pour Rennes le Château ; plus pour le moment. Je ne suis pas prête à faire face de nouveau à des expériences étranges. Je tente d'intégrer tous les épisodes vécus, et toutes mes montées de kundalini. Et, c'est loin d'être facile ! Je voudrais tellement redevenir enfin paisible et sereine !

J'essaie donc de retrouver une vie à peu près normale, sans succès véritable. En effet, je ressens au plus profond de ma chair, comme une fracture intérieure qui s'élargit de plus en plus : d'un côté, mon ancienne vie bien rangée avec des gens mondains et cartésiens ; de l'autre des expériences hallucinantes, dans des lieux insolites, avec des personnes complètement loufoques.

Comment faire pour continuer de fréquenter toutes mes anciennes relations avec ce que je viens de vivre ? Comment revenir dans ma vie d'avant ? Je me sens à présent tellement différente…

J'aimerais pourtant ressembler à toutes mes amies qui sont en couple avec un travail bien tranquille, et des enfants avec la raie sur le côté… Mais, je sais au fond de moi que cela est devenu impossible, depuis toutes ces aventures. Et, je suis triste de ne pas pouvoir partager mon vécu, avec celles et ceux dont j'étais auparavant si proche. J'imagine les rictus qu'ils auraient sur les lèvres à l'écoute de mes péripéties ; et cela m'empêche toute authenticité relationnelle. Et, si je communique, c'est pour parler uniquement de choses anodines, ou pour faire semblant de leur ressembler. Autant dire que j'y perds mon âme et ma vérité intérieure.

De toutes les façons, plus personne ne m'invite vraiment. Ils sentent qu'il y a quelque chose qui cloche chez moi, que ce n'est plus comme avant. Et moi aussi d'ailleurs, je m'éloigne petit à petit…

Ce n'est pas si simple de mourir à l'ancien…, de laisser partir une tranche de vie. Ils sont tous tellement loin de mes préoccupations ! Ils n'ont pas vécu toutes mes crises : perte de mari, perte d'emploi, pertes financières, célibat, enfants à charge seule. Ils n'ont pas été confrontés non plus à des évènements extravagants, qui font pourtant partie de ma réalité et de mon quotidien. Ils n'ont pas non plus cette nouvelle conscience, qu'il y a bien d'autres choses dans ce bas monde que la vie matérielle. Et, ils me rejetteraient d'ailleurs tous, si je leur racontais le quart des choses que j'ai traversées. Ou, ils me traiteraient de folle. Et cela, je ne suis pas prête à l'assumer pour le moment. J'ai encore trop besoin du regard des autres pour exister…

Je suis donc vraiment désemparée. Je prends seule, toute la mesure de là où j'en suis dans ma vie. Je ne peux plus fuir la réalité. Et c'est loin d'être agréable.

Je ne sais plus dans quelle direction regarder. C'est comme si je n'avais plus de centre. Je suis dans toutes les directions, et nulle part en même temps. Je me sens démantelée. Mes racines d'avant n'existent plus. J'ai besoin d'aller m'implanter ailleurs, mais je ne sais pas vraiment où aller...

Je tente même d'oublier le rêve fou que j'avais projeté il y a un mois, de devenir une aventurière en quête de connaissance ésotérique. Cela était complètement absurde. On ne peut pas comme cela rêver sa vie. Indiana Jones n'est que le héros d'un film. Cela n'est pas la réalité ! Il est donc essentiel pour moi de revenir dans le concret du quotidien. Mes deux enfants n'ont que moi ! Je me dois d'être responsable, et d'arrêter les rêveries.

En conséquence, je n'ai plus aujourd'hui aucun élan. Je n'ai plus l'envie. J'ai comme les jambes coupées. Rien ne me motive plus ici-bas ; plus rien dans ce que ce monde occidental me propose. Ou alors ce qui m'anime me semble complètement irréaliste, ou en inadéquation totale avec la culture ambiante.

Il faudrait peut-être que je crée quelque chose qui me ressemble vraiment ! Mais, je m'en sens complètement incapable. La vibration d'élan que j'avais contactée à l'époque a été finalement très éphémère et de courte durée. Elle est partie en fumée, disparue, envolée…

Chaque matin, je me résigne par conséquent à revenir dans le concret de la vie. Je feuillette les journaux en recherche d'un emploi bien stable. J'essaie de revenir dans mon moule d'avant. La raison doit l'emporter…

Et, j'erre le soir dans des soirées mondaines, avec l'espoir de renouer avec mon ancienne vie ; mais aussi avec le rêve secret de rencontrer l'homme qui pourrait combler mon vide béant.

Et, malgré ces efforts, le sentiment de solitude intérieur creuse comme un abime profond au creux de mon corps et de mon âme… Pourquoi ce vide ? Comment l'habiter ? J'essaie d'embrasser ce néant comme je l'avais fait précédemment. J'y avais trouvé à l'époque un plein. Mais là, c'est peine perdue. Je suis absorbée au fond du puits, et rien ne semble pouvoir me faire remonter à la surface.

Est-ce si dur de renaître au féminin ? Est-ce pour cela que je me sens si mal ? Suis-je au fond de ma grotte obscure pour mourir à l'ancien et renaître au nouveau ? Est-ce encore là, le chemin de l'initiation débutée dans les Gorges de Galamus ?

10h00 : La sonnerie du téléphone me sort de mes noires pensées.

Je décroche, blasée.

— Allo ?

— C'est Pauline. Ça va ?

Oh, zut ! C'est Pauline ! Je n'ai aucune envie de papoter avec elle. Elle qui a toujours l'air bien dans ses baskets ! Vu le sentiment dépressif qui m'habite, je ne me sens pas à la hauteur d'une conversation. Je l'ai d'ailleurs complètement délaissée depuis notre aventure à Alet-les-Bains.

— Ça va, oui…

Je réponds assez sèchement pour essayer de lui faire comprendre que je suis occupée.

— Charline… Arrête… pas à moi… Je sais bien que cela ne va pas. Tu n'as plus donné de nouvelles depuis trop longtemps… Que se passe-t-il ?

Je prends alors conscience en cet instant encore de ma capacité à faire semblant ! Depuis toujours ! Les « ça va », lancés dans l'air…, vide de sens… Et Pauline a de l'intuition. Elle est loin d'être dupe.

Moi qui m'accrochais à mon image de femme parfaite, il m'est tellement difficile de montrer que tout part en vrille ! Je me suis trop battue toutes ces années pour paraître si forte. Il ne m'est vraiment pas possible de parler de ma vulnérabilité, encore moins à Pauline pour qui tout semble sourire.

En fait pour la première fois, je découvre que c'est à moi que j'ai caché la vérité. Je me suis pensée forte et parfaite. J'ai cru que j'étais intelligente, et que j'étais une vraie Wonder Woman. Et j'ai imaginé en toute humilité que j'étais tout à fait capable de contrôler les évènements de la vie, jusqu'aux évènements récents qui m'ont mis face à ce que j'avais toujours refoulé.

Mais en fait, tout aujourd'hui me révèle mon impuissance. Celle que je n'avais pas envie de voir en face. Je ne peux plus rien maitriser. Je ne suis plus le pilote de ma vie. Quelque chose d'autre a pris les rênes…

Les épreuves vécues ont tout déconstruit pour me dévoiler ma propre vérité, que je voulais maintenir enfouie. Je suis face à mon monstre intérieur ; celui que je souhaitais garder prisonnier. Un Alien était tapi dans mon ventre. Je l'ai empêché par tous les moyens de faire surface de mes profondeurs intérieures.

Ce monstre c'est le vide que j'ai toujours fui ; c'est la peur de ne pas exister pour les autres ; c'est la tristesse de l'abandon ; c'est la rage de me sentir délaissée et exclue ; c'est l'angoisse et la solitude ; c'est mon impuissance à garder le contrôle sur les évènements. J'avais bâti une forteresse pour ne pas la sentir cette bête féroce. Je me faisais croire que j'étais forte pour ne pas y faire face. Je préférai ne rien sentir, tel un zombie, plutôt que d'embrasser ce titan.

Aujourd'hui, je suis enfin dans ma vérité : celle de ma vulnérabilité, et de toutes les émotions obscures qui m'habitent, celle de cet abime sans fond.

Mais je ne peux pas parler de tout cela à Pauline. Je n'ai pas l'habitude de me confier. Je ne communique que sur ce qui est politiquement correct... J'ai pourtant au téléphone une amie qui est susceptible de me comprendre, de m'écouter. Et je reste néanmoins, seule dans mon coin. J'ai devant moi l'aide à laquelle j'aspire depuis toujours, et toutefois je ne fais aucun pas vers elle. Trop occupée à alimenter mon scénario de victime, je préfère sournoisement garder l'illusion que je coule au fond de mon gouffre, et que personne ne peut me repêcher.

Cette prise de conscience me donne un choc ! Sommes-nous tous à ce point masochiste pour nous agripper à des croyances destructrices ? Je connais trop les miennes : « Je suis seule... Je suis différente... Personne ne me comprend... »

J'ai quelqu'un au bout du fil qui me donne la preuve inverse de ce que je crois depuis toujours, qui me montrerait que je suis entourée ; et la seule chose que je veux, c'est lui raccrocher au nez ! L'esprit humain torturé est ainsi fait...

Le peu de conscience lucide que j'ai en cet instant suffit pour raviver mon émotion. Et, elle est bien trop puissante pour que je puisse cette fois-ci la réfréner. Je ne peux plus la masquer. L'alien montre le bout de son nez... Je m'effondre en larme. Et pour la première fois, je suis vraie et authentique, face à quelqu'un.

Je prononce alors quelques mots entre deux hoquets et des larmes :

— Pauline... Tu as raison... Rien ne va plus. Il m'est arrivé tellement de choses en si peu de temps ! Je ne sais plus où j'en suis...

— Je sais ... répond-elle, imperturbable.

Face à son écoute attentive et sincère, je raconte tous les évènements que j'ai vécus depuis que je ne l'avais plus revu. Et, j'ai devant moi une oreille bienveillante qui comprend mon expérience.

Pourquoi n'ai-je fait que la fuir depuis le début ? Cela fait pourtant un bien fou de se laisser aller avec une amie de toujours !

Je lui explique mon initiation sur le féminin, mes rencontres et mes aventures. Je lui parle aussi de mon profond sentiment de solitude, de mon besoin de trouver quelqu'un pour pouvoir combler mon vide intérieur.

Elle m'écoute profondément et me répond :

— Je sais ce que tu vis… Je l'ai traversé. Mais à la différence de toi, j'avais été prévenue de ce genre de processus de traversée de ses ombres par ma grand-mère. Elle m'a d'ailleurs initié. C'était une femme de sagesse. Toi, tu n'as pas eu cette chance. Ce type d'expérience est naturel pour qui sait l'accueillir. Je te comprends et je te soutiens… Par contre, je ne pense pas que cela soit le moment pour toi que tu rencontres quelqu'un ; pas avant d'avoir fait face à qui tu es vraiment ; pas avant d'avoir intégré tout ce que tu es en train de vivre ; et surtout pas avant que tu ne retrouves ton centre. Tu ne pourras pas être dans un lien épanoui avec un homme si tu ne sais pas quelle est ta place, ou si tu ne sais pas ce que tu désires. Trop de femmes sont élevées avec le mythe de la rencontre du prince charmant. Toute leur vie est dédiée à cette quête. Et, elles en oublient ce qu'elles sont. Elles deviennent alors des mères à leur service à défaut d'être des femmes.

— Mais, n'est-ce pas le seul moyen de garder les hommes près de nous et d'éviter la solitude ? N'est-ce pas cela que veulent les hommes ?

— C'est ce que les hommes croient vouloir Pauline. Mais ces femmes-là finissent par devenir vides, car déconnectées de leur créativité. Et les hommes sont alors de moins en moins intéressés par ce qu'elles proposent… Tu étais là tous les soirs à attendre que Paul rentre en lui préparant de bons petits plats, malgré ses sempiternels retards. Tu étais penché sur lui, au lieu d'être en lien avec toi. Mais les hommes n'ont au fond pas besoin de cela ; car sinon, ils ne cessent pas de vouloir couper le cordon ombilical afin de retrouver un semblant d'autonomie. Ce n'est pas d'une mère dont ils ont besoin…

— C'est d'ailleurs ce qu'a fait Paul, si tu réfléchis. Il m'a pris pour sa mère, et il est allé chercher la femme aux quatre coins de la planète !

— Oui Charline. Et, si tu trouves un homme maintenant, tu vas refaire les mêmes erreurs passées ; où tu t'es trop noyée dans le désir de Paul ; où tu as oublié ton centre, tes désirs et tes élans. Or, retrouver ton centre est la seule chose qui compte pour toi aujourd'hui. Sinon tu vas te perdre dans l'homme, comme beaucoup trop de femmes le font encore dans notre société. Le féminin actuellement est englouti, et il doit refaire surface.

— Tu as raison… Pendant que tu me parles, je fais mon bilan dans ma tête, et il est implacable. Je me suis efforcée de satisfaire Paul coûte que coûte, en m'oubliant moi-même. J'ai tourné autour de lui et de ses besoins. Je me suis aliénée en me rendant indispensable…

— Beaucoup de femmes font la même chose que toi, car elles sont élevées de cette façon.

— C'est vrai… Je n'étais pas heureuse. Mais, je ne le sentais pas, car j'étais coupée de mes désirs. Je me suis alors vengée avec des phrases assassines. J'ai castré Paul inconsciemment pour lui faire payer mon emprisonnement dans un rôle aliénant pour moi, à cause de mon absence de connexion à mon propre être. Je me suis mise alors à me plaindre toute la journée sans réellement connaître la cause de mon mal-être. Et Paul lui a détesté ça ! Il ne rendait pas sa femme heureuse et épanouie, ce qui pour un homme est le pire des échecs ! Il s'est senti coupable et incapable... ; et il a pris ses jambes à son cou pour en trouver une autre. Il est parti, en quête de celle qui lui dira oh combien il est formidable ! Et non conscient, il risque de reproduire le même schéma.

— Oui, c'est un scénario bien connu. Et le pire, c'est que la plupart des femmes croient encore aux contes de fées ! Du coup, rien ne change, et tout reste figé là où personne ne comprend l'autre ; et là où personne ne se rend véritablement heureux. On est loin dans notre société de ce que le couple a comme vocation.

Je suis interloquée par les mots de Pauline :

— Le couple a une vocation ?

— Oui Charline... Le couple est avant tout une aventure initiatique. Non seulement l'autre nous révèle qui on est par les jeux de miroirs, nos ombres et nos lumières, mais il nous apprend aussi à pouvoir vivre à deux sans se perdre. Il nous enseigne à vivre ensemble tout en étant séparés, à nourrir l'autre sans se vider, à être nourrie sans absorber l'énergie de l'autre. Mais vivre cette aventure, c'est comme être un funambule sur son fil entre deux précipices ou deux extrêmes : la fusion ou la séparation.

— C'est sûr que j'étais loin du compte ! Je me suis niée pour Paul. J'ai perdu mon identité pour le satisfaire. Je me suis perdue, et il est parti.

Je perçois d'un coup à quel point j'ai vécu à travers l'autre et non pour moi, préférant confier mon pouvoir à quelqu'un d'autre, par éducation d'abord, par peur de ne pas y arriver ensuite, et par facilité aussi. Je mesure à quel point je ne pouvais pas intéresser quelqu'un, et en l'occurrence mon mari, en ne me respectant pas moi-même. Comment être respectée si on ne se respecte pas soi-même ? Comment être aimé si on ne s'aime pas ? Comment mendier à quelqu'un, quelque chose que l'on ne sait même pas se donner à soi-même ?

J'ai pendant des années demandé à l'autre qu'il réalise ce que je n'étais pas capable de réaliser moi-même. Je lui ai reproché de ne pas répondre à mes attentes, alors que je savais en mon for intérieur que j'étais bien incapable d'assurer mes propres aspirations, et de répondre à mes propres besoins. Il était alors plus facile de tailler un costume de reproches à l'autre ! Il était plus aisé de passer à côté de ma personne, plutôt que de vouloir savoir qui j'étais vraiment : je devais pressentir la difficulté de cette tâche !

Et aujourd'hui, voir cette vérité en face n'est pas simple. Je suis maintenant face à ce vide, sans personne pour le combler… ; et j'espérai secrètement que quelqu'un puisse le faire à ma place. Or la seule et unique personne qui doit bien s'atteler à cette tâche, c'est moi ! Mais, je ne sais vraiment pas par où commencer.

Néanmoins, je ne peux plus me mentir. Si je construis, ce sera sur des bases saines, qui correspondent à mes élans et mes envies, et aucunement à des obligations ; car cela ne m'a mené nulle part ! Et j'entrevois également que toutes ces mésaventures vont peut-être me permettre de savoir enfin qui je suis !

Jusqu'à présent, j'ai fait uniquement ce que l'on attendait de moi, enfermée dans un moule que l'éducation et la société ont élaboré depuis des lustres. Je réalise que ce moule est bien trop petit pour moi, et qu'il est en train de craquer!

J'ai été démantelée, déconstruite, et démembrée depuis plus de six mois. Je fais face maintenant à un grand vide, un chaos et une désorientation nécessaire à ma reconstruction. Je suis au fond du puits pour y ancrer des nouvelles bases solides. N'est-ce pas le sens de toute épreuve, de toute dépression ? Craquer le moule pour en créer un à soi ! Qui ne ressemble à aucun autre ! Dans lequel on se sent libre ! Enfin !

Finalement, le lieu où je suis ne correspond plus à aucun idéal moral ou spirituel ; ni à aucun faux semblant. À cet endroit, je peux accueillir ma vérité vraie : mes faiblesses, mes déceptions, mes peurs, mais aussi mes espoirs, mes désirs et mes rêves… C'est le seul lieu où les fondations pourront être solides. La vraie abondance ne se trouverait-elle pas à l'intérieur de soi ? N'émergerait-elle pas à partir du vide ?

Finalement, toutes ces épreuves m'ont plongé la tête la première dans la vie, en faisant tomber tous les espoirs que telle personne ou tel idéal soit mon salut. La vie m'a mis au défi et me guide pour prendre enfin soin de moi. Tout ceci m'a conduit à de grandes remises en question pour me mener vers moi-même. Peut-être que je ne suis pas en face des récompenses que ma tête convoitait tant. Mais je sais qu'à partir de là, il y a un autre trésor que je suis en train de découvrir petit à petit…

Une lueur existe au fond du puits…

31.LE COUPLE DESTRUCTEUR ET LES ARCHÉTYPES

« Les prisons sont bâties avec les pierres de la Loi, les bordels avec les briques de la Religion. », William Blake

Même Jour

9h30 : Grâce à cette conversation avec Pauline, j'aperçois donc une petite lueur au fond du puits. J'ai besoin néanmoins de comprendre pourquoi beaucoup de femmes tombent dans le même travers que moi. Pourquoi me suis-je tant niée toutes ces années, au profit d'un homme dans l'espoir d'être aimée ? Pourquoi m'être tant oubliée ?

Pauline a l'air d'avoir été épargnée par cette épidémie, grâce à l'initiation reçue de sa Grand-mère qu'elle appelle une femme de sagesse.

Je lui pose alors les questions qui me brulent les lèvres :

— Pourquoi tant de femmes ne parviennent-elles pas à être en lien avec elles-mêmes dans les couples ? Pourquoi la plupart d'entre elles perdent-elles leur créativité ? Pourquoi les couples ne sont-ils pas dans une dynamique de co-création ? Pourquoi est-ce qu'il y existe souvent des jeux de pouvoirs inconscients avec des dominés et des dominants ? Pourquoi les relations à deux sont-elles des terrains pour des jeux psychologiques ?

— Parce que toute la société est construite de telle sorte que l'on tombe dans le travers du couple destructeur plutôt qu'initiatique.

— Ah bon ?

Pauline a répondu avec une telle force à mon questionnement, que je suis interloquée. Je la laisse continuer, curieuse de ce qu'elle va pouvoir m'apprendre.

— Oui, tous les archétypes relationnels qui nous nourrissent nous ont été donnés par la religion, l'économie et la politique. Et malheureusement, cela nous a programmés dans le sens de l'échec, des peines de cœur, et de la frustration.

— Il va falloir que tu t'expliques…

— La plupart d'entre nous entrent dans une relation en se basant sur un formatage religieux. Cela n'est pas évident de le voir en premier lieu, mais en réfléchissant un peu, on s'en aperçoit rapidement. Il n'est même pas besoin d'avoir reçu une éducation religieuse pour subir cette programmation, et pour en ressentir l'impact dans nos vies de couple. Par contre, en prendre conscience est essentiel pour nous libérer de l'emprise de ces dogmes. C'est le seul antidote pour remettre les couples sur la bonne voie, pour leur permettre de vivre un vrai lien intime et authentique.[25]

— Mais de quoi parles-tu ?

— Je vais développer Charline. Ne t'inquiète pas…

— Oui, s'il te plait, car je ne vois pas bien où tu veux en venir.

— Il y a deux archétypes majeurs dans la religion : celui de Jésus et celui de la Vierge Marie, sa mère. Ils ont la première place dans la religion, et ils sont les acteurs principaux de la bible. Ils sont aussi pratiquement les seuls personnages clés, présents dans les églises.

— Oui, certes. Là tu ne m'apprends rien. Je connais la Vierge Marie et Jésus… Et alors ? Quel est le rapport avec le couple ?

— Les conséquences de cette présentation sont énormes.

— Ah ? Développe s'il te plait…

— Comme tu le sais, un archétype sert de représentation pour la psyché. C'est une sorte de référence à laquelle l'humain peut s'identifier. Si bien que les références archétypales de Jésus et de Marie servent de socle à ce que doivent être inconsciemment un homme et une femme.

— Et ?

— Et bien, regarde un peu plus en profondeur : d'abord, Jésus dans la religion est présenté de telle manière que tout laisse à penser que son rôle se réduit à celui de sauveur et d'enseignant… Il représente symboliquement l'aspect mental (enseignant) et l'aspect spirituel de l'homme.[26]

— Et donc ?

— Et bien, le principe masculin sur lequel les hommes se reposent inconsciemment est donc principalement mental, analytique et spirituel. Puisque Jésus est un être éveillé spirituellement ; et puisqu'il est un enseignant ayant pour mission de sauver le monde, les hommes pour être à la hauteur du dogme religieux doivent donc être des sauveurs bienveillants, avec de hauts principes moraux et un cerveau bien aiguisé...

— Et alors, où est le problème ? C'est plutôt pas mal comme modèle, non ?

— Laisse-moi poursuivre, s'il te plait... Au niveau du principe féminin, seule la vierge est réellement présente. Elle est l'archétype de la mère. Elle est représentée sous forme céleste et aérienne. C'est une femme asexuée, nourricière, et parfaite dans son rôle de mère. Elle est amour, compassion ; et elle donne sans compter.

— Oui, c'est une belle référence également, si je ne m'abuse.

— Si tu veux ; mais là n'est pas le souci... Pour résumé, ces deux archétypes Jésus et Marie sont des êtres réalisés, aimants et éveillés. Ce qui de prime abord en terme d'identification pour nous humain est plutôt une bonne chose. Mais le problème de cette présentation réside dans le fait qu'il manque une étape pour atteindre cet amour et cette bienveillance. Il manque une dimension essentielle pour nous montrer le chemin à emprunter pour réaliser les mutations intérieures nécessaires, pour se rapprocher de cette réalisation...

— C'est-à-dire ?

— Il manque dans le discours religieux, l'aspect émotionnel : le monde du corps et de ses sensations. On a diabolisé cette dimension alors qu'il y réside la clé de l'accession au monde spirituel.

— Explique...

— Comment être touché si on ne ressent pas ? Comment ouvrir son cœur si on est dénué d'empathie ? Comment connaître ses élans et ses envies si on est gouverné par des dogmes ? Comment se mettre en lien avec nos parts blessées, pour les transcender et pour les guérir, si on recherche toujours la perfection ?

Comment être réalisé et aimant, si on n'éprouve pas dans son corps des élans de compassion ?

— J'ai du mal à comprendre.

— Les références ou dogmes sont toujours dangereux. En effet, les idéaux moraux nous conduisent à lutter pour les atteindre, au lieu d'être présents à ce qui est en nous. Tout cela se fait au détriment de nos élans et de nos aspirations naturels. Ces références extérieures nous rigidifient et nous éloignent du senti et de la présence, qui est pourtant le seul endroit où nous pouvons être touchés dans nos cœurs. Elles nous ferment le cœur au lieu de l'ouvrir. C'est comme si un arbre voulait atteindre sa cime et le soleil, sans plonger d'abord ses racines dans la terre. Si tu veux devenir spirituel sans passer d'abord par ton humanité, il te manque une étape… Tu comprends ?

— Heu…

— En fait, il y a dans le discours religieux deux références archétypales dogmatiques, et aucune voie d'accès pour les atteindre. Et cela conduit chaque personne homme et femme, à vouloir s'identifier à des archétypes difficilement atteignables. Dans cette volonté d'accéder à cette dimension de perfection, de sauveur, d'éveillé, ou de mère nourricière donnant sans compter ; on s'éloigne du vivant en nous... Et c'est pourtant dans le vivant que l'on peut accéder à la source du divin…

— Peut-être…

— Dans cet état de fait, on peut se faire chaque jour violence pour essayer d'atteindre un idéal moral et religieux, mais il va manquer toutes les étapes pour y arriver… Au lieu de ressentir, on est alors gouverné par les : « il faut », et les « on doit »… Cela nous conduit à des injonctions mentales qui nous commandent, au lieu de nous permettre de suivre notre cœur… Et cela fait le lit des luttes d'opinions et d'idées, voire des guerres… Et on a tôt fait de basculer dans son côté obscur, faute d'avoir su écouter nos corps et nos cœurs.

— Veux-tu dire que parce qu'on cherche à être parfait, on ne voit pas nos imperfections et on se cache la vérité ? Entends-tu par là que l'on se fait violence en niant notre nature profonde, et que l'on retourne donc cette violence contre les autres ?

— C'est un peu cela oui. Tout chemin religieux devrait être initiatique, être un chemin d'accès et d'évolution spirituelle et d'ouverture du coeur... Or, notre religion a transformé le vrai enseignement initiatique comme voie de développement personnel, spirituel et psychologique, en une approche dogmatique avec des référents inaccessibles. Et les humains se font mal psychologiquement pour essayer d'atteindre ces idéaux divins. On se coupe alors de notre humanité. Il y a même des guerres qui ont lieu pour toutes ces raisons… Mais le message véritable est tronqué. L'église a oublié sciemment de nous montrer les barreaux de l'échelle pour nous permettre d'être dans notre pleine dimension de femme et d'homme accomplis, réunissant nos deux aspects : humains et spirituels…

— Quoi ? C'est grave ce que tu avances quand même…

— Regarde plus en profondeur, Charline. Il manque différents barreaux à l'échelle. Et ces barreaux peuvent être représentés par les différents chakras du corps. L'église nous présente le haut de l'échelle, plein de lumière et de cœur, mais elle a scié tous les autres échelons qui nous permettraient d'y accéder. Un couple initiatique devrait pouvoir se relier à tous les niveaux énergétiques du corps, y compris aux niveaux énergétiques du bas. Mais le discours religieux programme les individus à n'avoir que de très faibles connexions au corps, les conduisant irrémédiablement dans une impasse. Elle a banni le chakra racine d'où provient pourtant notre sécurité intérieure. Elle a écarté le deuxième chakra représentant la sexualité et le monde de la matière. Elle a évincé le 3e chakra qui est le monde des émotions. Elle a scié l'humain en deux, le coupant de toute sa nature vivante. C'est comme si sur une portée de musique, il te manquait toutes les notes du bas pour composer ta musique. Pourrais-tu composer une harmonie sans le do, le ré et le mi ? Il y a besoin des 7 notes... Il y a aussi besoin des 7 chakras. Les chakras du haut concernent Jésus et la vierge Marie... Et les 3 premiers alors ? Où sont-ils? Marie-Madeleine représente cet ancrage-là. Mais, elle est peu présente dans la bible. Elle n'est pas au côté de Jésus alors qu'elle est pourtant sa moitié et celle qui le complète. Il est la conscience ; elle est la matière.

— Oui, je sais cela. C'est d'ailleurs pour cela que Marie-Madeleine est venue me guider… J'avais fui mon corps et mes émotions, à cause de l'éducation judéo-chrétienne que j'ai reçue. J'ai bien vu que Marie-Madeleine a été écartée des discours religieux. Elle marque vraiment par son absence. Et, si elle est présente, elle ne l'est que sous le nom de prostitué ou de pécheresse. Mais en quoi est-ce important par rapport aux couples ? Et quel est le rapport avec ce que tu avances ?

— D'abord, réhabiliter Marie-Madeleine au côté de Jésus permet d'aider les hommes et les femmes en couple à réaliser pleinement leur humanité, dans la dimension spirituelle et charnelle, humaine et divine. Les relations en deviendraient moins triviales, et elles témoigneraient de la présence de Dieu dans nos relations intimes.

— Oui… Tu as raison. Si Jésus nous avait montré l'exemple et s'il avait été en couple, on ne se sentirait pas coupé de Dieu, sous prétexte qu'on a choisi d'être amant et amante.

— Oui, mais il y a un autre problème. Car, Marie-Madeleine est censée représenter le corps émotionnel, le corps vibrant et désirant. Et son absence au côté du Christ nous pousse à bannir nos corps et nos élans. Elle est l'échelle dont je te parlai toute à heure. Elle est le pont entre la matière et l'esprit... C'est l'archétype du féminin dans son entièreté, c'est la tour qui permet d'accéder aux autres dimensions. C'est le monde des sentiments et des sensations. C'est le point d'ancrage nécessaire pour partir du plan humain et accéder ensuite au plan divin... Sans elle et ce qu'elle représente, rien n'est possible...

— Comment cela ?

— Je t'explique. C'est à cet endroit que l'étape fondamentale du processus d'évolution manque. C'est comme si tu avais une table sans les pieds, une maison sans fondations, une église sans crypte, un humain sans corps ! Marie-Madeleine est le corps, véhicule de l'âme. Sa présence dans la religion permettrait au corps d'avoir toute sa place, sans culpabilité. L'intelligence émotionnelle serait alors au cœur des couples. Sans elle, il y règne une immaturité émotionnelle. Et il est urgent de réhabiliter l'enseignement du langage émotionnel, pour sortir les couples de l'impasse dans laquelle ils tombent implacablement.

— Je crois que je commence à percevoir ce que tu veux dire.

— Marie-Madeleine est l'énergie de vie qui circule dans le corps pouvant permettre d'accéder à la conscience... Elle est la gardienne du corps et de ses mystères. Et le corps avec ses sensations est comme une partition à déchiffrer, comme un instrument de musique à corde avec plusieurs fréquences. Il est le lien avec les étoiles, les océans et les fleurs… Le corps est un temple avec ses différents seuils… Qui ressent dans son corps communie et vibre avec la nature et sait ouvrir son cœur et son âme à l'autre… Mais Marie-Madeleine avec sa symbolique du corps et des émotions a été sciemment éliminée. Elle a même été considérée comme source de péché. Les femmes ne sont plus des prêtresses dans les églises. Il n'y a plus que des hommes qui prêchent... On parle du corps du Christ ; et de boire son sang... Mais c'est la femme qui a ce lien naturel au sang et au corps, et c'est à sa coupe qu'il faut boire. La coupe est le symbole de l'utérus et de la vie qui s'y loge... Et Jésus a sûrement su y boire dedans...

— J'ai déjà eu un aperçu de ce que représentait Marie-Madeleine à Rennes les bains ; mais je n'avais pas imaginé les conséquences de son absence pour les couples. Mais ce n'est pas encore très clair pour moi. Continue s'il te plait…

— En premier lieu, Marie-Madeleine est celle qui ressent et qui vibre. À cause de ce qui est dit sur elle, ou à cause de son absence au côté du Christ, nous n'avons pas implicitement le droit de ressentir, ou plutôt nous avons peur de nos émotions... Nous faisons tout pour endormir les sensations et les contrôler. Il est interdit de désirer… Mais si l'homme ou la femme ne se laisse pas caresser par cela, s'il ne vibre pas au chant des oiseaux, s'il ne ressent pas chacun de ses organes qui ressentent une brise ou vibrent à un son, il devient une bête[27]… Jésus le savait. Il s'est laissé oindre les pieds d'une huile parfumée ! Il était prêt à rencontrer l'univers du féminin… Il était prêt à sentir, car il savait que par ce biais, il pourrait accéder au royaume de Dieu. La femme aide l'homme à être prêt de ses sensations. Elle est son ancre.

— Mais quelle est la conséquence de cela sur les couples ?

— Comment vivre des liens authentiques et profonds quand les sensations ou les émotions sont absentes ? Comment être conscient de ce qui se joue dans les relations de couple, si on ne peut pas traduire les expériences vécues sous forme de sentiments ? Comment vivre des couples harmonieux sans spiritualité et sans conscience ?

— Je vois…

— Et, comme les archétypes sont censés nous guider dans notre aventure intérieure, et qu'il n'y a qu'un seul couple dans la bible, celui de Jésus et celui de la Vierge Marie : les hommes deviennent des maris sauveurs, et les femmes font rapidement office de mère pour leur époux…

— Tu veux dire que parce que dans la bible il n'y a qu'un seul couple présent, celui de Jésus et de la vierge Marie, celui de la mère et du fils, et qu'il manque la femme (Marie-Madeleine), les couples n'ont pas de bases solides pour se construire correctement ?

— C'est exactement cela : les couples se construisent sous les symboles de l'homme sauveur, mental et spirituel ; et de la femme mère et aimante. Les femmes et les hommes n'ayant pas vraiment d'autres références, ils ont du mal à se positionner autrement.

— Je comprends donc que, non seulement il y a dans les couples une difficulté de communication authentique à cause de l'absence d'enseignement du langage émotionnel due à l'absence de Marie-Madeleine ; mais qu'en plus il y a un problème de positionnement, car les couples basculent rapidement de la position d'amante-amant, à celle de mère et de fils. Et certains qui se positionnent en contre de ce modèle basculent parfois dans une relation père et petite fille. Mais personne n'arrive à trouver un réel positionnement de l'amant et l'amante ; car la femme n'existe pas en tant que telle et que l'homme la cherche partout. Est-ce bien cela ?

— C'est exactement cela. Et le souci de positionnement est accentué par un autre constat…

— Lequel ?

— Jésus est célibataire. Et il n'est pas en couple avec une femme.

— Et alors ?

— Alors, les couples sont inconsciemment condamnés à être coupés du divin à partir du moment où ils choisissent le couple. Ils sont conduits inconsciemment à ne garder que la partie matérielle, intellectuelle et charnelle… Dieu n'a donc rien à faire dans le lit conjugal… Les femmes deviennent alors rapidement des mères pour échapper à ce poids d'avoir péché… Comme si pour être divin, on devait se couper des relations charnelles. Comprends-tu ?

— Oui, je vois… En fait, il nous reste deux voies : soit, on est en couple et on se coupe du divin, puisque seuls la vierge et le Christ célibataires sont spirituels ; soit on devient des ascètes ou des prêtres comme Jésus, ou des prostitués comme Marie-Madeleine.

— C'est exactement cela… C'est pour cela que les femmes célibataires ont mauvaise presse. Et c'est pour cette raison qu'il n'y a aucune dimension spirituelle dans la plupart des couples d'aujourd'hui… Comme si le charnel et le spirituel ne pouvaient pas marcher main dans la main. Il existe donc dans les couples ; non seulement une absence de hauteur, de valeur et de vocation spirituelle, puisque les icônes spirituelles ne sont pas en couple ; mais aussi une absence de profondeur à cause de l'absence du langage des émotions et de la déconnexion aux sensations du corps… Le couple a donc vite fait alors de tourner en rond.

— C'est exactement cela ! Mon couple a suivi le modèle, homme-sauveur et femme-nourricière, dans une dimension exclusivement matérielle, avec une absence totale de dimension spirituelle, et un manque réel de communication authentique…

— Oui et comme tu le sais sûrement, il y a plusieurs chakras dans le corps… Et les couples ne se relient entre eux, la plupart du temps, que dans les dimensions du 1er et du 2e : matière et sexualité ; argent et sexe. L'homme amène l'argent, et en échange la femme donne du sexe et prend soin de la maison et des enfants. Puis, la femme finit même souvent par ne plus avoir de relations sexuelles et par ne plus prendre soin que de la maison et des enfants, puisqu'elle suit la référence archétypale de la Vierge Marie. Et les hommes partent alors à la recherche d'une femme qui ressemblerait enfin à Marie-Madeleine. Tous les couples finissent par tomber dans ce travers inconscient... Tout cela parce qu'il manque des liens au niveau de tous les chakras ; c'est-à-dire au niveau de la sexualité, des émotions, du cœur, de la créativité, et de la spiritualité. Les liens énergétiques entre les amants doivent se situer sur tous les plans, pour qu'un couple fonctionne...

— C'est très intéressant ce que tu dis Pauline. Je comprends alors mieux pourquoi mon couple a échoué. Nous ne communiquions absolument pas sur nos peurs, nos blessures, nos élans, nos envies... Nous n'avions aucune vision spirituelle commune. La seule chose qui nous guidait était d'amonceler toujours plus de biens et d'argent. Et, tu as raison, cela manque de hauteur. Aucun de nous n'était animé par des questions spirituelles. Seul le matériel avait le droit de cité... Et le sexe était réalisé sans cœur et sans silence, avec hâte, dans une sorte de gymnastique, déconnectée des sensations et du divin...

— Je te rassure Charline. Tu n'es pas la seule dans ce cas de figure. Et le discours politique, économique et religieux, y est grandement pour quelque chose. Dans cet état de fait, les hommes sont des maris sauveurs pourvoyant à l'argent du foyer. Ou alors, ils deviennent des célibataires en quête d'éveil. Mais personne n'a de modèle concret ou de référence archétypale solide de la place de l'homme au côté de la femme, ou de la place de la femme au côté de l'homme. Et les hommes n'ont pas la moindre idée de comment être des amants présents.

— Oui, Paul a essayé d'être cet homme sauveur avec moi... Et, il a échoué...

— Mais oui, il a essayé. Et comme tous les hommes en couple, qui veulent être des Jésus sauveurs, ils finissent par basculer de façon réactive quand le vase déborde, en des démons destructeurs. Qui veut faire l'ange fait la bête comme on dit… Ne sentant par leurs corps, et n'étant pas en lien avec leurs émotions, ils ne peuvent pas connaître leurs besoins profonds dans le couple. Ils sont alors coupés de leurs élans et de leurs besoins en tentant de correspondre à ce que l'église et la société véhiculent. Mais à force d'être coupés de leur nature véritable, à force d'accumuler de la frustration inconsciente de n'avoir comme seul et unique but dans la vie, que l'accumulation de plus de biens…, ils finissent par basculer dans l'opposé de ce qu'ils cherchaient à la base. Leurs corps peuvent alors se révolter ou ils compensent cette révolte intérieure par de la violence, ou par la multiplication de conquêtes matérielles et féminines…

— Je comprends mieux…

— Évidemment, les hommes partent avec plein de bonnes intentions en voulant ressembler à des sauveurs du féminin, mais ils en viennent finalement à avoir des doubles vies pour retrouver du souffle. Ou alors, ils basculent dans des tsunamis émotionnels intérieurs puissants. Ou encore, ils fuient dans un travail acharné et construisent des empires saccageant notre terre, faute d'avoir su se connecter plus tôt à leurs corps et à leurs ressentis. Du christ à l'antéchrist, du *gentil* au *méchant,* les hommes oscillent par manque de modèle. Ces comportements ne sont que des réactions comportementales par manque de conscience de ce qui se joue à l'intérieur d'eux-mêmes et des émotions qui les traversent. Cela conduit à l'absence d'intimité, de maturité et d'authenticité dans les couples.

— C'est vrai que Paul basculait d'un extrême à l'autre sans arrêt. Ou il paraissait gentil, ou il fuyait le foyer pour donner libre cours à ses tentations à l'extérieur ! Il rentrait tard le soir et ne faisait que bosser.

— C'est évident. N'étant pas en lien avec sa nature, ils trouvaient des palliatifs ailleurs. Pourtant, s'il s'était plongé à l'intérieur de lui, il aurait pu comprendre ce qui se passait. Il aurait pu tenter de se mettre en lien avec ses émotions et ses besoins. Il aurait pu exprimer avec authenticité ce qui était important pour lui, au lieu de se mentir et de te mentir pour tenter de ressembler au sauveur de ses dames. Il a fini par basculer dans le prince noir… Tout cela à cause de l'immaturité émotionnelle ambiante, au manque d'enseignement du rôle du corps et des émotions, et à l'absence de l'archétype de Marie-Madeleine au côté du Christ.

— Je vois…

— Mais je te rassure. La femme subit les mêmes processus réactifs. Elle bascule de la nourricière dévouée et parfaite, à la femme pleine de colère rentrée, castratrice et dévoreuse, par manque de reliance à sa nature véritable !

— Explique…

— La connexion à la nature profonde de la femme dépend de ce même lien à ses émotions, ses ressentis et son corps. Coupée de cette reliance, elle ne peut accéder à la pleine conscience et à l'amour véritable. Elle bascule elle aussi d'un extrême à l'autre, passant alors de la gentille maman à la méchante femme castratrice et étouffante par manque de connexion à son féminin véritable ; et par trop d'actions sacrificielles en vue d'incarner la femme parfaite…

— C'est donc pareil chez la femme et chez l'homme alors ?

— Oui, tout ce qui est émotionnel étant banni de la religion ; et Marie-Madeleine reflétant le corps de sensations étant évincée du processus, les hommes et les femmes sont devenus comme des bateaux sans port et sans amarres..., des personnes en totale immaturité émotionnelle.

— C'est vraiment intéressant les liens que tu fais !

— Oui, et la connaissance de l'intelligence émotionnelle et corporelle que véhicule Marie-Madeleine, pour l'homme et pour la femme, permet d'ouvrir ses sens, d'ouvrir ses oreilles et ses yeux, pour découvrir la voie vers l'unicité entre soi et l'extérieur, pour sentir de l'intérieur le lien avec le tout. Le mode d'emploi vers la pleine conscience peut alors venir naturellement et automatiquement... De nouvelles bases de communication sont alors accessibles dans le couple et avec les autres, car la vraie connaissance est en soi... Mais on est loin du compte. Nous ne nous connaissons pas. Nous sommes un pilote qui n'avons jamais fait le tour de son véhicule. Pourtant, le corps est omniscient, et Marie-Madeleine en est sa gardienne.

— Cela devient clair maintenant.

— Et tu comprends alors qu'il est difficile pour les femmes de s'épanouir uniquement sous l'influence du modèle de la Vierge ! Elles aspirent naturellement à être des Marie-Madeleine, mais elles finissent pour démontrer leur affection à leur mari, en mère nourricière maternant les hommes. Et cela soutient les hommes dans leur incapacité à grandir. Ils tentent alors d'assassiner leur mère pour échapper à ce qu'ils ressentent comme une prison, car inconsciemment tout homme aspire à cette indépendance pour être un homme digne d'une Marie-Madeleine. Toute femme, elle, tente de se libérer d'un homme qui s'est transformé en son fils, pour enfin rencontrer un homme spirituellement mûr.

— Je retrouve tellement de couples dans ce que tu dis !

— Je sais. Les couples se marient, se distraient à travers le travail, le golf, les enfants et des aventures... Certains divorcent et réessayent à nouveau. D'autres adoptent le célibat comme chemin spirituel. Tout cela parce que tout fonctionne selon le schéma archétypal que j'ai décrit. Les films populaires, les Best-sellers et les émissions de télé en remettent ensuite une couche avec le prince charmant venant sauver la belle princesse dans son royaume... Alors oui, au moment de la séduction, le prince arrive. Mais il ne tarde pas à se transformer en crapaud. Et la princesse attend ensuite des lustres qu'il redevienne prince.

— Mais alors que faut-il faire ?

— Tu es déjà en chemin Charline. Ne plus attendre est déjà une étape. Ne plus te pencher vers l'homme dans l'espoir que ton sauveur arrive. La seule clé pour toi maintenant est dans l'archétype manquant : Marie-Madeleine. Le reste arrivera bien assez tôt. Mais pas avant que tu aies habité ton féminin en entier. Tu dois d'abord réaliser l'intimité en toi-même grâce à la rencontre avec la Déesse. Ce n'est que comme cela que tu seras prête à rentrer dans une relation intime avec un homme. Et parce que tu seras dans cette relation dans une vraie authenticité, une vraie rencontre, tu pourras t'approcher d'une relation intime avec Dieu. Le couple en ce sens devient initiatique, mais c'est une autre histoire…

— Ben ça alors… Quelle démonstration ! Je comprends ! Je dois habiter mon vide. Me retrouver d'abord et m'épanouir ensuite. Me ressentir de l'intérieur pour me connaître totalement et suivre mes élans… Me gouter et me savourer pleinement dans un premier temps, pour dans un deuxième temps offrir aux autres mon parfum unique… Il faut que je retrouve ma richesse intérieure perdue, au lieu de la chercher à l'extérieur…

À ce moment précis, je comprends à quel point ma vie jusqu'à présent a été vide de sens. Je réalise que dans cet état de vide intérieur, je ne pouvais rien apporter à quelqu'un. Le couple ne doit plus être une priorité pour moi. Cela viendra bien assez tôt…

D'abord le féminin, le monde des sensations et du corps… Le masculin viendra quand le féminin sera pleinement incarné… Cela devient pour moi une évidence

32. LE BAL DES DÉESSES

« Si tu vas au bout du monde, tu trouves les traces de Dieu ; si tu vas au fond de toi, tu trouves Dieu lui-même. » Madeleine Delbrel.

Même Jour

11h 00 : Le coup de fil de Pauline a été réellement une révélation pour moi. Heureusement que je ne lui ai pas raccroché au nez !

Je lui ai finalement proposé de venir à la maison ce soir pour continuer cette conversation. J'ai énormément besoin de son savoir et de tout ce qu'elle tient de sa grand-mère. Moi qui me moquais au départ de son histoire, je suis avide des connaissances qu'elle pourrait me transmettre.

Je ne pensais pas qu'une femme pouvait autant apaiser mon cœur. J'avais jusqu'à présent toujours considéré les femmes comme des rivales. Aujourd'hui, je me prends à me sentir nourrie par leur présence à mes côtés… J'ai besoin de retisser des liens de confiance avec elles.

Tellement mon besoin d'obtenir l'amour de l'homme était grand, j'ai écarté les femmes de mon entourage sans voir à quel point cela avait pu m'être dévastateur. Je me suis coupée toutes ces années de mon féminin, et par la même des autres femmes. Je vivais entourée d'hommes, dans un univers d'hommes, pour me prouver ma valeur ou pour les séduire ou encore pour obtenir des regards de leur part.

Je sens cette époque révolue… Plus je m'ouvre à la dimension du féminin, et plus je ressens au fond de mes tripes le besoin de me relier aux autres personnes de mon propre sexe. Et Pauline est la première à laquelle j'ai le désir de me relier vraiment…

J'essaie de comprendre pourquoi l'univers du féminin m'était si étranger. Je réalise à quel point le manque de ma mère dans ma jeune enfance et l'absence de son corps maternant m'ont éloigné non seulement des femmes, mais aussi de la conscience que j'avais un corps. La fonction maternelle est l'incarnation ; c'est mettre l'enfant dans ses sensations, son manque coupe du corps et de ses ressentis.

Comment être conscient de ses besoins profonds quand la mère n'y pourvoit pas dans les premiers jours de la vie ? Comment avoir confiance aux messages du corps quand personne ne répond à nos premiers élans d'amour, ou aux appels du corps pour recevoir de la nourriture et du réconfort ? Comment être en lien avec ses sensations quand la mère ne cocoone pas ? Comment avoir un contenant autour de soi ? La seule option pour survivre : ne plus sentir..., fuir le corps...

L'univers féminin m'était donc étranger. Aujourd'hui, il me révèle peu à peu ses mystères. Des femmes de connaissances entrent dans ma vie : Moïra, Mathilde, Pauline... C'est comme si ces femmes avaient reçu leurs enseignements de la Déesse elle-même. Ce féminin, terre pleine entourée de vide, sait donner du divin aux sensations, de l'esprit au corps.

J'ai trouvé là, des sœurs de cœur... Et le mot absent du dictionnaire me revient sur le bout de mes lèvres : sororité. On a banni du langage ce mot qui pourtant pourrait aider les femmes à se relier entre elles. La république ne parle que de Fraternité ; mais aucun terme n'existe pour exprimer ce que je ressens avec ces nouvelles sœurs croisées sur ma route qui me guident sur mon chemin initiatique.

La religion et la république ont englouti la femme. Mais, elle émerge des profondeurs... Elle n'est pas morte... Moi, j'ai entendu son appel ; et aujourd'hui j'y réponds avec toute mon âme, aidée par d'autres femmes.

Des larmes de joies et de tristesse me coulent sur les joues.

19H00 : Pauline est arrivée à la maison. Les enfants sont invités chacun de leur côté chez des camarades de classe. Nous avons donc tout notre temps pour papoter. En entrant dans le corridor de mon appartement, elle m'entoure de ses bras chaleureux... Et je me laisse aller.

J'ai toujours recherché un torse d'homme, sur lequel j'aurais pu m'abandonner. Mais, c'est sur l'épaule d'une femme qu'il m'est donné de ressentir cet abandon qui me fait un bien fou au cœur et au corps. C'est comme si Pauline cachait dans sa poitrine un vaste trésor. Pas besoin de geste ni de parole de consolation, tout ce dont j'ai besoin est là dans cette étreinte, emplie de force et de douceur…

Est-ce cela recevoir de l'amour ? Pas d'attentes, pas d'enjeu… Juste cette présence bienveillante. Comment avais-je pu passer à côté de cela ?

Et Pauline qui ne m'avait rien dit toutes ces années. Elle, qui m'avait vue empêtrée dans ma vie d'avant, sans le moindre jugement, alors qu'elle avait une longueur d'avance ! Ces bras, l'odeur de sa peau, ce silence partagé : je reçois dans le couloir de mon appartement ce dont j'ai manqué enfant.

Je pense alors à mes propres enfants. Je me promets alors d'essayer de leur donner cette même étreinte, emplie de présence aimante, chargée de la guérison de toutes les blessures du monde… Et je comprends à ce moment-là, où réside le pouvoir de la femme : cet amour si puissant et si nourrissant, empli de paix, de sérénité et de force. J'étais jusqu'à présent complètement à côté de la plaque...

Je suis touchée au plus profond de mon corps que je ressens à la fois comme vulnérable et fort. Mon cœur pleure et rit. Je me sens être comme une terre fertile pour ceux qui voudraient s'y reposer… Je ne suis plus la «warrior» de jadis. J'ai déposé les armes...

Et, Pauline me murmure dans l'oreille ces mots :

— Charline, toute femme possède en elle une pépite d'or qui lui permet d'illuminer son environnement ; d'éclairer le monde ; de nourrir sa vie, celle des hommes, des femmes et des enfants qu'elle rencontre. Mais pour se nourrir de cette pépite et en irradier les autres, il faut qu'elle soit consciente du trésor ou du Graal qu'elle possède en elle ; et qu'elle parte à sa recherche.

Elle me glisse ces mots dans l'oreille tout en caressant mes cheveux. Que cela est bon… Les premières émotions passant, je l'invite à s'asseoir autour d'un verre de rouge, et de quelques cacahouètes.

Pauline continue de parler ; comme si elle pressentait à quel point j'avais besoin de ce savoir millénaire dont elle semblait être la détentrice.

— Les questions que l'on aborde ensemble aujourd'hui me sont chères depuis si longtemps ! Elles sont le fruit d'une longue recherche, non pas dans des bouquins, mais dans mon être profond et dans mon corps. C'est un savoir organique, seul savoir qui en vaut la peine. Ceux qui connaissent beaucoup de choses sont ignorants ! Ils ont appris à l'extérieur d'eux-mêmes, et non pas en eux… Le savant lui est quelqu'un qui est dans son vécu, dans son vivant, et qui en apprend chaque jour quelque chose. À cet endroit, il y a une admiration pour la vie, pour les choses qui existent, et pour son propre corps. Là, tout devient précieux... Et il faut que tu comprennes que ce sont mes ressentis et mon corps qui savent ce que c'est que d'être une femme ! Cela me vient des tripes, des ovaires, de mes sensations et de mon cœur ! Et tu ne peux pas ressentir cela si tu vis uniquement dans la tête. La femme d'aujourd'hui même si elle tente intellectuellement de se persuader de sa valeur en faisant une multitude d'activités ; si elle ne s'est pas encore connectée à sa puissance intérieure, si elle ne la ressent pas, elle ne pourra pas s'épanouir. Car cette valeur et cette puissance se ressentent à l'intérieur de soi. Quand elle les ressent, la femme n'a plus rien à prouver. Elle EST simplement ! Et c'est cela que l'archétype de Marie-Madeleine doit montrer aux femmes d'aujourd'hui… À cet endroit, dans cette présence à soi-même, il n'y a pas de lutte comme ce siècle à l'air de nous le faire penser ! Il y a quelque chose de plus à conquérir que la reconnaissance que tout le monde recherche par tous les moyens. Cela ne passe pas par un combat. Bien au contraire ! Il y a un nouveau territoire à explorer que tu commences à entrevoir. Et ce nouvel espace s'appréhende dans le calme, dans l'écoute de soi, dans le respect de ses besoins, et dans le silence ; et non dans les valeurs efforts, travail et réussite sociale !

Je saisis par ces mots que mon salut passe par la nécessité de m'occuper de moi, de prendre du temps, et de rentrer dans cet espace de silence dont Pauline me parle, étapes essentielles pour explorer mon féminin enseveli… Cela tombe bien, j'en ai plein du temps !

J'entrevois donc qu'il est impossible de créer de nouvelles choses si l'on n'est pas réceptif, ou en état d'ouverture et d'accueil. Il est difficile également d'être réceptif, si l'on est assailli de tâches quotidiennes, ou si l'on court dans tous les sens sans vraiment connaître le but de cette course.

La phase dans laquelle je suis en ce moment est donc une phase de gestation, de vide et de silence, pour mon plus grand bien. Il n'est pas la peine que je lutte contre, en cherchant ce que je pourrais bien faire pour combler mon gouffre intérieur.

STOP les petites annonces ! Stop, les actions de tous les côtés sans en comprendre le sens ! Il est temps que je me recentre, que je retrouve mon propre axe avant de bouger… : ÊTRE d'abord, et AGIR ensuite…

Ma seule option est donc de patienter…, de faire face à mon vide… Mais cela me panique tellement ! Je n'en ai tellement pas l'habitude ! La patience, la lenteur, le vide sont des notions que j'ai toujours fuies comme la peste !

C'est vrai que la réceptivité, valeur féminine par excellence, est quelque chose qui se cultive par de l'écoute, de l'observation, du calme intérieur, du silence !

Le silence : une notion essentielle pour accroître son potentiel intérieur et ses ressources inexploitées. Mais comment faire silence dans une société qui nous pousse à travailler et à gagner toujours plus ?

Je réalise tout à coup que je suis en train de prendre un virage à 180 ° sur la manière dont je conçois les choses, et que cela va probablement changer le cours de ma vie ! Peut-être que je vais voir du coup mon licenciement comme une aubaine, finalement…

Je suis pleine de gratitude envers Pauline. Grâce à elle, je trouve un sens positif à mon vide actuel. Ce vide et ce silence sont des portes d'accès à mon féminin intérieur. Tout est parfaitement orchestré pour retrouver la femme en moi : les épreuves, la traversée de l'ombre, la reliance avec mon corps et mon sexe, mes émotions ; et maintenant le vide et le silence.

Toutes ces étapes, je les vis en conscience : déconstruction, démantèlement, chaos, vide, gestation... Le nouveau va avoir alors sa place..., quand tout sera prêt. Je passe des seuils au fur et à mesure.

J'ai tenté de fuir le vide. J'en comprends maintenant son caractère essentiel et vital. J'ai peur d'y faire face, mais je suis prête.

J'évoque mes peurs à Pauline. Elle m'écoute de nouveau avec bienveillance. Elle prend ensuite la parole avec une douce voix :

— Le silence est la clé... Être vierge, c'est le silence[28]. C'est une manière d'incarner le féminin de façon particulière. Marie-Madeleine a été aussi capable d'incarner ce féminin à la fin de son chemin d'évolution, une fois que son processus de nettoyage a été fini... Marie-Madeleine est l'incarnation d'un chemin initiatique, avec plusieurs étapes sur son chemin de transformation. La vierge c'est en fait le dernier barreau de l'échelle. Elle est la vierge blanche qui a terrassé le serpent rouge. Elle est devenue l'immaculée qui a su faire face à ses démons. Elle est la céleste et la terrestre. Elle a des ailes et des racines sous les pieds. Il y a d'ailleurs beaucoup d'églises qui représentent la vierge Marie avec sous ses pieds le serpent, pour évoquer cette idée que l'être humain ne peut être fécondé par l'esprit que s'il garde ses racines : c'est-à-dire s'il a les pieds sur terre, s'il a fait face au préalable au monde sous-terrain, et s'il a embrassé avant ses démons intérieurs. Il y a même une histoire dans le Finistère, où en voulant refaire les dorures de la vierge,[29] on s'est aperçu qu'il y avait un serpent qui rejoignait sa natte dans son dos. Les Dieux et les Déesses à queux de serpent sont d'ailleurs nombreux dans toutes les cultures.

— C'est très intéressant ce que tu dis. Cette vierge dont tu parles réunit par cette symbolique l'énergie tellurique et terrestre de Marie-Madeleine symbolisée par le serpent, avec l'énergie céleste et pure de la vierge Marie...

— Oui, mais le thème de la virginité dans la religion a été utilisé de manière à empêcher les hommes et les femmes de vivre pleinement leur dimension humaine. Pourtant, cette dimension humaine doit être embrassée pleinement pour basculer sur le plan divin. Les plans humains et divins doivent fonctionner ensemble, main dans la main. Parvenir à l'immaculée en nous, ce n'est pas facile. C'est pourtant dans cet espace de vide, de silence, de virginité que quelque chose de nouveau peut apparaître.[30] C'est le vide qui prépare le plein. C'est dans cette dimension capable de ne plus émettre, de ne plus bouger, de faire silence, que l'on pourra entrevoir le sacré. C'est dans le silence entre deux notes, dans la pause entre l'expir et l'inspir, dans l'espace entre les objets, dans le passage entre l'état de veille et de sommeil que l'on peut percevoir le souffle divin. Et, le silence ne peut se percevoir sans le bruit, l'espace vide ne peut s'appréhender sans la matière pleine, la vie ne peut exister sans la mort... Et, l'immaculée en nous est accessible une fois que la vouivre et le dragon sont chevauchés.

— Je comprends… C'est passionnant… Et je vois à quel point tous ces personnages bibliques si on s'y relie, nous font suivre un chemin initiatique.

— Oui, et les personnes présentes dans l'évangile incarnent chacun un certain niveau de conscience. Il s'agit de rentrer en résonance avec ces personnages pour que leur façon d'être nous inspire. Ils sont des archétypes et des symboles qui viennent nous rejoindre dans notre inconscient personnel pour nous donner des informations précieuses sur notre cheminement personnel[31]... Et avec Marie-Madeleine nous pouvons rentrer en résonnance avec de nombreuses attitudes : elle représente les différentes étapes de l'éveil du féminin dans le corps à travers l'éveil de la kundalini et des 7 chakras matérialisé par la Tour… Elle est celle qui passe plusieurs portes, plusieurs seuils et plusieurs passages.

— C'est vrai, j'ai entendu parler de cela. Et, je suis en train de vivre la même chose : les épreuves, la traversée des ombres et des blessures, le nettoyage émotionnel, la reliance avec ma sexualité… Et maintenant, le vide. Mais dans ce que tu décris, on dirait qu'entre la vierge Marie et Marie-Madeleine, il n'y a qu'une seule et même femme finalement !

— Est-ce un hasard si Marie s'appelle Marie ? N'est-ce pas une invitation à nous marier intérieurement ? À marier toutes les « Marie » de la bible : Marie de Bethanie la sœur ; Marie-Madeleine la femme ; Marie la vierge, la mère et l'immaculée. Marie-Madeleine ne serait-elle pas celle qui représente la femme complète ? L'archétype de la synthèse du féminin[32] : des pieds à la tête, du 1er Chakra au dernier en passant par le cœur ! C'est Notre Dame reliant le céleste et le terrestre. C'est la vierge noire et la vierge blanche ; le sacré et le profane. Elle tient en elle-même le charnel et le spirituel ; le maternel et le désirant ; le corps et l'esprit… C'est très important pour les femmes d'aujourd'hui d'appréhender cela ! Les femmes sont à la fois des mères et des amantes, mais aussi des spirituelles et des sauvages... Elles ne doivent pas être l'une ou l'autre ! Quand on regarde l'histoire des religions et particulièrement l'histoire de l'église, il y a beaucoup de vierges, de petites filles ou de bonnes mamans. Mais il y a rarement des femmes et a fortiori des femmes entières dans leurs chairs, dans leurs corps, et en même temps dans leurs dimensions spirituelles et initiatiques[33]. Notre Dame a les pieds sur terre et elle a acquis la parfaite maitrise de l'énergie dragon-vouivre, de la kundalini pour rejoindre ensuite le divin… Elle est l'incarnation du monde du haut et du monde du bas… Et il y a un chemin vers cet accomplissement.

— Un chemin ? Celui que je suis en train d'emprunter ?

— Oui, le point de départ c'est la possédée[34], la traversée de ses ombres… Marie-Madeleine descend au plus profond de son incarnation et de ses sensations. Elle rencontre tous ses démons intérieurs. Et une femme et un homme peuvent être possédés par de nombreux démons. Elle chevauche le dragon comme on dit…

— Je sais de quoi tu parles ! J'ai même fait cette initiation dans une grotte, symbole de l'ombre et de la descente dans le corps de la terre mère. J'ai alors senti fortement mon corps, où j'ai eu l'impression d'avoir un *alien* à l'intérieur, comme Sigourney Weaver dans son film ! J'ai été possédée par des émotions et des énergies énormes. J'ai eu l'impression de ne plus rien maîtriser ! Encore aujourd'hui, je suis pleine de désir à un moment, puis envahie par d'énormes tristesses et d'une léthargie sans limites, à d'autres. Parfois, je suis pleine de colère et dans la minute qui suit, j'ai des bouffées d'amour et de joie ! Je ne sais plus comment le gérer ! Et en même temps, je me sens tellement vivante et vibrante !

— Je sais… Je suis passée par là. Cela fait partie du processus de ton réveil ! Tout cela fait partie du chemin. Cela te permet de connaître tout ce qu'il y a de vivant en toi, de traverser toute la palette des émotions. Et la vraie connaissance est expérimentale, organique, et non mentale ! Ne plus le refouler. Y faire face pour sentir et faire les transformations nécessaires. Tu ne peux pas transcender ce que tu refoules. Tu ne peux pas dépasser ce que tu n'as pas expérimenté dans ta chair.

— Je comprends …

— Mais être aux prises avec cela sans conscience c'est devenir possédé. Sans la conscience, sans le recul, sans la présence de la lumière à tes côtés, tu deviens vite possédée par la colère, la dépression, la lassitude… Tu n'es plus là. Tu disjonctes, tu déconnectes. Tu es dans la réaction, au lieu d'être dans la présence à ce qui se passe. Tu peux alors couler et ne jamais revenir… Sans conscience et présence, tu deviens possédée par ce qui te manque, ou par ce que tu aimerais avoir ; et tu t'éloignes de toi-même… Sans conscience, tu deviens un objet, l'objet de ton manque, de ton désir, de ton impatience, et de ta colère. Tu n'es plus le sujet qui observe. Et la possession, c'est ne plus être entier, mais un morceau de toi-même.[35]

— Je vois…

— Pour ne pas faire face à son gouffre intérieur et éviter la présence consciente à cet endroit, souvent on le comble de tout ce que l'on peut trouver à l'extérieur. C'est comme cela que l'on devient possédé... Pour ne pas le sentir, on cherche à remplir ce gouffre avec de la nourriture, de l'argent des amants ou amantes ; et les démons du ventre nous squattent. On tombe dans la luxure, l'avarice, la gourmandise, l'envie… On évite alors la présence à soi et au corps. On fuit le vide en cherchant des palliatifs. La colère peut nous envahir parfois, car on est incapable de gérer nos impatiences ou nos frustrations, ou parce que la réalité est trop loin de nos désirs. Ce refus de la réalité qui ne correspond pas à nos attentes peut nous faire sortir de nos gonds… L'envie peut nous tordre le ventre… On peut aussi comparer avec celui qui a plus : plus d'argent, de bonheur… On peut encore se plaindre de ce que la vie nous offre... *On serait tellement mieux si*.... Ou encore, on amplifie notre ego pour éviter de ressentir notre vulnérabilité profonde… Ou encore, on se laisse aller dans une léthargie et une paresse, pour ne pas risquer l'échec qui ferait mal à notre personnage... Tous ces démons ou péchés capitaux ne proviennent que du manque de conscience et de présence à notre gouffre intérieur. C'est l'absence de la reconnaissance de ce vide qui nous écarte de notre centre, et nous conduit à déserter notre temple intérieur… On comble les vides avec du néant, avec des palliatifs nocifs, avec des objets, ou des activités qui nous rendent encore plus avides... « à vide ». On reste à la surface pour éviter de plonger dans les profondeurs... Les superficialités prennent le pas sur les choses de l'âme... Et l'égarement grandit. Le gouffre se creuse encore et encore, et nos ventres avalent tout ce qu'ils trouvent sur leur chemin, en spoliant notre propre planète terre...

— Mais c'est tout le monde qui est possédé alors dans ce monde !

— Je ne te le fais pas dire ! Personne n'est vraiment conscient de cette possession. Pourtant, la conscience est la seule façon d'être délivré. Mais, cela nécessite le courage de voir tous ces démons en face, et de plonger dans son puits. Néanmoins, un simple regard, une simple lumière à cet endroit ; et ils peuvent s'évaporer ! C'est cela que nous enseigne Marie-Madeleine. Elle était possédée. Elle a vécu dans sa chair cette possession. Elle a ensuite regardé en face ces 7 démons… Elle a su transformer ses 7 vices en 7 vertus, et c'est pour cela qu'elle est puissante. Marie-Madeleine est revenue de cette plongée dans les profondeurs, avec un grand savoir initiatique ; comme Perséphone, enlevée par Hadès le Dieu des enfers. Ce féminin, parce qu'il est allé dans les profondeurs de l'ombre, en ressort avec un savoir initiatique profond.

— Ah bon ?

— Marie-Madeleine est une femme d'expérimentation. Son savoir est incarné et ressenti. Elle a eu besoin de passer par le corps pour comprendre et intégrer. Elle a dû connaître les démons avant de connaître la paix. On ne peut savoir ce qu'est la lumière avant d'embrasser l'ombre. Ce processus est un cycle naturel, un cycle qui dans son ensemble, ressemble à une mort puis à une renaissance. L'un ne va pas sans l'autre… C'est dans tous les contes initiatiques. Marie-Madeleine est un symbole de ce processus de transformation : démantèlement, vide, désorientation, pour ensuite vivre la reconstruction et la résurrection vers une vie nouvelle. Le féminin c'est ce fameux cycle naturel. C'est ce processus de la nature, VIE/MORT/VIE. Ce sont ces étapes essentielles de la création et de la destruction. La perte apparente, le démantèlement, les épreuves, le vide nous servent à lâcher les ombres et les démons, pour développer un amour plus grand. Ce processus Vie/ Mort / Vie est naturel… Il est celui qui nous fait avancer vers notre essence profonde.

— Je vois tout à fait ce dont tu parles. Je suis en plein dedans. J'ai résisté de toutes mes forces, d'abord. J'accepte mieux maintenant. Et je comprends même le sens que cela a pour moi. C'était ma destinée de sortir de ma vie de léthargie pour découvrir ce que je suis vraiment. J'ai perdu un à un, mes masques. Cela m'a rendu extrêmement vulnérable. J'ai vu en face mes parties blessées, mes plaies béantes, et mes démons intérieurs… Je comprends vraiment ce dont tu parles pour l'avoir vécu.

— Je sais… C'est un processus parfaitement naturel. L'ombre avant la lumière, la nuit avant le jour. C'est la nuit obscure de l'âme..., l'éveil au point zéro[36]… Mais on a souvent fait l'économie de l'ombre qui pourtant a accompagné Marie. C'est comme si un solide se transformait directement en vapeur sans passer par l'état liquide[37]. C'est comme si la lumière avait uniquement le droit de citer… Mais que serait la lumière sans l'ombre et le soleil sans la lune ? Le catholicisme a mis le couvercle là-dessus. Il a oublié qu'au fond du puits coule la source sacrée ; qu'au fondement des églises, il y avait des grottes dédiées au culte de la Déesse-Mère et du serpent. Le catholicisme a très souvent comblé ces anciens puits, muré les cryptes, détruit les labyrinthes des cathédrales, sorti les vierges noires de sous terre ; pour ne présenter qu'une vierge lumineuse, éthérée et sans racines… Les païens et les anciens connaissaient la sagesse de mêler les deux aspects : bénéfique et maléfique. C'est la dualité du christianisme qui a disjoint l'ancienne unité entre l'ombre et la lumière, qui était par contre vue par les anciens comme complémentaire. Il n'y a pas la bête qui est l'aspect maléfique et la sainte qui est bénéfique. Le dragon obscurcit autant qu'il révèle... Faire face à ces ombres, c'est sentir dans sa chair les vices possibles ; c'est avoir le choix de faire autrement ; c'est choisir de transformer les énergies sexuelles en énergie créatrice. C'est avoir la liberté de pencher d'un côté ou de l'autre de la balance. Et on est lumineux que parce qu'on a fait l'expérience de l'ombre et qu'on a su la dépasser... Refouler l'ombre, c'est fuir. Ce n'est pas courageux. Marie-Madeleine a, elle, été possédée par les 7 démons dans son corps ; et elle a su les transcender. Elle a su vivre toutes les émotions pour mieux les transmuter. Elle a su se mettre en lien avec chacun de ses centres vibratoires et transmuter les vices en vertus... «*Après le démon de la luxure est venu l'ange de l'éros. Cela en fait un être qui a expérimenté dans sa chair le plaisir transfiguré en amour... L'ange donnant du cœur à la sexualité... pour avoir Dieu dans la peau*».[38]

— Je cerne mieux alors tous les symboles de l'église de Rennes le Château... Je comprends mieux aussi pourquoi la religion a dénaturé le message...

— Oui, et du coup il a fallu pour répondre à l'idéal religieux refouler ses instincts et ses ombres sous prétexte d'idéaux moraux pour devenir rigide et sec, ou névrosé. Pourtant «*lorsque la libido passe par le cœur, elle devient amour et encore mieux prière*»... [39]

— C'est beau !

— Cette énergie tellurique est vitale... Le chemin que montre Marie-Madeleine n'est donc pas celui du déni, car le déni devient à un moment ou un autre une névrose. Ce n'est pas non plus celui du renoncement ; ni celui de l'atteinte d'une perfection... Ce chemin c'est celui d'une transmutation... Marie-Madeleine est une religion du corps. Elle est la vie même... Or la répression de cette vie sous prétexte d'idéaux moraux conduit les corps dans une rigidité. Cela amène la peur et la violence. Les hommes deviennent alors emmurés et cuirassés. Ils ne supportent plus de voir la vie couler et circuler dans les corps. Cela peut donner des hommes sans sève, exsangues et avides, car sans vie et sans conscience de ce corps. L'univers de ces hommes est alors froid, sec et destructeur. Pourtant, l'être humain ne peut être traversé par l'esprit que s'il a expérimenté ses racines, c'est-à-dire s'il a les pieds sur terre. Il acquiert par la même, une parfaite maitrise de l'énergie de la Kundalini et du dragon. Lorsque cette énergie ne monte pas dans le cœur de l'homme pour y rencontrer les énergies d'en haut, c'est-à-dire celle de l'esprit ; elle est déviée et peut induire des maladies du corps individuel, mais aussi social.

— C'est exactement ce que tu disais ce matin.

— À cause de l'église, chaque fois que cette énergie dans ce mouvement ascendant se propulse, elle se heurte au mur de l'ignorance pour être reniée. Elle est alors déviée ; elle va dans tous les sens se perdant dans un labyrinthe dont on ne peut se sortir. Or, ce chemin du 1er niveau jusqu'au dernier niveau vibratoire, vécu dans sa chair, Marie-Madeleine en a fait l'expérience. Et cela devient un enseignement et une voie initiatique à part entière. Celui qui vit l'initiation dans l'antre de la vouivre, dans la caverne, dans le ventre de la baleine, dans le labyrinthe et le dédale, en ressort régénéré. La femme dans son entièreté devient Marie-Madeleine et Marie. La femme n'est alors plus démembrée en plusieurs morceaux et en plusieurs fonctions… On retrouve alors la plénitude du féminin dont on a tant besoin aujourd'hui. Une femme d'esprit dans son cœur et dans son corps, à la fois mère, sœur et amante...

— Je me sens réuni par tes mots. Moi qui ai toujours eu un dilemme entre la mère et l'amante.

— Le discours religieux a contribué à démembrer ce féminin. Mais c'est le parcours d'une femme que de réunir toutes les facettes qui la composent. Et sous Marie-Madeleine, il y a de nombreuses femmes : une femme possédée, une femme contemplative à travers Marie de Béthanie, une femme qui oint les pieds de Jésus, la témoin du ressuscité… C'est une femme innombrable[40] ; et plutôt que de la découper en morceaux comme dans les discours bibliques, la voir sous le visage d'une seule et même femme avec des étapes d'accomplissement sur son chemin d'initié permet de donner un symbole puissant pour l'évolution des hommes et des femmes d'aujourd'hui. Elle est les marches de la Tour de Magdala... Elle est les 7 centres vibratoires du corps... Elle est la Kundalini qui est la force tellurique partant de la Terre pour monter jusqu'au ciel. Elle est la sève du corps, le sang qui coule dans nos veines, la force de vie, la chlorophylle des arbres...

— C'est fort ce que tu dis. Je me sens reliée...

— Oui, et comme toute femme pour retrouver ton entièreté, tu dois suivre son itinéraire et te laisser porter par cette dimension archétypale; parce que c'est la dimension féminine. C'est l'itinéraire que doit accomplir le psychisme de chacune vers son accomplissement, vers son entièreté, vers sa reliance, vers son unité... Tu es descendue dans les profondeurs qu'appelle même la morphologie de ton sexe qui est creux, vers cette profondeur abyssale de ta grotte... vers ce silence et ce vide... Et au fond de ce puits, on y trouve la lumière. Et c'est à cet endroit que l'on peut rencontrer Dieu, la conscience, l'esprit, le UN...

— C'est magnifique ! Je me suis tellement séparée à l'intérieur, coupée en mille et non reliée ! J'ai tellement eu l'impression d'avoir à l'intérieur de moi des personnalités qui se battaient en duel ! Et si Marie m'aide à me réunir, c'est magique ! J'ai tellement eu l'impression de basculer d'un état à un autre ! Je comprends grâce à toi que le lien que j'ai avec Marie-Madeleine va m'aider à me marier intérieurement. Marier la gentille fille vierge et la putain; la forte et la sensible ; la responsable et la loufoque. N'est-ce pas ce prénom qui donne une invitation à trouver l'équilibre en soi ? Je me suis souvent coupée en deux, privilégiant la professionnelle et la mère, au détriment de l'amante et de la femme sensible. Je basculai ensuite, dans une hyper sensibilité...

— Oui, la nature du féminin est par définition cyclique et duale, comme la nature... Mais la nature sait équilibrer ses forces contraires si on ne l'entrave pas. L'être humain devrait aussi savoir équilibrer ses forces intérieures. Mais on ne l'y a pas aidé...

— C'est vrai que je bascule souvent d'un personnage à un autre. Mais c'est pour cela qu'on nous qualifie nous les femmes d'hystériques ? Cela a le don de m'exaspérer d'ailleurs.

— L'hystérie n'est finalement que le symptôme des femmes qui ont essayé d'être parfaites et linéaires, et qui se sont coupées de leur dualité naturelle. Au lieu de laisser aller les cycles et d'intégrer toutes leurs facettes, elles ont lutté contre. Et ce à quoi tu résistes se fraie un passage par tous les moyens. On ne peut pas lutter contre les cycles de la nature. La femme est multiple et entière. Elle est tout sauf linéaire… Elle est le paradoxe même. Elle est le mouvement de la vie, la danse des planètes, l'énergie qui circule...

— Tu peux expliquer mieux s'il te plait ?

— Si on se place, tout d'abord à niveau conceptuel, les facettes du féminin sont multiples et souvent considérées comme antagonistes : on parle par exemple de l'amante, de la mère, de la sœur, de la femme fatale, de la vierge, de la putain, de la magicienne, de la sorcière, de la guérisseuse, de la castratrice… ; j'en passe et des meilleures… Si je m'amusai à dresser la liste de tous les noms dont on a affublé le féminin, on pourrait y passer des heures tellement cette notion est riche. Ces multiples facettes peuvent se retrouver en conflit les unes avec les autres. La plupart des femmes se sortent souvent de ce conflit qui est bien souvent inconscient en niant toute une dimension de leur être. Elles ne vivent que dans une dimension, pour ne pas faire face à leur conflit intérieur. Elles choisissent par exemple d'être la parfaite, la mère, la vierge marie, en mettant au placard toutes les autres dimensions du féminin, comme par exemple l'amante, la sauvage, la lilith. Et cela dépend souvent de la vision de leur propre lignée sur la question. Elles se demandent alors pourquoi elles sont en manque total d'énergie. Elles se demandent pourquoi elles se sentent si déprimées. Comment ne pourraient-elles pas l'être quand on se rend compte qu'elles vivent à côté d'une dimension essentielle de leur être ; et qu'elles sont coupées du vivant ! Bien des femmes ne se reconnectent à cette partie sauvage qu'après une épreuve ou une dépression. Elles ont tellement essayé d'être parfaites pour être aimées ou pour rester conformes à ce que la société véhicule, qu'un jour elle se retrouve face à un vide, ce vide reflétant le manque de connexion à leur nature profonde, à leurs ovaires, à leur ventre, à leur corps, à leur puissance, à leur senti, à leurs racines, à la Terre.

— Je sais de quoi tu parles, c'est exactement mon parcours... Pourtant il y en a qui choisissent le registre de l'amante...

— Oui, c'est vrai, mais elles le font souvent dans le registre de la révoltée ; et elles peuvent avoir du mal à se conformer à ce que la société leur offre. Elles refusent d'ailleurs souvent la maternité... Ces femmes-là se coupent alors souvent de leurs douceurs ou de leur côté mère. En fait, en commençant à faire un travail sur soi et sur son féminin, on découvre souvent qu'à l'intérieur de soi, on a des valeurs du féminin qui sont en nous et qui peuvent être en parfaite contradiction. Et on n'en a pas conscience. On ne le sait pas parce que la plupart du temps, on choisit des valeurs au détriment des autres ; et on vit coupé d'une partie de soi. C'est l'un OU l'autre... Mais on doit apprendre à faire l'un ET l'autre... Et comme souvent, pour nous révéler cette part oubliée, on rencontre des épreuves qui nous la révèlent...

— C'est ce qui m'est arrivé et je comprends mieux maintenant ! Je me suis littéralement coupée du féminin dans son intégralité, tellement il m'était difficile de l'intégrer, tellement il était dans mon inconscient entaché d'ombre. Mais elles ne sont Ombre que parce que l'on porte un jugement dessus. Pour moi, il était mal d'être une femme dans son intégralité, à cause de ma vision judéo-chrétienne ; et parce que je croyais que seule la vierge Marie était celle que j'avais le droit d'être ! Une vierge en plus !

— Aimer et intégrer ses ombres est le pas que tu es en train de faire. Ce qu'il faut bien comprendre c'est que dans la matière tout est dualité. C'est la définition même de la matière. La Matière c'est le principe féminin par définition. C'est la Matrice : la terre mère. Tout ce qui est vivant sur terre est régi par ce principe de dualité : le 2. Graphiquement, le chiffre 2 est figuré par une barre. Le 2 sépare et divise. Le 2 est par définition ambivalence. Il incite à la créativité comme à la déchéance, à la rivalité ou à l'alliance. C'est la Kundalini et ses 2 serpents. C'est Marie-Madeleine avec ses démons et ses anges, ses vices et ses vertus... À contrario, la Conscience c'est le Père, le principe masculin : Le UN… Mais pour arriver au UN, il faut passer par le DEUX… Et ensuite, le DEUX et le UN convolent en juste noce… Dans le caducée, les DEUX serpents s'enroulent autour d'UN axe. Dans l'espace, la terre mère et les planètes tournent autour du Dieu soleil... Le féminin multiple et en mouvement et danse autour de l'axe fixe du masculin. La dualité de la matrice s'alchimise avec l'unité de la conscience.

— Bon, arrête parce que là je suis perdue ! On dirait du Jean-Claude Van Damme.

Pauline s'esclaffe grâce à ma boutade :

— Je te promets que tu auras les explications en temps utile là-dessus. Je vais d'abord revenir sur le féminin avant de passer à la réunion de tous les principes qui régissent l'univers, si tu es d'accord…

— Euh… oui … OK... parce que là, je ne te suis plus du tout…

— Pour en revenir à Marie-Madeleine, elle reflète cette dualité extrême. Elle allait au bout de tout ce qu'elle entreprenait… Cela pouvait être une femme de contradictions. Mais, tout ceci avait du sens. Elle cherchait un équilibre entre tous ses contraires… Elle explorait toutes les périphéries de sa personnalité, pour trouver son centre. Un excès de sérieux pouvait appeler une abondance de bêtises ; un trop-plein de léthargie pouvait conduire à une bouffée de danse ; des périodes de solitudes et de recueillement étaient suivies de période de fêtes… Elle incarne cette dualité, car elle est par définition le féminin et la matière… Elle est la Nature et ses cycles. Et tout dans la nature est régi par le principe de la dualité. Car tout dans l'univers est dualité. Par exemple, dans l'espace, la dualité c'est : le haut et le bas, la gauche et la droite, l'intérieur et l'extérieur, le petit et le grand, la lumière et l'ombre. Dans le temps, la dualité c'est : le jour et la nuit, le passé et le futur, l'été et l'hiver. Tout est dualité. Il n'y a qu'à regarder le corps humain : deux bras, deux jambes, deux poumons, deux cerveaux, deux systèmes circulatoires. La respiration se compose d'un inspir et d'un expir.[41]

— OK, OK ! Je ne vois pas où tu veux en venir avec ta dualité.

— Là où je veux en venir, c'est que sans que nous en rendions compte, ces multiples dualités sont la trame de l'organisation basique de notre vie, c'est la trame de l'organisation de la chimie, de la physique, et il en est de même pour l'organisation de votre personnalité. C'EST UNE LOI DE LA NATURE !

Pauline hurle presque, telle sa passion pour le sujet est grande.

— Et alors ?

— Alors, nier le féminin c'est aller contre nature parce que l'individu est constitué de polarités opposées. Et le mener vers une seule de ces polarités, c'est le couper en deux. C'est lui faire nier ce qu'il est. C'est le mener au conflit entre lui et lui-même. C'est l'aliéner. C'est être à l'encontre des lois naturelles. Et donc, lorsqu'une personne est associée seulement à l'une de ses polarités, elle vit dans un monde où le vrai exclut le faux, le bien, le mal, ou les autres... Ce qui est valable pour l'univers et la nature est aussi valable pour l'individu. L'individu est composé de pôles opposés ; et tant qu'il n'en sera pas conscient, il refoulera dans son inconscient tout ce qu'il juge être ses ombres ou ses ennemis ; et il ne sera pas libre, car prisonnier de ses démons intérieurs. Cette attitude donne naissance à des jugements catégoriques où la personne est coupée en deux, et où elle rejette sa partie opposée. Et qui rejette une part de soi, la projette sur les autres... Et l'on se met à juger à l'extérieur ce que l'on ne reconnaît pas en soi. Or, Marie-Madeleine et Marie sont des archétypes qui invitent à réunir toutes ces parts. Isis est symboliquement la Déesse qui embrasse les opposés, qui réunit toutes les parts démembrées avec ses ailes déployées qui embrassent l'univers entier… Et la femme devient alors multiple et entière… ; provocante ou innocente… ; une femme paradoxale, initiée et prostituée… ; une amoureuse et une mystique… ; rien de tout cela, et tout à la fois[42]...

Tout le discours de Pauline m'apaise… Je n'ai grâce à elle plus à me battre contre les jugements que je peux avoir de moi-même. Il suffit juste d'avoir conscience de toutes mes multiples facettes et d'apprendre à les concilier… Chaque part de moi est importante et a le droit d'exister ! La rigide et la loufoque ! La mère et l'amante ! La responsable et l'immature ! La sauvage et la spirituelle ! La femme en rage et celle qui aime ! Chaque part a quelque chose d'important à me révéler sur moi-même ; en exclure une c'est finir par être possédée par elle ! C'est me couper d'une source d'énergie puissante... Voir mes parts, les connaître, les accueillir, c'est redevenir entière. C'est ne plus osciller entre les extrêmes, mais se retrouver au centre, parfaitement détendue.

33. LA FRACTURE

« Si vous parlez à Dieu vous êtes croyant, s'il vous répond, vous êtes schizophrène », Anonyme

Mardi 17 décembre

9h00 : Je me réveille en nage... Quel rêve hallucinant ! Je vous raconte :

Je conduis ma voiture en direction d'un hôpital, non pas parce que j'ai un souci de santé, mais parce que je dois y donner une conférence sur le féminin !

Ma fille est assise sur mes genoux et elle m'empêche de voir clairement la route qui défile devant moi. Par la vitre avant gauche, avec ma main étendue à l'extérieur, je tiens un gros câble de fer qui tracte à l'arrière de mon véhicule une autre voiture dans laquelle se trouve ma mère ! Ce n'est pas banal comme situation, n'est-ce pas ?

Ma fille tourne alors soudainement la tête et me cache la vue. Je tourne donc brusquement le volant et je fais une embardée sur le côté... Du coup, je lâche le câble et par la même la voiture de ma mère qui se fracasse sur une barrière en métal sur le bas-côté...

Je regarde en arrière pour voir si elle va bien ! Elle me fait un grand signe de la main me signifiant que tout va pour le mieux et que je dois vite me rendre à ma conférence.

Toujours dans mon songe, je finis donc par faire mon discours devant une centaine d'hommes en costume gris et en cravate ! Ils ont tous un air tellement sérieux et rigide qu'une terrible angoisse me prend les tripes.

Je commence néanmoins mon speech sur le féminin... Mais dès le début, la moitié de la salle se lève. Ces hommes ne sont pas du tout intéressés par ce que je suis en train de raconter... Ils se dirigent vers le haut de l'amphithéâtre et ouvrent la porte de sortie... Derrière elle, et contre toute attente, se tient là une immense dame brune avec un Pancho bariolé de toutes les couleurs et des plumes en guise de boucles d'oreille.

J'ai tout à coup très peur que cette dame rentre dans la pièce... C'est sûr, ce personnage pour le moins loufoque va mettre la pagaille dans ma conférence ! Ce n'est pas le genre de lieu qui peut accueillir ce type de bonne femme !

Mais, cette dernière n'a absolument rien à faire de mes pensées ! Elle entre suivie d'une cour de gens aussi bizarres les uns que les autres : une danseuse en tutu, un guitariste chevelu et barbu, une chanteuse de cabaret, un aventurier genre Indiana Jones, une bohémienne avec des maracas et un motard en blouson de cuir.

Je regarde cette foule de gens originaux pénétrer dans le lieu de ma conférence, impuissante. Et, ils s'assoient tous bien sagement, attendant que je prenne la parole.

J'ai donc en face de moi :

— une moitié de salle très colorée, pleine de gens bizarroïdes, guidés par une femme chamane en poncho

— et une autre moitié de salle de couleur grise, emplie d'hommes rigides, cravatés et en costume...

Il y a de plus entre ces deux côtés de salle une ligne de démarcation très précise et très large... Ces personnes ne se mélangent pas, ne se touchent pas et ne se regardent pas. C'est comme s'il existait une fracture béante entre ces deux mondes.

Je suis là, médusée sur place ! Quel discours tenir face à des gens qui n'ont pas le même langage ? Ils ont tellement l'air d'être en totale opposition !

Je suis comme immobilisée. Je ne peux plus parler tellement j'ai peur d'être rejetée par l'une ou l'autre de ces moitiés de salle... Comment trouver un discours qui pourrait réunir ces deux polarités ? C'est perdu d'avance non ?

Et c'est là que je me suis réveillée par une angoisse inouïe à l'emplacement de mon sternum !

La symbolique de ce rêve est juste énorme ! Cela commence par le coupage de cordon avec ma mère, symbolisé par le câble que je lâche... Je pense que le fait que j'investigue ma féminité depuis quelque temps marque mon autonomie par rapport à elle et par rapport aux croyances de ma lignée. Je commence à tracer ma propre route…

Ensuite, de façon étonnante dans ce songe, je dois faire un discours sur le féminin dans un lieu d'hommes. Je vois bien, ici, le lien qu'il peut y avoir entre ma situation et ma vie passée dans mon ancienne entreprise, où les valeurs mentales, financières et masculines régnaient en maître…

Dans mon songe la moitié des hommes rigides est partie laissant place à de la couleur et à de la créativité. Le lien est facile à faire. C'est parce que dans la réalité j'entame depuis peu mon réveil du féminin ! Certes, j'ai peur quand je vois cette femme et toute sa clique rentrer dans l'amphithéâtre ! Il est clair qu'elle et ses acolytes vont mettre un certain chaos dans la salle ! Que vont bien pouvoir penser toutes les personnes strictes qui étaient déjà bien sagement assises là ?

Et cette symbolique se vérifie dans ma vie ! Plus rien ne tourne rond ! Retrouver ma féminité met une sacrée pagaille dans mon quotidien ! Et faire rentrer tous ces gens si différents dans ma vie : Éric, Moïra, Mathilde..., n'est pas une chose facile ! Ils sont si différents de mes anciennes fréquentations !

Voilà donc un beau message ! C'est exactement la place où je me situe aujourd'hui ! À l'intersection entre ces deux mondes !

Symboliquement, le masculin prédateur qui étouffait mon féminin commence à partir : les hommes noirs laissent la place à un féminin coloré et créatif ! Cela me rappelle du reste, la prédiction de la voyante lors de mes 16 ans…

Mon féminin englouti refait donc surface… Ce rêve en est la preuve ! Mais, je sens bien que c'est loin d'être gagné, vu l'angoisse dans laquelle je me trouve à mon réveil !

Ce qui est édifiant dans ce que j'entrevois à travers ce songe, c'est le manque d'alliance intérieure entre mes deux polarités ! Il y a même une fracture… Pourquoi ?

En m'interrogeant sur cette question, je comprends tout de suite combien la quête de l'argent et de la reconnaissance sociale à cause de mon éducation m'a fait oublier ma nature créative et féminine… Mon masculin prédateur a tué mon féminin au lieu de le soutenir ! Il m'a coupé de mes racines féminines laissant une fracture béante jusque dans mon corps et dans ma chair… Je sens bien cette coupure au niveau de mon sternum !

Je comprends alors combien j'ai écrasé tous mes élans créatifs pour répondre à une autorité patriarcale provenant de mon éducation et de la société ; où seules les valeurs - argent, action, responsabilité, efficacité et expertise- avaient leur place. Je n'ai été finalement et jusqu'à ce jour seulement que du côté des costards cravates ! Mes actions quotidiennes ne sont allées que dans ce sens !

À l'intérieur de moi, je n'avais qu'un pauvre couple destructeur : masculin prédateur, féminin englouti…

Mon féminin revient sur le devant de la scène, mais je comprends qu'il ne peut agir seul ! J'ai autant besoin du masculin bienveillant que du féminin vivant et créatif ! Tant que je n'aurai pas réconcilié l'un et l'autre, je serai comme coupée en deux ! Et réconcilier mon féminin et mon masculin, alors que je n'ai vu que des règlements de compte entre mon père et ma mère ne va pas être une tâche aisée ! Le dessin de mon mandala est là pour en attester, avec son cœur brisé en son centre !

Il est réellement temps que cela change ! Le message est clair !

Mon masculin et féminin doivent faire alliance. Ils doivent arrêter de s'ignorer, voire même de se battre ! Mais comment créer un pont entre mes deux polarités qui se sont si manifestement éloignées ?

Il est essentiel que je demande à mon masculin de se retourner et de regarder mon féminin en face… Mon masculin ne doit plus avoir peur de cet abîme qui réside à l'intersection de ces deux mondes…

Tout me revient d'un coup à la conscience : le prénom de Charles, indiquant combien le masculin prédateur avait tout avalé en moi ; le mandala avec en son centre un cœur brisé avec des gants de boxe de chaque côté matérialisant ce conflit entre mon féminin et mon masculin intérieur. Ce couple est intériorisé en moi, mais il ne m'appartient pas ! Je dois en créer un autre pour être en harmonie !

Tout a donc un sens… Tout ce chemin initiatique m'a conduit dans mes profondeurs. Et je vois tout le chemin qu'il me reste à parcourir ! Ce chemin c'est celui de ma réunification intérieure ! C'est celui de la réunion de toutes mes parts !

De mes différentes parts féminines d'abord : la mère, l'amante, la fille, la sœur, la créative…, mais aussi la rencontre avec un masculin soutenant à l'intérieur de moi, un masculin nouveau à inventer…

Tout était démembré, séparé, brisé… Tout doit maintenant se relier…

Je suis pleine de gratitude grâce au rêve que je viens de faire, et grâce à son message… Concrètement, le masculin en moi est celui qui va me donner la volonté d'agir en accord avec mon féminin intérieur, et non pas contre lui. Il est vrai qu'entre mon masculin et mon féminin résidait ma blessure la plus intime : un gouffre béant. Mon masculin ne pouvait faire face à mon féminin blessé. Il était tenté de fuir, car la blessure était bien trop profonde. Cette dernière lui révélait sa propre impuissance à la guérir. Il ne pouvait y faire face. Mon couple intérieur n'était que blessures qui se ravivaient l'une l'autre…

Mais le nouveau masculin en moi que je m'engage à connecter aujourd'hui va pouvoir accueillir la vulnérabilité de mon féminin. Il saura soutenir ce féminin pour qu'il s'ouvre comme une fleur. C'est ce mouvement de conscience que je m'invite à faire, à chaque émotion douloureuse rencontrée dans mon corps… Mon masculin intérieur sera aussi celui qui va me donner la rigueur nécessaire pour aller en direction de mes envies, de mes élans, de ma créativité et de ma nature profonde ! Ce sont aussi les actions que je m'emploierai à entreprendre en direction de mes besoins profonds … Mon masculin soutenant mon féminin…, l'esprit pénétrant la matière…, la lumière éclairant et embrassant les ombres…, les noces du soleil et de la lune…, du ciel et de la terre… : voilà mon nouveau couple intérieur à construire !

Quelle prise de conscience ! Jusqu'à présent, j'agissais pour avoir de l'argent ou une reconnaissance sociale ! J'agissais en fonction d'obligations morales et dogmatiques (masculin prédateur)… Aujourd'hui, je comprends que je dois agir (masculin bienveillant) en direction de mon féminin et de ma créativité, c'est-à-dire en faveur de ce qui m'anime !

Qu'est-ce qui m'anime ? Je l'avais dessiné dans mon mandala : l'aventure, la nature, les voyages, la danse, le plaisir… Qu'est-ce qui m'attire ? Les écrivains, les aventuriers, les chercheurs et ceux qui ont quelque chose à transmettre… Cela veut-il donc dire que la direction que je dois prendre c'est d'écrire et de transmettre les messages qui viennent de mes recherches, de mes élans profonds et de mes voyages ?

Je ne peux plus me permettre de tourner le dos à mes désirs et à ce qui compose ma richesse intérieure… Suis-je prête à en prendre le risque sans filet ? Rien n'est moins sûr...

9h30 : Je suis perdue dans mes pensées et dans l'interprétation de ce rêve magnifique. Et je regarde mon crâne de quartz rose donné par Moïra, posé sur l'étagère en face de mon lit… Poussée par un je ne sais quoi, je le prends dans mes mains… Je reste un moment là, dans son énergie… J'ai comme l'intuition qu'il me transmet quelque chose… Je n'y mets aucun mental.

Après quelques minutes de cette présence immatérielle, je me lève et allume mon ordinateur… Je lis mes mails… Et de nouveau une publicité de *ComAzur*. Un encart annonce une conférence d'une chamane Russe, ce soir à 19h00…

Ce n'est pas le titre de la conférence qui m'interpelle, mais l'énorme photo d'un crâne de quartz rose qui agrémente la publicité. Les hasards deviennent mon habitude…

19h20: Me voilà donc assise sur une mauvaise chaise en plastique à l'arrière d'une villa dans le pittoresque village de Cassis, village se situant à une demi-heure de route de Marseille. Il y a là une trentaine de personnes qui attendent comme moi l'arrivée de cette fameuse chamane…

Je suis un peu exaspérée par ces vingt minutes de retard ! La conférence était prévue à 19h00 d'après le prospectus ! Cela doit être dû à sa fonction de chamane de ne pas avoir la notion du temps ! Apparemment, dixit ma voisine de gauche que j'écoute d'une oreille discrète, la notion de temps chronologique chez eux ne serait pas vraiment intégrée. Ils seraient plutôt dans le temps-présent...

Je regarde par contre, moi qui suis bien dans le temps chronologique, ma montre toutes les minutes en me demandant bien ce que viennent chercher la trentaine de mes camarades de conférence… Ont-ils eux aussi suivi des signes ? Sont-ils en quête de sens ?

19h30 : La porte s'ouvre… Un silence assourdissant règne dans la pièce. Et là, comme dans mon rêve, une grande dame brune en poncho bariolé avec des boucles d'oreilles en plume rentre dans la salle, suivie d'un tout petit bout de femme blonde !

Je suis prise d'une quinte de toux que rien ne peut stopper, tellement mon étonnement est grand ! Sous les regards accusateurs des trente individus que je dérange manifestement, la Chamane allume un bâton de sauge et disperse sa fumée dans toute la pièce…

Cela aggrave bien évidemment ma toux… Et, je manque m'étouffer pour deux raisons : la surprise de voir la femme de mon songe en chair et en os devant moi, et la fumée qui me pique douloureusement la gorge... J'apprendrai par la suite, soit dit en passant, que la Sauge est censée chasser les mauvaises énergies et les mauvais esprits.

J'écoute ensuite vaguement l'histoire de cette chamane qui s'exprime en Russe, traduite par la petite blonde au fort accent slave. Je n'arrive absolument pas à me concentrer, trop occupée à ne pas mourir sur place d'étouffement. Je suis même obligée de sortir pour ne pas déranger l'auditoire qui ne cache pas son agacement.

20h30 : Avant de clôturer la conférence, la traductrice nous annonce deux évènements importants :

- la chamane donne des entretiens individuels dès le lendemain
- elle va animer un stage le Week-end qui suit, pour faire l'ascension du mont Bugarach ...

À l'annonce de ces nouvelles, je ne retiens plus ma stupéfaction... Je lance un «QUOI ?» en hurlant presque, sous les yeux médusés de l'assemblée qui ne peut manifestement plus me supporter. Même si je deviens une habituée des synchronicités, je n'arrive pas encore à cacher mes étonnements...

Voilà donc que le mont Bugarach que j'avais pourtant oublié croise de nouveau ma route. Il est vrai que j'avais pressenti l'appel de cette montagne. Mais je ne pensai pas que cela viendrait si vite...

Je m'inscris bien évidemment à un entretien individuel pour le lendemain matin à 11h00...

34. LA CHAMANE

« Les climats, les saisons, les sons, les couleurs, l'obscurité, la lumière, les éléments, les aliments, le bruit, le silence, le mouvement, le repos, tout agit sur notre machine et sur notre âme. », Jean-Jacques Rousseau.

Mercredi 18 décembre

11h00 : Je pénètre dans une des pièces de la même villa qu'hier. Cette pièce est plus petite que celle de la veille. La chamane est assise dans la pénombre devant une bougie allumée. La traductrice se tient à ses côtés. Elle m'invite à m'asseoir sur la chaise vide en plastique posée devant elle.

— Je t'attendais, me dit-elle en langage russe, traduit par la petite dame en blonde au fort accent slave.

Elle m'attendait, me dis-je en mon for intérieur ?! Encore une bizarrerie de plus sur mon parcours. Je ne suis plus à cela près ! Comment quelqu'un peut-il savoir à l'avance ma venue ?

Elle poursuit :

— J'ai rêvé de toi avant-hier soir et je savais que tu allais venir… J'ai des choses à te dire.

Je ne sais pas quoi répondre. Ma bouche est grande ouverte comme si j'allais gober une mouche… Nous avons rêvé l'une de l'autre mutuellement et au même moment !

Moi qui étais si rationnelle ! Les preuves de la magie de la vie s'accumulent les unes après les autres pour faire exploser toute trace de cartésianisme qui aurait pu rester ancré en moi…

Je la laisse continuer estomaquée :

— La première chose que tu dois savoir, me dit-elle, c'est que tu es promise à un grand changement de vie. Tu vas écrire et voyager sur toute la planète pour enseigner ce que tu auras vécu ; car cette expérience que tu as faite, tout le monde sera appelé à la vivre à un moment ou à un autre de sa vie dans cette période de grands bouleversements climatiques, économiques, politiques et financiers. Les crises actuelles ne sont que les prémisses de ce qui est à l'œuvre. Beaucoup de choses vont être appelées à changer ; et beaucoup d'anciens paradigmes vont mourir pour que d'autres renaissent... Certaines personnes ne sont pas encore vraiment prêtes pour vivre cela. Il y aura besoin de personne comme toi pour donner de l'information sur ce processus qui est naturel, mais aussi pour expliquer ce qu'il se passe afin de pouvoir retrouver l'amour de notre terre, de nos corps et de nos racines... La crise interne et externe que tu as vécue, le monde va la subir. Et c'est une bonne chose. Nous sommes allés trop loin dans la science en oubliant la conscience, la nature et le vivant. Nous avons fait des dégâts, et les choses doivent se rééquilibrer. Comme le disait Malraux : « le 21e siècle sera spirituel, ou ne sera pas ». Et les choses aujourd'hui vont dans ce sens. Les gens dans leur zone de confort ne bougent pas, et ne se remettent pas en question sans crise. Et ils vont avoir besoin de repères, car ils n'ont pas encore la vision globale de ce qui est en train de se produire... Toi, tu le sais maintenant, car tu as vécu et expérimenté cette crise dans ta chair. Et beaucoup de personnes vont avoir à subir des bouleversements internes et externes pour trouver leur juste place et leur créativité, et pour œuvrer par la même dans le sens de la vie plutôt que contre elle... Le féminin t'a appelé... Il était blessé et enfoui en toi, comme il est encore écarté des valeurs de notre société aujourd'hui. Mais il veut resurgir, et un rééquilibrage est à l'œuvre. Grâce au chemin que tu as emprunté, tu pourras partager ce que tu as traversé.

Je ne sais pas quoi répondre. Je trouve cette tâche bien trop grande pour moi. Je ne me sens vraiment pas à la hauteur de ce que cette femme avance... Il est vrai que je suis en plein bouleversement, mais de là à enseigner dans le monde entier, faut pas pousser !

J'essaie de prendre du recul et de respirer face aux mots de la chamane. Et, je me rends compte à cet instant que je me laisse encore guider par ma peur, plutôt que d'écouter mes élans profonds et ma puissance intérieure. En allant plus au creux de moi-même, je sais que je suis là en train d'être validée dans quelque chose que je pressentais déjà à l'intérieur de moi… Comme si je l'avais toujours su… Je sentais que je devais écrire et voyager … Mais ce que la chamane m'annonce là me tétanise tout de même… Et je reste muette…

Voyant mon inconfort émotionnel, elle sourit et me révèle la suite avec une voix plus douce :

— Je te rassure… Tout cela n'est pas pour tout de suite. Tu as encore des choses à vivre et à intégrer d'abord, pour gagner en sérénité. Tu ne pourras enseigner que quand tu seras installée dans ta présence et ta sécurité intérieure. Et cela te demandera encore du chemin. On ne peut pas sauver le monde, si on ne s'est pas sauvé d'abord soi-même… Trop de gens partent en mission pour éviter de faire face à leurs propres ombres. Et, il ne sert à rien de se presser. Par ailleurs, tu dois prendre soin de tes enfants, les entourer et les aimer ; et également attendre qu'ils grandissent pour qu'ils aient les bases nécessaires pour leur autonomie… Là encore, vouloir aider la société et être à son service, si cela veut dire fuir sa propre famille n'avance pas à grand-chose. Guérir les blessures du monde pour en créer chez ses propres enfants, cela ne changerait rien à l'affaire. Et, être femme, c'est aussi être mère. Le fait d'être mère est aussi un enseignement d'une grande richesse, car nos enfants sont nos maîtres. Ils nous montrent ce qui n'est pas encore amour en soi… Réunis la femme, l'amante et la mère en toi. Chéris toi et les tiens avant d'entamer ton envol. C'est comme cela que tu auras l'ancrage nécessaire pour accomplir ta mission.

J'écoute la chamane avec attention et je trouve ces mots d'une grande sagesse… Je vois tellement de gens ou enseignants soi-disant spirituels qui abandonnent leur famille pour prêcher la bonne parole ! Je la laisse poursuivre :

— Cette période de latence te permettra de rentrer dans une phase de gestation nécessaire à la réalisation de ton projet de vie. Et, là, il n'y a rien à faire… Si tous les projets pouvaient être muris de cette façon, avec patience et sans précipitation, le monde serait bien plus paisible. La créativité a besoin de calme, de repos, d'accueil et de réceptivité. C'est une potentialité qui ne peut pas naitre sans ces valeurs féminines… La société d'aujourd'hui a oublié cette nécessité. Elle expire et se précipite dans l'action et oublie la phase de l'inspir qui est silence, intériorité et gestation. Pas étonnant qu'elle s'essouffle… Ne faut-il pas neuf mois sans rien faire, sans aucune volonté mentale, ni action et contrôle d'aucune sorte dans un ventre de mère pour qu'il y ait une naissance ? La naissance de ton livre ou de n'importe quel autre nouveau projet a besoin de cette lenteur et de cette phase de gestation : une phase où il n'y a aucun mental, mais une inspiration organique…

J'écoute patiemment, comme habitée par la lenteur et la paix que dégage cette femme devant moi. Moi qui ai toujours tout fait dans l'urgence, ce qu'elle me dit m'apaise profondément. Tous mes muscles se relâchent… Je n'ai plus aucune tension intérieure… Je la laisse parler :

— Cet hiver, je t'invite donc à te laisser être. Avec toute notre intelligence, en tant qu'humains, il nous arrive d'oublier que nous sommes également des créatures de cette terre, et donc tributaires de ses rythmes tout comme les plantes, les arbres et les animaux. Tu dois savoir que chaque saison a une fonction pour chaque être vivant. À ces mots qui m'interpellent, je me réveille de ma torpeur…

— Ah bon ?

— Oui Charline. Déjà, en tant que femme, il nous est accordé la possibilité merveilleuse de vivre des saisons à l'intérieur de chaque cycle menstruel, mais aussi dans nos cycles de vie de femme : petite fille, vierge, femme créatrice, femme mûre, femme ménopausée. Mais on peut chercher encore plus loin dans notre conscience cyclique pour connaître la terre et ses saisons. Et cette conscience est la conscience de la vie elle-même qui coule dans tes veines à travers ton sang ; et elle se trouve dans ton corps… Quand nous arrivons à vivre en accord avec les rythmes de la terre et du corps, à les honorer, nous vivons un profond sentiment de paix et de justesse. Quelles que soient nos convictions religieuses, aujourd'hui nous réalisons l'importance de respecter, de soigner et d'honorer cette planète nourricière ; et du même coup la nécessité de faire de même avec nos corps, car la terre et le corps sont tous les deux sont profondément reliés... Si tu cales tes rythmes sur ceux de la terre et de ses saisons, tu seras mieux à même d'être portée par les énergies du moment. C'est pourquoi à partir du 21 décembre, qui est le début du solstice d'hiver, il conviendra que tu te laisses aller dans cette énergie de l'intériorisation jusqu'à l'équinoxe du printemps, le 21 mars.

— C'est intéressant, ce que vous dites. Mais en même temps, il y a les fêtes de Noël qui vont arriver… Cela n'est guère propice à une intériorisation ! J'ai tous les cadeaux de Noël à faire !

— Pourtant, il est essentiel que tu comprennes que cela est fondamental. Je conçois que rien dans la société ne nous facilite la tâche. Pourtant, cela est une clé essentielle que de suivre le rythme des saisons. Et ce n'est pas étonnant que les gens soient pleins de grippes et de gastro-entérites dans ces périodes, car leurs corps sont en lutte au lieu de se laisser être dans une période qui est néanmoins l'intériorité même.

— Je veux bien une explication… Pourquoi l'intériorité est-elle essentielle au solstice d'hiver ?

— Le cycle du temps a quatre portes : les deux solstices et les deux équinoxes. Les équinoxes (jour égal à la nuit) marquent les changements de polarités dans le temps : d'une énergie émettrice à une énergie réceptive pour l'équinoxe d'automne (du masculin au féminin) , et de l'énergie yin à l'énergie yang pour l'équinoxe de printemps... Les solstices, eux marquent les moments où l'une des polarités est la plus grande, c'est-à-dire là où soit le jour est le plus long (solstice d'été), où soit la nuit est la plus longue (solstice d'hiver). C'est pourquoi comme tu peux le supposer, le solstice d'hiver dans lequel on va passer le 21 décembre marque vraiment le moment où la nuit est la plus longue, et donc le moment où le recentrage sur soi doit être le plus important... Dans l'antiquité, le solstice d'hiver était célébré comme l'anniversaire de la naissance du Dieu soleil et on faisait, en cet honneur, des feux de joie. Parce que c'est à partir de ce moment-là que le soleil va croitre, et cela n'est pas un hasard si au niveau symbolique c'est la naissance de Jésus, c'est-à-dire de l'archétype masculin… Il va croître jusqu'au moment où la polarité féminine et la polarité masculines seront égales, c'est-à-dire au moment de l'équinoxe de printemps, le 21 mars, pour atteindre son apogée au solstice d'été.

— Je n'avais jamais fait le rapprochement... Donc la période d'hiver est plus propice au recueillement ? Est-ce bien cela ?

— Oui, c'est la période de l'accueil de la Déesse qui vient doucement nous guider dans le silence de la nuit. Dame-Nature couverte d'un manteau marron prend peu à peu l'apparence de la mort. Mais une mort pour renaître... L'hiver est une période de longue veille et de petite mort, car à cette période toutes les forces de la nature sont descendantes et convergent vers le centre de la Terre. La nature est dépouillée et réduite à la nudité. C'est le sommeil de la terre, un temps de gestation. Là, tu y trouves tes profondeurs et la mort représentée par le crâne ou le squelette.

— C'est très marrant ce que vous dîtes. Avant de venir vous voir, j'ai vécu cette descente dont vous parlez, au creux de la terre pour mourir à mes anciens schémas et renaître ; et c'est grâce à un crâne de Cristal rose que je suis là...

— Je sais. C'est aussi le symbole que j'ai choisi pour mes prospectus à cause de la saison dans laquelle nous sommes. Et comme je te le disais, l'hiver nous incite à nous intérioriser. Il nous invite à abandonner ce qui fait obstacle à notre lumière intérieure ainsi qu'à l'attachement aux choses matérielles qui nous empêchent de progresser. C'est une période où l'on va dans les profondeurs du puits, pour dans cette petite mort acquérir une connaissance profonde : la connaissance du crâne. Tu dois donc te servir de cette période pour intégrer ce que tu as vécu au fond de ton antre intérieur, et laisser germer en silence tout ce qui aura besoin d'éclore quand il sera temps.

— Vous me parliez d'une première chose que je devais savoir quand je suis arrivé. En existe-t-il une deuxième ?

— Oui...

Je reste en haleine en attendant qu'elle me divulgue la suite :

— Le 21 mars, jour de l'équinoxe du printemps, tu iras faire l'ascension du mont Bugarach.

Je suis une fois de plus très étonnée de la parfaite orchestration de tous les évènements qui se produisent dans ma vie… Le mont Bugarach croise une nouvelle fois ma route. J'avais pressenti à l'époque que ce n'était pas le moment de grimper cette montagne. J'avais senti, sans en connaître les raisons, que je devais d'abord descendre dans les profondeurs de la terre dans la grotte de Galamus, justement au moment où le soleil déclinait en plein automne, là où les énergies yin augmentaient et où l'intériorisation était de mise... Symboliquement, il n'était pas juste que j'escalade une montagne à cette période ni que je n'ascensionne… Pourtant, j'avais eu cette intuition sans avoir la connaissance de ces périodes cycliques… Se pourrait-il que ce savoir ait été dans ma chair même ? Suffirait-il de se laisser porter par ses ressentis pour accéder à une connaissance organique profonde ?

Du coup, je commence à imaginer pourquoi il va falloir que je grimpe le mont, juste à cette période-là, à l'équinoxe de printemps… Je pose néanmoins la question pour avoir plus de précisions :

— Pourquoi à cette date-là ?

— Parce que c'est le moment précis où le jour est de même durée que la nuit. Le Roi Soleil commence son voyage vers le ciel pour atteindre son apogée au solstice d'été le 21 juin… Symbole de renaissance à la vie, de vitalité, de joie et de bonheur, l'équinoxe de printemps est une porte qui s'ouvre nous invitant à la franchir, et à accueillir l'énergie nouvelle qui se présente. À cet instant-là, nous sommes incités à sortir de la nuit en sortant de nos maisons, à redevenir actifs… La petite graine a commencé à germer dans le giron sécuritaire de la terre ; l'enfant intérieur a grandi : il doit maintenant lâcher la main de la mère et s'autonomiser ! Il doit s'engager avec confiance sur le chemin de l'avenir ; il est temps pour lui de semer les graines de sa future vie. C'est le moment que la graine sorte de la terre mère pour grimper vers le ciel, pour rencontrer le père ... C'est la période pour rencontrer l'énergie du masculin et du yang… Quoi de mieux que d'escalader une montagne pour symboliser cette rencontre ? Le mont Bugarach est le lieu idéal pour cette alliance, c'est un lieu alchimique de fusion entre le yin et le yang, entre la matière et l'esprit, entre la mère et le père, entre le féminin et le masculin.

— C'est juste énorme comme symbolique ! Vais-je à ce moment-là enfin sortir de la nuit obscure dans laquelle j'ai été tout ce temps ? Vais-je enfin renaître et rencontrer la lumière ? Ce qu'il y a d'étonnant en plus, c'est que justement j'ai fait un rêve sur le coupage de cordon avec ma mère, et vous apparaissiez juste après cet épisode dans mon songe. Et vous m'annoncez là comme par enchantement qu'il sera temps que je sorte de la terre, de la nuit et de la mère pour aller vers l'autonomie et l'énergie yang, en grimpant sur une montagne autour de laquelle je me suis baladée en voiture !

— Oui… la magie de la vie est ainsi faite. Il y a de beaux clins d'œil pour nous accompagner... Et, après le jour, il y a la nuit. L'équinoxe de printemps marque cette période, où l'énergie du père et du ciel commence à être bien présente. Je te propose d'escalader le mont Bugarach, car c'est vraiment une porte d'accès vers cette énergie-là... Différents lieux sur Terre sont d'ailleurs des passages, car ils portent des énergies particulières qui aident à faire ces passages en conscience… Le pic de Bugarach représente la porte de l'alliance et du cœur : là où le jour et la nuit sont de même intensité ; là où l'esprit féconde la matière, là où les énergies s'inversent… Les Gorges de Galamus t'ont mis en lien avec tes 3 premiers chakras. Et, tu iras à Bugarach pour faire le passage te permettant de passer le 4e pour atteindre les 3 derniers chakras qui sont les portes du ciel…

Je suis vraiment interloquée par le discours de cette chamane. Tout est parfait en ce monde : les cycles de la nature, nos corps, la vie qui y circule. Je prends conscience que chaque saison a parfaitement sa place dans la danse de la vie… J'irai donc grimper le mont Bugarach au début du printemps. Le printemps caractérisé par l'éclosion des bourgeons et par la floraison favorise la prise de conscience de la nouvelle vie qui mène vers l'expansion. Il apportera sûrement les prémices de mes futures réalisations. Ce sera le temps d'agir… et d'écrire … Ce sera la saison du renouveau, du nouveau feu, le début du cycle de la fertilité et de l'abondance, le temps des semailles. Après, les longs mois d'hiver dans mon intériorité, où j'aurai eu le loisir d'analyser mes expériences et mes erreurs passées, où j'aurai pu méditer de longues heures, il sera temps… Cette introspection me permettra sûrement de mesurer la tâche à accomplir pour réunir ce qui a été épars en moi...

Mes prises de conscience sont énormes… Après avoir écouté longuement cette chamane, j'articule ces quelques mots pour mieux ancrer mes réflexions du moment :

— Je comprends… C'est évident maintenant… Je réalise à l'instant que j'ai toujours nagé à contre-courant des énergies cosmiques qui auraient pu me porter. Si j'avais su mieux les écouter, j'aurais moins lutté. Les anciens le savaient. La mythologie en parle. Je suis si triste de voir que l'on a tout oublié ! Je ne comprends pas d'un coup l'absurdité de notre monde actuel. Je conscientise par conséquent la raison de ne pas avoir su y trouver réellement ma place. Comment ne pas être à côté de la plaque, quand on voit que l'on foule sous nos pieds crottés cette sagesse ancestrale !?

Une immense tristesse m'assaille...

— Oui, me dit la chamane, mais maintenant que tu le sais, tu vas le sentir ; et tu vas t'y relier en conscience. Ne te préoccupe pas de la société ou des autres. Sagesse bien ordonnée, commence par soi-même… Suis les cycles de ton corps à chaque menstruation et à chaque saison. Tu sentiras alors dans ton corps même, les mouvements de la lune et de la terre autour de l'axe du soleil. Tu danseras au même rythme que les planètes et les étoiles, car tu seras portée par cette énergie et cette intelligence cosmique. Et tu seras alors là où tu dois être sans te poser aucune question, car tu auras suivi le mouvement de la vie elle-même.

— C'est magnifique ce que vous dîtes.

— N'oublie pas Charline… L'équinoxe du printemps est une célébration d'équilibre, car ce n'est plus l'hiver et pas encore l'été. C'est le temps magique entre les deux saisons, ou Dame Nature se réveille doucement sortant lentement de sa léthargie hivernale. Certains mythes parlent de ces mouvements cosmiques… En cette période par exemple, les Grecs célébraient le retour à la surface de la Terre pour six mois de Perséphone. Fille de Zeus et Déméter, elle fut enlevée par Hadès (Dieu des enfers), qui la fit reine des Enfers… Hadès avait conclu un pacte avec Déméter sa mère, partageant ainsi son épouse entre le monde de la Lumière et le royaume des Ténèbres. Ce mythe exprime le mouvement de la végétation qui meurt à l'approche de l'hiver, pour resurgir à nouveau avec le printemps. Dans le culte, la fête célébrant le départ de Perséphone avait lieu en automne, la belle saison étant associée à son retour… Toute personne initiée, effectue sa descente dans les ténèbres intérieures pour aller chercher la force et la lumière nécessaires à faire jaillir en nous notre projet divin, notre propre graine… Et si tu associes ton projet d'écriture avec les cycles de la nature, tu sentiras à quel point tu seras portée par les forces à l'œuvre dans chaque saison

— Tous ces mythes et leur sagesse pourquoi ne nous les enseigne-t-on pas ?

— Il y a bien d'autres choses encore qui demeurent cachées aux yeux du profane. De nombreux lieux par exemple, montrent cette sagesse des cycles de la nature. Souvent, à une date symbolique bien déterminée, en particulier le jour des équinoxes ou des solstices, au lever de l'astre, mais aussi à midi solaire, dans des édifices sacrés ou publics, des rayons solaires sont en effet canalisés, afin d'éclairer violemment un endroit bien précis, souvent très symbolique pour transmettre une connaissance. Le "spot" de lumière ainsi créé permet de délivrer à travers les âges un message, message que seuls les initiés seront à même d'interpréter.

— Ah bon ?

— Ces lieux sacrés peuvent être des grottes, des dolmens, des menhirs, des temples, des pyramides, des châteaux, des cathédrales, des églises, des chapelles, des œuvres d'art ou d'autres monuments représentatifs. Bien entendu, ces signes sont invisibles aux yeux des simples visiteurs, car ils sont invisibles tous les autres jours de l'année. Ces dispositifs de rayon ont parfois disparu, suite à des travaux ou des déplacements de mobilier. Par exemple, des chaises sont posées sur le labyrinthe de la cathédrale de Chartres pour éviter de voir ce phénomène…

— Ah oui, c'est vrai. J'ai visité cette cathédrale. J'en avais entendu vaguement parler. Mais je n'y avais pas prêté attention à l'époque.

— Dans cette cathédrale de Chartres, il y a non seulement la crypte sous terre avec sa vierge noire, mais aussi un labyrinthe dessiné dans l'église qui symbolise tout ce dont je parle… La symbolique du labyrinthe rappelle le mythe du Minotaure ; mais aussi et surtout, sais-tu qu'exactement au moment de l'équinoxe du printemps dans la cathédrale de Chartres, un rayon violet illumine le point central du labyrinthe ?

— Non, je ne le savais pas. La lumière qui éclaire le fond du labyrinthe à l'équinoxe ! C'est fort comme symbole!

— Oui... Connais-tu également l'évènement à la Cathédrale de Notre Dame de Strasbourg, où un rayon vert pénètre par un vitrail, créant également une alchimie entre l'ombre et la lumière, à cette même période ? Ce rayon passe sur la tête du Christ en croix et éclaire la CHAIRE de grès ROSE représentant la passion... Le rayon solaire qui touche la chaire et la passion ! Quel symbole ! Celui du mariage de l'esprit et du corps ?

— C'est édifiant…

— Tout cela pour dire que cette sagesse est essentielle. Même nos lieux religieux en parlent. Cette rencontre de la lumière au fond du puits de la cathédrale, ou de la chaire rose des passions, est un symbole de la rencontre et la réunion des deux polarités à un instant très précis, le jour de l'équinoxe.

— Je vois…

— L'Église catholique romaine a même associé deux fêtes à l'équinoxe de printemps… La première, le 25 mars, qui est la fête de l'Annonciation à la Vierge Marie par l'Archange Gabriel qu'elle attend un enfant, dont la naissance aura lieu 9 mois plus tard, précisément le 25 décembre, jour de Noël. C'est donc le moment où symboliquement Marie est pénétrée par la lumière de l'archange... C'est-à-dire au moment où la lumière, le Père Ciel ou encore l'Esprit fécondent la Terre-Mère… Tout cela pour que naissent les graines qui germeront au printemps, pour donner naissance à un enfant 9 mois plus tard : quelle belle symbolique de création !

— Et la deuxième fête ?

— La deuxième est Pâques célébrant la victoire d'un dieu de Lumière (Jésus) sur les ténèbres (la mort)… Cette fête a lieu toujours le premier dimanche qui suit la première pleine lune après l'équinoxe de printemps. Cela symbolise la victoire de la vie qui croit sur la mort… Le Printemps, saison où tout va très vite, est une période de grande fragilité, dans la nature, comme dans notre vie spirituelle, ou encore dans notre vie créative : les jeunes pousses sont frêles, les feuilles tendres sont vulnérables à l'ennemi extérieur (insectes, maladies, retour du froid). Il en est de même pour nous, avec notre « ennemi intérieur », cet homme prédateur qui ne veut pas se laisser dépouiller, agacé par l'idée de changement, guettant la moindre défaillance de notre part, pour nous entraîner à nouveau dans les ténèbres. Il nous faut donc être vigilants et persévérants afin que nous puissions avancer sur le chemin initiatique.

— Vous êtes en train de me dire que toutes les fêtes bibliques sont en lien avec les cycles de la nature ?

— Oui, car les écrits religieux sont initiatiques et recèlent une connaissance organique pour qui s'y connecte. Va au mont Bugarach au moment de l'équinoxe. Mais vas-y seule cette fois. C'est seule que tu devras faire ce chemin…

Je suis médusée par toutes ces révélations : les cycles de la nature, le mont Bugarach, le féminin et le masculin, l'alliance intérieure, la rencontre de l'esprit et de la matière… Mon corps est presque tremblant en cet instant, comme s'il recevait de l'intérieur toutes ces informations… Moi qui ai rencontré ma Déesse intérieure, suis-je prête pour cette alliance ? Moi qui suis passé par toutes mes ombres, serais-je prête pour épouser la lumière ? Moi qui suis allée au fond du puits, suis-je prête à refaire surface ? Moi qui ai plongé dans mes racines profondes, pour y puiser l'eau et sentir ma terre afin que s'élève ma sève et les élans de mon corps, suis-je prête pour d'autres cieux ? La graine est-elle maintenant prête à éclore ? Osera-t-elle se montrer telle qu'elle est aux yeux du monde et en pleine lumière, avec ses vraies fondations qui n'appartiennent qu'à elle ? Continuera-t-elle à se cacher de peur qu'on ne lui arrache ses fruits à peine sortis de terre, et qui sont encore bien trop fragiles ? Les racines sont-elles suffisamment profondes pour ne pas être déracinées au premier coup de vent ou aux premières critiques ? La graine restera-t-elle sous terre en attendant la prochaine saison, dans la sécurité de son giron terrestre ? Suis-je vraiment prête à me mettre au monde ?

Me revient en mémoire le cadeau que j'avais fait à Monique, pendant le stage de coaching : celui de la graine dans son pot… C'était en juillet. J'allais alors commencer ma descente. Monique avait elle, dansé son éclosion... Il n'y a vraiment pas de hasard. J'avais à l'époque offert le cadeau qui représente exactement là où j'en suis aujourd'hui : la graine en gestation. Tout est parfaitement relié. Mon puzzle se construit. Les pièces s'assemblent une à une. Vais-je à mon tour être capable de sortir de mon pot de terre ? Vais-je éclore ? Vais-je pouvoir montrer mes fleurs ou mes fruits au monde ? Vais-je être capable de faire sentir aux autres mon parfum ?

PARTIE IX : L'ASCENSION

35. LE PECH BUGARACH

« L'amour d'un père est plus haut que la montagne. L'amour d'une mère est plus profond que l'océan », Proverbe japonais

Jeudi 20 mars :

10h00 : Je suis donc face à ce fameux Pech de Bugarach avec mon bâton de pèlerin. J'ai mis mes belles chaussures de marche, achetées la veille. Un épais brouillard plane au-dessus de cette montagne réputée sacrée, comme si une auréole de mystère devait entourer ses flancs pour éviter que ses secrets ne tombent entre de mauvaises mains.

Je me sens réellement dans mon élément ici, et aussi parfaitement à ma place. C'est un sentiment tellement rare pour moi que je prends le temps de le ressentir pleinement. J'ai l'impression d'incarner enfin ce héros mythique des temps modernes qui hantaient mes rêves d'enfant : Indiana Jones. Je suis une nouvelle fois en train de fouler des terres étranges, à la recherche de trésors cachés… Mais, je sais maintenant pourquoi et également quel est le sens de cette aventure : je devrai écrire sur les enseignements que j'en aurai tirés.

Je ne suis donc plus assise à un bureau croulant sous des dossiers qui n'ont aucun sens ; et je ne recherche plus non plus la sécurité matérielle. Je me dirige vers ce pour quoi je suis faite, guidée à la fois par mes ressentis et mes élans, mais aussi par des forces qui me dépassent et qui sont au-delà de ma volonté individuelle. Même si la peur de l'inconnu me tenaille le ventre ; même si je suis seule à me lancer dans l'ascension d'un mont mythique entourée de brume, et même si les sols sont trempés par la pluie tombée toute la nuit, je me sens parfaitement là où je dois être en cet instant précis…

Je me suis beaucoup renseignée sur cette montagne avant de la grimper… J'ai mis à profit, comme me l'avait conseillé la chamane, les mois d'hiver pour m'intérioriser et faire des recherches… Le « Bug », comme les locaux nomment ce mont, a fait l'objet de multiples attentions ces derniers temps… J'en suis restée bouche bée. C'est comme un pôle magique qui a aimanté tous les amateurs de mystérieux et d'inconnus. Il a même fait la une de la presse et du journal de 20h00 !

J'ai donc lu une multitude d'articles tous aussi étonnants les uns que les autres ! Certains parlent du mont comme d'un abri de base souterraine pour des ovnis, d'autres y rentrent en contact avec des extra-terrestres, d'autres encore parlent « de terre creuse » qui abriterait des intraterrestres… C'est vrai que cette montagne ressemble à celle du film de Spielberg, « rencontre du troisième type » ! Entre les romans de Jules Vernes et les films de Spielberg, toutes les interprétations sont possibles !

La nouvelle lue la plus surprenante pour moi est celle qui proclame que c'est le seul lieu qui aurait dû survivre à l'annonce de l'apocalypse et de la fin du monde le 21 décembre 2012, prédite par le calendrier maya. Mais cette fin n'a jamais eu lieu soit dit en passant, puisque je suis là pour l'attester. Une multitude de mystiques en tout genre aurait même construit des bunkers tout autour de la montagne, entassant vivres et nécessaires de survie.

J'ai été éberluée de lire toutes ces informations ! Il a suffi que je tape Bugarach sur mon moteur de recherche favori pour découvrir l'intense activité ésotérique de ce lieu. L'attrait de ce Pic est allé grandissant, au grand dam du Maire du petit village qui se tient en contrebas… Ils ont même dû interdire l'accès au site pendant l'hiver 2012 !

Autre fait singulier, le Bugarach et ses environs feraient partie des treize vortex principaux de la Terre. Le fameux pic (qui a quand même fait parler de lui dans le monde entier) a une caractéristique des plus étonnante : ses polarités magnétiques seraient inversées… Si bien qu'à l'instar du triangle des Bermudes, aucun avion ou hélicoptère n'est autorisé à le survoler à cause des perturbations électromagnétiques qui créeraient un dysfonctionnement dans les systèmes de navigation.

Comment séparer le bon grain de l'ivraie parmi toutes ces informations trouvées pêle-mêle ? Cette région du Razès recèle décidément bien des mystères : Rennes le Château, Alet-les-Bains, Bugarach… Et je suis sûre qu'il existe encore des lieux alentour emplis de bizarreries…

10h10 : Je commence donc l'ascension du Pech… Comment un tel mont peut-il susciter autant d'attrait alors qu'il ne parait pas vraiment hospitalier au premier abord avec ses gros nuages noirs ? Son ascension n'a de plus rien d'aisé. La pluie ayant détrempé le sol, la boue empêche ma progression. J'avais lu que les conditions météorologiques pouvaient varier d'une heure à l'autre ; mais je ne m'attendais pas à voir les cumulus envahir la montagne aussi vite, pour me plonger dans un brouillard épais et froid…

Je suis tentée de rebrousser chemin… Mais le mystère plus grand que la prudence me pousse à continuer pour percer les énigmes de ce site riche en légendes.

L'abrupt massif n'est accessible que par deux entiers… J'ai décidé d'emprunter celui de « la fenêtre », le plus abrupt et le plus difficile. Apparemment, d'après mes renseignements pris, il y aurait un trou dans une paroi rocheuse qui formerait une espèce de fenêtre : encore la symbolique d'un passage à franchir, d'une porte, d'un seuil…

Je suis en train de regretter ma décision, car la montée devient de plus en plus difficile au fur et à mesure que j'avance. J'ai l'impression de faire mon propre chemin de croix, tellement cela devient ardu… L'image du mont Golgotha ou mont du crâne me vient tout de suite à l'esprit. Serai-je en train d'emprunter un chemin initiatique une fois de plus ?

Après la descente dans les profondeurs de la Terre-Mère à la rencontre de Marie-Madeleine, à quelques kilomètres en contre bas de cette montagne à Galamus, me voilà en train d'escalader un mont et d'avoir une image du Christ portant sa croix…

Les paroles de la chamane me reviennent alors en mémoire : l'énergie du lieu serait propice à l'alliance, à la rencontre du masculin et du féminin en soi… Et, je crois que l'énergie est en train de faire lentement son œuvre en moi…

Je continue la montée non sans peine. Une terrible douleur au genou droit m'empêche de progresser aussi rapidement que je le voudrais. Je décide de faire un stop… Je vois alors la fameuse fenêtre au loin…

J'examine la montagne et le paysage… Grâce à cette observation, je m'aperçois que le « Bug » termine une chaine montagneuse qui part de Saint Antoine de Galamus. Le Pech est donc en réalité l'extrémité de cette chaine. Cet anguleux massif isolé dont la cime se dresse à 1230 mètres est aussi le rocher le plus élevé des corbières…

L'image d'une colonne vertébrale me vient ; comme si cette chaine montagneuse formait une colonne vertébrale, partant des gorges et qui se terminerait sur cette crête… Serait-il possible que Galamus soit le 1er Chakra et que le « Bug » représente lui aussi un chakra terrestre ? J'avais imaginé un sexe à Galamus, et là j'ai eu le symbole de la croix en vision…

Mon corps se met à vibrer à cette pensée… Je laisse faire, j'ai maintenant l'habitude… Je ferme les yeux et respire amplement pour laisser faire le processus…

Une autre image me vient alors : dans ma vision, un immense serpent rouge se déploie au pied d'une croix… Mon corps vibre de plus en plus… Et au même moment, je sens ce serpent de feu se déployer dans mon corps jusque dans mon cœur, puis le processus s'arrête… Je reprends mes esprits peu à peu. Ce mont représenterait-il lui, le chakra du cœur ? C'est d'ailleurs ce qu'avait dit la chamane. Mes ressentis corporels et ma vision semblent le confirmer.

11h15 : Je poursuis mon ascension. Mon genou me fait plus en plus mal… Je pense de nouveau à rebrousser chemin. Pourtant la force de volonté qui m'anime est puissante… Et je continue. Je rigole intérieurement, car j'entends phonétiquement ce que le genou représente : « je… nous ». Si cette montagne représente le chakra du cœur et de l'alliance, mon corps donne le message que le « je… nous » fait mal ! Le lien entre le « je » et le « nous » n'est alors pas encore bien solide ! Ce qui pour une alliance n'est pas vraiment bon signe !

11h30 : Me voilà enfin au pied de la fameuse fenêtre. Je respire un grand coup…, et je la passe… J'attends quelques secondes m'attendant à avoir une vision ou à ce que mon corps prenne le dessus… Mais rien de spécial ne se produit.

Je fais donc une nouvelle pause. Cela me laisse le temps et le loisir d'examiner encore plus précisément cette montagne étrange. Sur ses flancs, dans des niches escarpées des buses et des rapaces trouvent refuge contre les vents violents qui se sont levés… Et au fil des minutes de cette pause pour reposer mon genou, les nuages se font de plus en plus épais. Il se met même à pleuvoir… Au loin, le tonnerre gronde…

Je suis désemparée. J'avais pris la météo avant de partir. Ils avaient prévu un grand beau temps. Je ne serai jamais parti sinon. J'ai toujours détesté les orages. J'ai la peur panique de la foudre. Me voilà bien, moi et mes rêves d'Indiana Jones ! Aucun endroit pour s'abriter à l'horizon… Ce mont est complètement pelé.

J'attrape mon téléphone pour me rassurer, et être sûre que je puisse appeler des secours en cas de besoin… et là… stupéfaction… pas de réseau… Je suis au bord de la panique… Dois-je monter ou descendre ?

Je décide tout de même de poursuivre mon ascension… Tant qu'à mourir, autant que cela soit en ayant accompli ce que j'avais décidé de faire !

Je lutte de toutes mes forces avec mon sac à dos, tel Sisyphe avec sa pierre qu'il charrie sur son dos… Je réalise en cet instant toute l'absurdité de ce personnage qui inlassablement monte et dégringole sans arriver en haut de sa montagne… Mais en pleine tempête, je pressens également toute la beauté de ce mythe. J'en fais le rapprochement avec la vie comme d'un éternel recommencement obéissant aux grands cycles de la nature… Montée et descente… Mort et Vie… Cycle des saisons… Et une phrase de Camus apprise en Terminale me vient à l'esprit: « *cet univers désormais sans maître ne lui paraît ni stérile ni fertile. Chacun des grains de cette pierre qu'il porte sur son dos, chaque éclat minéral de cette montagne pleine de nuit, à lui seul, forme un monde. La lutte elle-même vers les sommets suffit à remplir un cœur d'homme. Il faut imaginer Sisyphe heureux.* »[43]

Et cette phrase me donne du baume au cœur pour poursuivre…

11H50: J'aboutis à une sorte de plateau rocheux qui domine les corbières… À l'extrême nord-ouest de ce plateau, un dôme se campe. Il s'agit de la Tour du Bugarach. Cette portion est l'un des points principaux de ce site, d'après ce que j'en ai lu.

Tout à coup, la pluie cesse et les nuages s'effacent laissant place à un spectacle époustouflant. Mon regard plonge dans l'immensité impressionnante d'un panorama d'une beauté à couper le souffle, et cela me rend humble.

Je me sens si petite en cet instant ! L'envie de me mettre en genoux me prend… Je m'exécute ; et cela m'est facilité par le fait qu'il n'y ait aucun touriste aux alentours, compte tenu de la météo désastreuse…

Je suis là, à genoux... Et je suis comme touchée par la grâce à cause de ce spectacle féérique… Je reste comme cela, un bon moment méditante… Aucun petit homme vert ne rôde…, aucune manifestation extravagante n'a lieu… ; il y a juste la beauté de cette nature qui me laisse sans voix… Je sens en moi une paix incommensurable…

À ce moment précis, une énergie toute nouvelle, non expérimentée jusqu'alors, passe par le sommet de mon crâne et descend le long de mon corps… Le mouvement est en train de s'inverser comme par magie… Cette énergie est beaucoup moins dense et beaucoup plus subtile que celle que je ressens d'habitude. Elle me pousse au recueillement. C'est comme si une présence m'enveloppait en entier et aussi tout autour…

Jusqu'à présent, l'énergie de la Kundalini montante était celle que j'avais expérimentée… Cette énergie m'avait mise en lien avec mes ombres et ce que j'avais besoin de traverser et de nettoyer. Elle était dense et profonde, venant de mes entrailles…

Mais là, c'est autre chose… Je ressens comme une connexion à l'éternel. C'est la lumière qui descend vers moi. Cette énergie me pousse à l'abandon total de ma volonté et de mes désirs. Je suis là, dans un accueil entier..., et cette phrase me vient à l'esprit *« Au nom du Père qui êtes aux cieux que ta volonté soit faite »*.

J'ai prié la Déesse sous terre... Je prie maintenant le Dieu du ciel... Je me sens à présent reliée... Je n'ai plus mal au genou. Ce lieu est en train de relier en moi le Dieu et la Déesse.

Je repense au rêve du soleil fécondant la terre que j'avais fait dans la chambre de Rennes les Bains. Et il prend ici tout son sens, car je me sens fécondée par une énergie cosmique... ; et je me sens pénétrée par le Divin en moi...

En cet instant, je me sens pleine et je n'ai besoin de rien d'autre... Ma nature de femme se sent épanouie au plus haut point. Et je réalise que l'esprit ou le divin peut aujourd'hui pénétrer mon corps ; car ce dernier est devenu un réceptacle vide, nettoyé de ses anciens schémas, débarrassés des choses à faire, en réception et en accueil de la vie en lui et autour de lui.

12H00 : Au loin un arc en ciel de lève... Il est là en face de moi. Je ris et je pleure tellement c'est magnifique. Cet arc en ciel sait à lui seul réunir deux polarités : la pluie et le soleil...

Magique ! Quelle symbolique d'alliance alchimique ! Les 7 couleurs de l'arc-en-ciel (couleurs des 7 Chakras) qui marquent la réunion de deux polarités : l'ombre (les nuages) et le soleil ! Je ne pouvais pas rêver mieux pour mon alliance !

Et grâce à ce spectacle prodigieux devant mes yeux, il me vient la symbolique de l'Arche d'alliance...

Serais-je en train de me réunir sur cette montagne ? Serais-je en train d'expérimenter l'autre polarité de ma personne ? Masculine cette fois-ci ? Est-ce un hasard, si cette montagne s'appelle la montagne inversée ? Basculerais-je en cet instant dans ma polarité inverse ? Après la rencontre de La Déesse et du féminin en moi, serait-il temps de rencontrer le Dieu et le masculin en moi ?

Au moment de l'équinoxe du printemps à 12h00 pile, là où le jour a la même longueur que la nuit, je suis face à la réunion dans le ciel de deux contraires : l'ombre et la lumière en une parfaite complémentarité pour former un point d'équilibre magnifique, matérialisées par un arc-en-ciel et ses 7 couleurs ! Est-ce un hasard, si on représente souvent en son pied un trésor ? Serais-je moi aussi sur le point de le trouver mon trésor ?

Au même moment, mes yeux sont tout à coup attirés par une étrange gravure que je n'avais pas remarquée jusqu'à présent, juste sur le rocher à côté de moi. C'est une sorte d'étoile ou de croix… Elle ressemble à ceci :

Je pense bien évidemment au Christ cloué sur la croix. Après Marie-Madeleine, voilà que les symboles qui croisent ma route en ce lieu me mettent en lien avec Jésus… Normal..., je m'inverse… J'avais donc eu un bon pressentiment en montant ce mont : la croix, le mont Golgotha, le Christ…

Je m'interroge sur ce symbole gravé au sol. La religion chrétienne nous a légué une image bien sombre de la croix : celle d'un homme crucifié au mont Golgotha par ses semblables ; cet acte étant commémoré depuis des siècles comme le point ultime parachevant la mission de Jésus. Cette croix dans l'esprit populaire se trouve ainsi associée à l'image de la mort et de la souffrance ; et elle donne la culpabilité à notre civilisation d'avoir assassiné celui qui était censé nous sauver…

Mais en cherchant bien, et qui va plus loin, sait qu'il existe une résurrection : une mort symbolique ouvrant les portes à une résurrection et à une vie nouvelle…

Et c'est de façon synchronistique, sur cette montagne, que je suis venue faire ce passage : la mort symbolique de l'ancien moi pour naître au nouveau … Je viens ici pour faire éclore ma nouvelle graine qui a fini sa phase de gestation dans la Terre-Mère… Elle est maintenant prête à monter vers le ciel en direction du soleil et du père.

Après la polarité féminine (Déconstruction, Traversée des ombres, Intériorisation, Gestation) me voilà en train de me reconnecter à ma polarité masculine (Ascension, Action, Extériorisation).

Comme me l'avait dit la chamane, le principe actif du masculin se révèle à moi au moment de ce passage de l'équinoxe, où le côté yang prend le pas sur le côté yin… Après Marie-Madeleine et le ventre de la Terre-Mère, je suis en connexion avec des images de Jésus, et les bras accueillants de la présence du Père Ciel… Le masculin destructeur en moi, avec ses injonctions mentales, « il faut » et « tu dois », n'existe plus. Il ne subsiste que l'accueil inconditionnel de tout ce que « je suis ».

Tout est parfaitement bien orchestré dans l'univers… Je suis montée sur une montagne… J'ai tracé l'axe vertical de la croix … : en bas, le fini, la matière, la densité... ; en haut l'infini, la lumière, l'astral et le subtil… J'ai grimpé avec un effort certain, comme la graine qui a eu besoin d'énergie et de force pour fendre la croute terrestre et pour sortir de la terre. L'énergie féminine puissante et montante de la Kundalini m'a donné l'élan et la volonté pour cela.

Et maintenant, j'inverse le mouvement… Le divin descend en moi…; j'accueille la lumière dans un abandon total, tête et front au sol, en position d'humilité totale… Je fais, là, l'expérience de la vacuité qui me fait sentir qu'il y a quelque chose de bien plus grand et de bien plus fort que moi, quelque chose qui me dépasse et qui me fait sentir en lien avec tout ce qui m'entoure…

Je rencontre donc l'énergie masculine : JÉSUS… Finalement n'est-ce pas cela la rencontre avec l'Esprit ? L'essence de ce que je suis ? JÉSUS… JESHUA… « JE SUIS »…

Je suis là sur cette montagne, et je rencontre la conscience pure : ma vraie présence…, mon unité intérieure. Cette énergie est en train de me redonner un centre et un axe : celui que j'avais toujours cherché à l'extérieur et qui pourtant était en moi…

Grâce à cet axe, je ne serai plus l'esclave de mes passions, mais j'en serai le sujet pour la bonne et simple raison que j'ai enfin une direction qui dépasse ma volonté individuelle. En me sentant reliée au tout, je ne pourrais qu'œuvrer pour ce qui favorise cette vie que je sens en moi et autour de moi. Je suis en lien avec la vie qui circule en toutes choses, et je mets de la conscience sur mes inconsciences, de la lumière sur mes ombres… du divin dans la matière…

Et ma prise de conscience est énorme ! Sur cet axe vertical, les énergies montent et descendent… Sur cette échelle à plusieurs barreaux, il n'y a pas de début et pas de fin… Juste des courants qui montent et qui descendent marquant une évolution ou une involution… : Énergie montante et descendante... Haut et bas... Divin et humain... Sacré et Profane... Masculin et Féminin…

Est-ce donc cela le christianisme ? Mettre ensemble et non pas diviser ? Et je comprends alors maintenant le sens du mot Croix ! Ce n'est pas le symbole d'une souffrance, mais le symbole de la réunion ! C'est un croisement entre deux opposés, le symbole de la réunion du haut et du bas, du ciel et de la terre, du sacré et du profane, de l'intellectuel et de l'instinctuel, du rationnel et du mystique. Et si Jésus y est représenté dessus, c'est qu'il est celui qui a trouvé l'amour de tous les contraires, des ombres et de la lumière ! La croix devient un trait d'union entre des mondes soi-disant séparés… Il y est mort pour y renaître…

Et la date du 21 décembre 2012 prend alors tout son sens : 21.12.12… Est-ce un hasard la réunion du chiffre 2 et du chiffre 1 ? La dualité et l'unité qui marche ensemble, main dans la main… C'est la fin d'un monde pour un nouveau… C'est un passage…, la fin de quelque chose pour le début d'un autre … Il n'est pas étonnant que des prédicateurs de bas étage aient associé cette date à l'apocalypse et également que cette montagne ait été le lieu qui soi-disant serait sauvé ! Cette montagne est une porte. J'en suis persuadée maintenant... Et, je suis en train de la passer et d'expérimenter toutes ces nouvelles énergies naissantes en moi…

36. LA RENCONTRE

« Pas d'homme sans femme, et pas de femme sans homme, et point d'union entre les deux sans la présence divine », *Le Talmud*

Même Jour

12h12 : Absorbée dans mes réflexions et dans l'expérience de cette nouvelle énergie qui m'envahit le corps, j'entends vaguement quelqu'un tousser derrière moi. Je me retourne…

Un homme d'une rare beauté me regarde l'œil rieur… Il est vrai que ma posture de prière, les cheveux trempés et les genoux pleins de boue ont de quoi faire sourire !

— Vous avez un cercle de boue sur le front, me dit-il amusé.

Je ne sais plus quoi répondre. J'ai l'air tellement ridicule dans cette position ! Je regarde cet homme, médusée. Il me tend son bras pour m'aider à me relever. J'attrape alors sa main… Et je prends une décharge électrique dans tout le corps, décharge qui part du coccyx cette fois-ci ! Je feins de ne rien ressentir tout en me relevant… Mais je suis comme aimantée par cet homme.

J'entends cette phrase au fond de mon cerveau : « *Tu es le – ; il est le +* ». Cette petite voix est plutôt logique, si je réfléchis. Cela explique cette force d'attraction que je ressens dans tout mon corps. C'est magnétique : comme deux aimants de polarités opposées. C'est comme si je ne pouvais pas lutter.

Je viens juste de gouter à ma présence intérieure, à mon « JE SUIS », à mon essence, à une sérénité profonde ; et il se matérialise instantanément là devant moi, l'incarnation de ce que j'ai toujours attendu toute ma vie : mon double…, ma moitié…

Je me secoue énergiquement ! Il faut que je me calme… Je ne connais absolument pas cet homme ! Il ne faut pas délirer !

Je balbutie un vague :

— Bonjour…

J'essaie tout en articulant ce mot de politesse d'usage, de m'épousseter toute la boue accumulée sur mes vêtements, et de replacer ma tignasse ébouriffée… Je respire fort tellement mon attraction pour cet homme est forte ! Il faut bien que j'arrive à calmer les élans de mon corps ! Mais souffler comme un buffle ne va pas faciliter ma tâche pour essayer de plaire à ce monsieur!

En une minute, me voilà qui bascule de la femme inspirée, plongée dans les hautes sphères du divin, à la femme charnelle, esclave de ses désirs ! Je me sens comme aspirée par l'homme en face de moi, comme si j'allais me fondre en lui et disparaître à tout jamais ! Je ne comprends pas comment je peux me retrouver dans cet état, alors que je ne connais absolument pas cet homme. Cela défie toute logique !

Et me voilà qui perds mon axe instantanément ! Je venais juste de trouver une stabilité intérieure ; et l'homme qui se tient devant moi et que je n'avais jamais vu auparavant me vrille le ventre ! J'ai envie de hurler ! C'est trop tôt ! Je ne suis pas prête ! Mon centrage est trop fragile ! Je vais me perdre à tout jamais face à ce bel inconnu !

L'envie de prendre mes jambes à mon cou est énorme. J'essaie pourtant de me ressaisir, mais ses yeux noisette m'engloutissent…

J'articule la phrase de présentation habituelle et usuelle pour retrouver mes esprits :

— Enchantée… Je m'appelle Charline...

— Charlie, répond-il, visiblement sous le charme de ma respiration de buffle et de ma coiffure en balai-brosse.

Charlie !!! Mais oui bien sûr !!! Une envie d'éclater de rire me prend tout à coup… Je me retiens pour ne pas le vexer… Mais il faut avouer que là, l'univers m'envoie une sacrée dose de poudre de perlimpinpin !

— Que faites-vous sur cette montagne Charlie ? Une randonnée par un temps pareil ? M'entends-je dire pour meubler la conversation et éviter que je tourne de l'œil à l'annonce de son prénom…

— Non… Je suis venue voir ce symbole, comme vous, me dit-il en me montrant la croix gravée dans la pierre.

— Ah ?...

Je ne sais pas pourquoi, mais il garde cet air amusé en me regardant… C'est sûr que je suis loin d'être banale en cet instant précis. J'ai l'impression de ressembler à l'héroïne de mon roman préférée : «Bridget Jones» ; aussi ridicule qu'elle, avec les mêmes kilos en trop…

— Savez-vous ce que le mot symbole veut dire ? me demande-t-il ?

— Heu…, non pas du tout…

— Il provient du grec « sumballein » qui signifie mettre ensemble. Primitivement le symbole était un objet coupé en deux, dont les deux hôtes conservaient chacun une moitié qu'ils transmettaient à leurs enfants ; le rapprochement des deux parties était un signe de reconnaissance. Le sens ancien du symbole est lié au rétablissement d'une unité brisée. Le rôle essentiel du symbole n'est donc pas de stimuler la spéculation intellectuelle, mais de favoriser la rencontre avec la totalité absolue, le grand tout.[44]

À ces mots, je me sens reliée de l'intérieur avec la deuxième moitié qui me manquait… Et de mon point de vue et en suivant ce que je ressens, cette autre moitié est juste là devant moi. Je trouve du reste étonnant que cela soit justement cet homme qui me parle d'unité brisée, au moment où je me sens enfin réunie…

Je me suis réunie de deux façons aujourd'hui : à 12h00, avec la présence, la conscience, l'esprit de toute chose, mon « je suis », mon essence, Dieu ; et à 12H12, avec cet homme que je pressens être celui que j'attendais depuis toujours.

Cette montagne est vraiment sacrée ! Je suis là pour en attester face à tous ceux qui pourraient me dire le contraire.

La chamane m'avait dit que j'allais faire alliance, mais je ne me doutais pas d'une telle magie :

— alliance de la nuit et du jour, du soleil et de la lune avec la symbolique de l'équinoxe

— alliance de l'esprit et de la matière, du spirituel et du corps, du divin et du charnel, avec cette montagne et le signe de la croix

— alliance du masculin et du féminin incarnés, avec cet homme qui est en face de moi…

Mon corps se met une nouvelle fois à vibrer comme s'il appelait avec toutes ces cellules cet homme… En personne civilisée, je retiens la pulsion intérieure que je ressens pour ne pas lui sauter dessus ; et j'écoute ce qu'il me raconte…

Il poursuit son explication :

— Savez-vous pourquoi il y a ce symbole sur cette montagne ?

— Pas du tout …

Je réponds sagement, alors que mon corps lui a la fièvre…

— Il y passerait ici l'ancien méridien de Paris.

— Ah ?...

Je ne réponds que des ah ?

Je me sens tellement stupide à cet instant précis ! Je suis capable de n'articuler que cette unique et pauvre voyelle ! Et lui, il a l'air très érudit, et il semble aussi être un puits de science ! Et moi, je ne suis qu'une corporelle fiévreuse et désirante qui a perdu toute trace de son cerveau, face à ce bel intellectuel…

Je laisse ce beau savant m'expliquer sa théorie :

— On le sait : un méridien est une ligne imaginaire qui passe par les pôles et forme un angle droit avec l'équateur. Ce méridien passe par le centre de l'observatoire de Paris et traverse la France du Nord au Sud, sensiblement de Dunkerque à Perpignan. Il a été abandonné sous la pression internationale au profit du Méridien de Greenwich pour calculer le temps universel… C'est ce que je suis venu chercher en venant ici.

En disant ces mots, il sort un énorme bouquin.

Pour moi, il reste ici les stigmates de ce méridien. Mon corps le sent… Mais, je me garde bien de le lui dire au risque de passer pour plus dingue que ce que je ne le suis déjà.

Tout en feuilletant les pages de son livre, il poursuit son monologue entrecoupé par mes « ah ? » idiots…

— Ce méridien franchit de nombreux hauts lieux. Il est décrit comme une ligne virtuelle. Il est censé être une sorte de fil conducteur…

Moi qui viens de sentir un axe à l'intérieur de mon corps même il y a quelques minutes à peine, je ne suis pas étonnée par ce que Charlie avance. J'ai éprouvé cet axe dans ma chair, comme une direction, un chemin à suivre…

Lui, il pense et moi je ressens. Lui il cherche, moi je me laisse guider par des intuitions profondes venant de mon corps. Quelle belle complémentarité ! Et on est là au même endroit, en ayant emprunté des chemins opposés pour y arriver. Tous les chemins mènent à Rome à ce qu'on dit…

Il poursuit :

— Ce méridien est aussi connu sous le nom de Méridienne de France ou Méridienne verte. Il est à noter de façon étrange que ce méridien couperait la France en deux parties égales, comme s'il représentait un axe virtuel autour duquel s'organiserait toute notre nation.

Et il me montre une vieille carte de France…

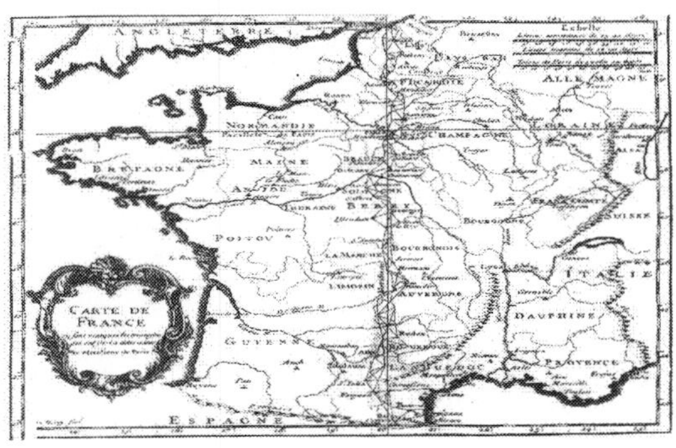

Je suis abasourdie ! Ce dernier fait n'est sans doute pas une coïncidence ! Je vois une croix, et un axe qui coupe la France en 2 parts égales !

Tout content de voir l'effet que sa carte a sur moi, il s'empresse de continuer à m'exposer son savoir.

— Il est intéressant également de noter que méridien veut dire « meridies », ou milieu du jour… ou milieu… ou médian … ou midi… Ce méridien a également servi de base à la détermination de la longueur exacte du mètre en 1789 ! Et on peut voir dans la salle méridienne de l'observatoire de Paris, ce méridien tracé sur le sol..., avec le nom de Bugarach qui y est inscrit. Regardez... Et il me montre la photo...

Je n'articule même plus de voyelle, tellement je suis médusée : un méridien..., un axe..., midi... L'endroit où je suis arrivée à midi pile à l'équinoxe, là où le jour est égal à la nuit, là où je dois réaliser mon alliance, et là où nous nous trouvons tous les deux sur un axe qui couperait la France en deux parts égales, ne peut pas être un lieu qui soit le fruit du hasard. Ce que je ressens est grand... Tout a été téléguidé...

Et Charles qui continue... :

— Selon le livre que je lis, la Méridienne de France ou Méridienne de Paris, serait une ligne sacrée intégrée dans une géographie française elle-même sacrée. Si nous admettons ce point de vue, la méridienne aurait pour fonction de lier entre eux certains sites prédestinés, ou ayant une fonction particulière dans notre pays... En ce qui concerne le site du Bugarach, le fait que la méridienne passe dans son secteur ne serait donc pas un produit du hasard, mais relèverait d'une signification profonde. Bien que ce sens occulte ne soit pas facile à décrypter, il serait néanmoins bien réel. Seule restriction : il ne pourrait être véritablement compris que par ceux qui possèdent les « clefs » permettant de le déchiffrer. Des initiés ? Voilà qui n'est pas très encourageant pour le simple mortel que nous sommes et qui cherchons juste à connaître la vérité. N'est-ce pas ?

Je suis là à recevoir une information que je pressens comme capitale... Il existerait des lignes tracées sur la terre même qui posséderaient des propriétés particulières nous aidant nous humains à opérer des changements intérieurs profonds ! Ce serait des points de passages essentiels pour nous aider à nous transformer.

Charlie est donc là en face de moi, avec son livre enfermant des sagesses ancestrales ; et il m'annonce cela sans se douter de la portée que ces révélations ont pour moi. Y aurait-il des points de reliance entre nos corps et celui de la terre ? Cela commence à devenir évident pour moi.

On viendrait donc sur cette montagne pour recevoir un héritage alchimique. Le Bugarach est bien une porte, cela ne fait plus aucun doute… Une porte métaphorique bien sûr, et non pas une porte fantasmagorique « spatiotemporelle ». C'est une porte pour l'aventure humaine tout entière, celle de la renaissance et du printemps…

Je suis ici avec celui que je pressens être ma moitié sur le Méridien de Paris. Je suis à équidistance de l'ombre et de la lumière, du matériel et du céleste, du père et de la mère, du ciel et de la terre, à 12h12 pile, avec un magnifique arc-en-ciel en face en guise de paysage. Et j'avais suivi pour cela les présages d'une chamane qui m'avait parlé d'alliance… Je suis donc ici pour me marier intérieurement...

Et cela n'est pas du domaine de l'imaginaire ! C'est une expérience bien réelle ! Je l'expérimente dans les faits et dans ma chair même ! Le rêve fusionne avec la réalité.

Je comprends tout à coup que toute cette histoire de mystère audois abstraction faite de toutes recherches de trésor matériel ou spirituel n'a pas d'autre objet que d'apprendre à dompter son dragon intérieur et à marcher sur le fil entre l'obscurantisme ou l'illuminisme, avec le risque de basculer dans les bas-fonds ou de partir en torche comme tous ces illuminés qui rôdent autour du mont ! Avant de venir jusqu'ici, j'ai visité toutes mes parts... Et, je suis là aujourd'hui pour les réunir.

Et Charlie imperturbable poursuit toujours sur sa lancée, avec l'histoire de son Méridien de Paris :

— Vous savez, dans le bras nord du transept de l'église Saint-Sulpice, il y a une méridienne qui se présente sous la forme d'un obélisque et d'un fil de laiton incrusté dans le monument et dans le sol, et qui se dirige vers le sud. Cela a été installé pour fixer précisément la date de l'équinoxe de mars, et par conséquent celle de Pâques. Tous les jours de l'année, quand le soleil est au zénith, ses rayons traversent une lentille située dans le vitrail-sud ; et ils viennent frapper la ligne de laiton, plus ou moins proche de l'obélisque suivant la période de l'année. La lumière du Soleil est donc projetée sur une ligne fixe, sur la ligne du méridien de Saint-Sulpice…

Et il me montre la photo représentant ce qu'il avance. Le méridien de Paris y est dessiné comme une ligne énergétique frappée par l'énergie solaire...

Moi-même j'ai été un corps il y a quelques minutes à peine, frappé par l'énergie céleste à l'endroit du Méridien de Paris, pendant l'équinoxe…

Je suis interloquée encore par tout cela. La chamane m'avait déjà parlé de ces phénomènes dans les églises. Et sur cette montagne, je suis frappée par l'énergie solaire en masculine en cette période d'équinoxe de printemps à double titre : l'énergie du Dieu soleil et de l'esprit d'abord, et l'énergie de Charlie ensuite…

Ce qui me stupéfie encore plus, c'est de savoir que nos églises recèlent tous ces savoirs et que nous sommes incultes de cette sagesse qui a pourtant l'air d'être vitale pour nous dans cette période de crise mondiale et individuelle… Les anciens avaient mis cette connaissance dans les lieux de culte pour que les pratiquants sur le chemin puissent le recevoir dans leurs corps… Ce savoir est un savoir en lien avec les cycles de la nature, les cycles de la terre et de nos corps, et le cycle des saisons… Pourquoi avons-nous tout oublié ?

37. LE CRISTAL

« Tout ce qui passe n'est que symbole », Johann Wolgang von Goethe.

Même Jour

17 h 00 : Me voilà de nouveau à Rennes le Château. En redescendant du pic en voiture, j'ai décidé de faire un crochet par ce village. J'ai besoin de m'y rendre une nouvelle fois.

J'ai laissé le beau Charlie en haut de sa montagne. Il avait pris sa tente pour dormir en haut du mont. Après être restée un bon moment à discuter avec lui, je me suis résignée à le quitter. Il a gardé son air amusé tout le long de notre conversation. Je suis alors partie sans lui montrer mon attirance, ayant trop peur de paraître ridicule.

Je n'ai jamais su prendre les devants dans ce genre de situation. N'ayant pas eu l'occasion de rencontrer d'autres hommes depuis mon ex-mari, je me suis sentie bien trop gauche pour être entreprenante. Et maintenant, je suis complètement abattue, pensant que je n'aurai jamais l'occasion de le rencontrer de nouveau.

Depuis, je m'auto flagelle et je peste contre moi-même en me traitant de sombre idiote. Pourquoi avoir été aussi stupide en laissant une occasion pareille me filer entre les doigts ? Pourquoi avoir tourné le dos à un coup de foudre d'une telle intensité ?

Toutes ces questions trottent dans ma tête, et elles ne me laissent pas une seconde de répit. Moi qui ai vécu une expérience transcendantale en haut de ce pic, me voilà redescendue dans les affres de l'enfer… Je suis submergée par un tsunami d'émotions paradoxales.

J'essaie donc de penser à autre chose pour tenter de retrouver l'état de béatitude expérimentée quelques heures plus tôt, mais rien n'y fait.

Je décide alors pour me changer les idées d'aller voir la dame de la boutique ésotérique de Rennes qui nous avait invités à manger Éric et moi. Je ne me souviens même plus de son prénom, tellement mon état émotionnel me submerge ! Mais je ne m'arrête pas à ce détail. Et je me dirige droit vers cette boutique.

À peine ai-je franchi le seuil du magasin que la femme dont je reconnais par contre parfaitement le visage me saute dessus en m'embrassant vigoureusement. Tout excitée, elle me lance :

— Regarde-moi la fameuse pièce que je viens juste de recevoir, c'est magnifique !

Tout en me disant ces mots, elle pose dans mes mains un immense sceau de Salomon en Cristal de 10 cm de diamètre. Je suis estomaquée… J'avais cherché il y a quelques mois dans cette même boutique un seau de Salomon en pendentif, à cause de mes visions répétées de ce symbole ; mais je n'avais rien trouvé. Cette femme n'avait pas pu voir ce que je cherchai à l'époque, trop occupée à discuter avec Éric qui portait le même nom de famille qu'elle. Alors, comment avait-elle deviné mon intérêt pour cet article ?

Instantanément, je me souviens de son prénom comme par enchantement : Yolande !

Est-ce cette pierre dans mes mains qui me donne tout à coup de la clairvoyance ? Je la laisse parler, la voyant excitée par son objet.

— Sais-tu ce que signifie le symbole du sceau ? me demande-t-elle

Je réponds en chuchotant, intimidée par cette pièce magnifique !

— Heu, non…

— C'est le symbole de l'Alliance…

Je suis une fois de plus interloquée. Juste après avoir escaladé cette montagne qui symbolise l'alliance et le chakra du cœur, montagne que m'avait montrée Yolande du haut de son jardin, voilà que cette même personne me met ce symbole dans les mains ! Édifiant non ?

Je la laisse poursuivre :

— Tu vois les deux triangles imbriqués ? Ils sont supposés désigner l'un la Matière qui monte vers l'Esprit, l'autre l'Esprit qui descend vers la Matière, donc les deux substances de l'Univers (Esprit et Matière) se complétant grâce à deux forces (l'une qui fait descendre, l'autre qui fait monter).

C'est ahurissant de voir qu'elle est à cet instant en train de m'expliquer ce que je viens juste de vivre dans mon corps en haut du Bugarach ! L'énergie descendante du Père et l'énergie montante de la Mère !

Et Yolande qui poursuit :

— En Inde les deux triangles représentent le positif et le négatif, le masculin et le féminin, le dieu Shiva et la Déesse Shakti. Le triangle avec la pointe en haut représente l'être humain qui, par son travail spirituel, s'efforce de tendre vers le monde divin ; et le triangle avec la pointe en bas représente la descente du monde divin qui cherche à pénétrer l'être humain de sa lumière. La circulation des énergies d'un monde à l'autre est indiquée par le fait que, non seulement les deux triangles s'entrecroisent, mais aussi par le fait qu'ils communiquent. Grâce aux relations qu'ils entretiennent l'un avec l'autre, le haut et le bas, le supérieur et l'inférieur, la matière et l'Esprit doivent devenir un, car dans cette fusion, l'un ne cesse de s'enrichir de l'autre…

Tout devient limpide… J'ai vécu dans ma chair ce que cette femme me raconte. J'ai commencé par voir ce symbole dans l'église d'Alet-les-Bains. Il était lumineux à l'époque. Puis, je l'ai vu sur les portes de la maison de Nostradamus. Ensuite, je l'ai aperçu en vision au cœur de la pomme, fruit de la sagesse, au moment de ma conversation avec l'arbre de vie. Et là je le tiens dans mes mains… Quelle magnifique pièce de Cristal !

Voyant tout l'intérêt que je porte à cette pierre, Yolande poursuit son monologue.

— Ce sceau est ce qui symbolise le chakra du cœur, chakra qui réunit en son sein les énergies cosmiques et les énergies telluriques, les énergies descendantes et montantes. Le triangle du bas est une coupe qui fait penser à l'utérus de la femme. Le triangle du haut, avec sa pointe vers le haut, peut faire penser au phallus érigé du masculin… Le chakra du cœur est un centre d'équilibre qui fait le lien dans le corps entre les trois chakras situés en dessous et qui concernent le plan physique, et les trois au-dessus qui se rapportent au plan spirituel.

Tout à coup, mes paumes avec le sceau en leurs seins se mettent à vibrer. Une douce chaleur se répand au niveau de mon cœur et de mon sternum… Une vision m'apparait… La même que j'avais eue dans l'église de Rennes. Je vois le sceau de Salomon et les 4 éléments…

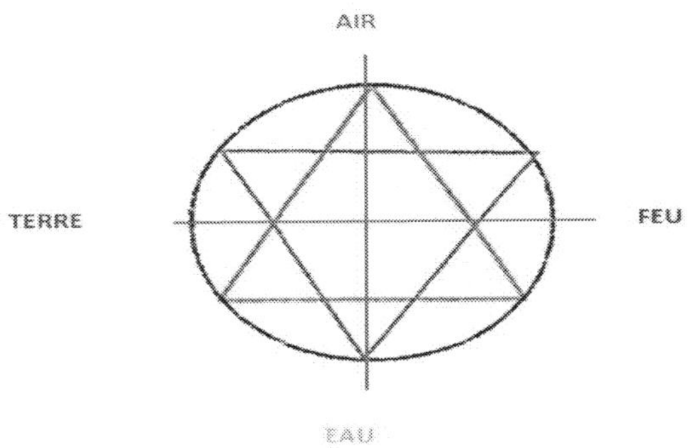

Instantanément, c'est comme si par enchantement, une connaissance venue du fond des âges me transperçait le cerveau. Des informations arrivent alors dans ma tête, comme si j'avais une antenne qui captait des fréquences et des données.

Le Triangle du bas est le féminin

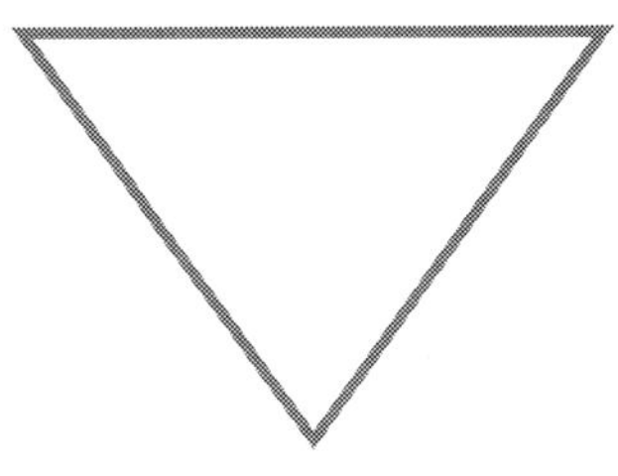

Ce triangle est l'énergie de la Terre-Mère. Il correspond à la symbolique de la racine, de la matière et des trois premiers chakras du corps. L'énergie part du coccyx, et c'est une énergie montante. C'est l'énergie de vie. C'est une énergie sexuelle, et c'est l'énergie du désir. C'est le monde du corps et de ses sensations. C'est la traversée des ombres, et l'énergie de la profondeur. C'est le soubassement de la cathédrale : la Crypte, la grotte, l'inconscient, la lune… C'est le monde des émotions (EAU) et des sensations (TERRE). Cette énergie est la plus présente au moment du solstice d'hiver, là où la nuit est la plus longue

Le triangle du haut est le masculin :

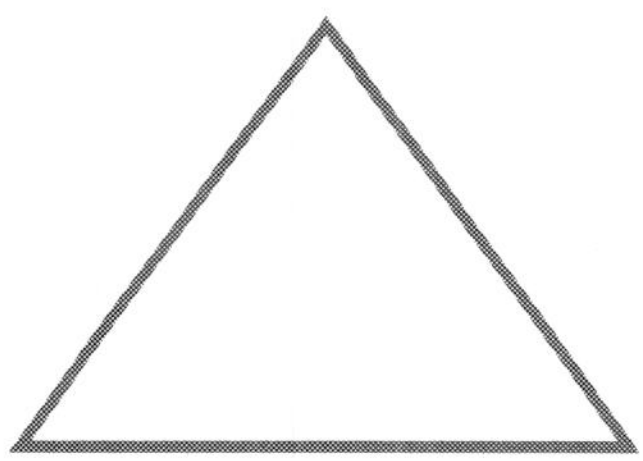

Il est l'énergie du Père Ciel. Il symbolise l'Esprit. C'est les trois derniers chakras. C'est l'énergie cosmique descendante. C'est la voute des Cathédrales : le Soi, la conscience, l'esprit, la lumière, le ciel, le soleil… C'est le monde du masculin, de l'esprit (FEU), et du mental (AIR). Cette énergie est à son apogée au moment du solstice d'été, là où le jour est le plus long.

Les deux triangles s'emboitent pour former une étoile ; celle de l'alliance des deux polarités : du féminin et du masculin.

La croix représente également le symbole d'une alliance… la réunion des forces cosmiques, l'effet conjugué des deux aspects de la polarité qui engendre le monde, résumant tous les principes de la création. Son centre éclaire un lieu de rassemblement et de concentration des énergies, des 4 directions, des 4 éléments…

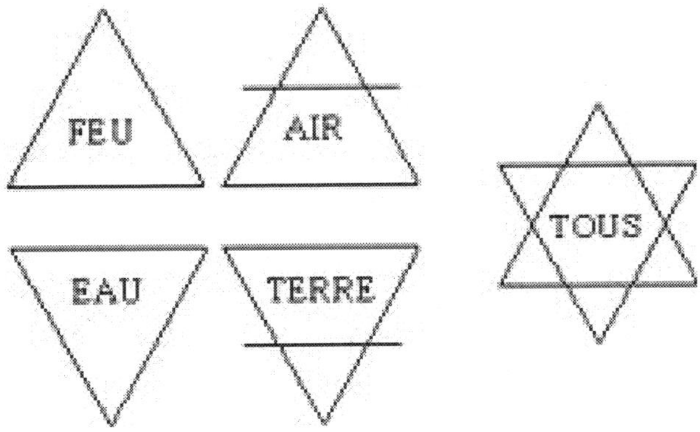

Les deux triangles symbolisent eux le 2, la dualité : l'expir et l'inspir, le haut et le bas, l'esprit et la matière, le conscient et l'inconscient, le masculin et le féminin, le ciel et la terre, le Dieu et la Déesse, le Soleil et la Lune, la conscience et les sensations... Ces deux triangles deviennent ensuite UN... La dualité et l'unité rentrent dans une danse ; et une noce alchimique a lieu.

Tout se rassemble dans ma tête...

Je comprends alors immédiatement à quoi correspond l'image du bénitier de l'entrée de l'église de Rennes le Château: le démon et les anges qui font le signe de la croix... ; et je réalise également le sens de la phrase : par ce signe tu le vaincras...

Je réalise en effet que par le signe de croix, il est possible de réunir en soi toutes les polarités pour vivre une alchimie...

Et une vision arrive encore jusqu'à moi. Mon corps tremble et mon cœur vibre et est empli d'une douce chaleur.

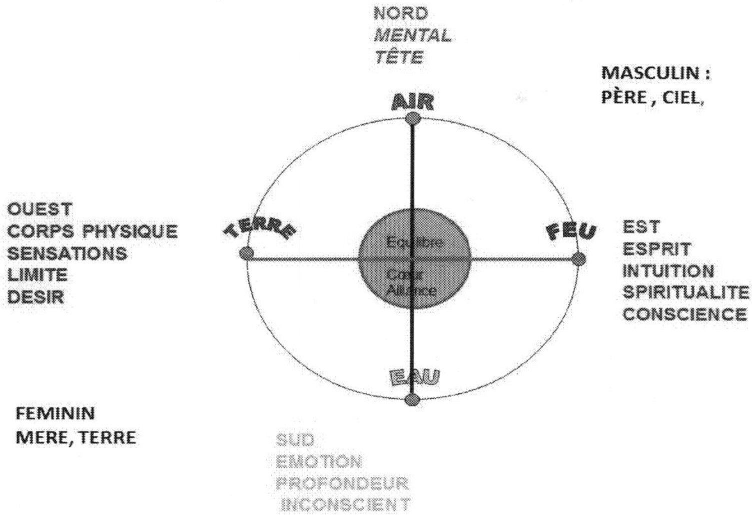

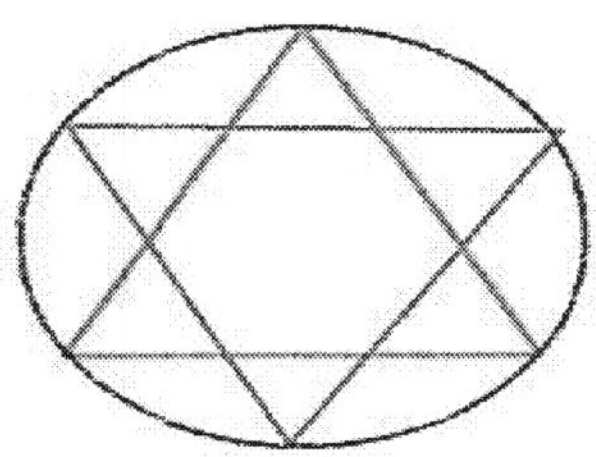

Je comprends à quel point nous humains, nous avons besoin des deux principes qui régissent l'univers. Se couper d'un de ces principes, c'est se faire une grande violence.

La croix résulte du croisement de la ligne verticale et de la ligne horizontale et illustre l'union des forces cosmiques, l'effet conjugué de deux aspects de la polarité qui engendrent le monde, résumant tous les principes de la création : le père et la mère ; la terre et le ciel ; le corps et l'esprit, le masculin et le féminin, le Nord et le sud, l'est et l'ouest... [45]

Vouloir exclure l'une de ces polarités, et c'est la mort et la fin de la création... Vouloir écarter le principe féminin de la religion ou du monde de l'entreprise, c'est se couper d'une grande puissance, et d'une partie de la force cosmique du monde. Il est pour moi urgent de le réhabiliter.

Et, je revois dans mon esprit l'église de Rennes le Château avec le damier blanc et noir sur le sol, montrant les deux principes de l'ombre et de la lumière... Puis, je remémore l'agencement de cette église : au fond et au sud, Marie-Madeleine et la Grotte avec un ciel étoilé au-dessus montrant la nuit ; de l'autre côté au nord, à l'opposé, le Christ sur la montagne avec un ciel de pleine journée.

Il y a bien les deux principes : d'un côté Marie Madeleine et la descente dans les ombres de la grotte... De l'autre, Jésus au nord et l'ascension d'une montagne vers la lumière...

Et, entre ces 2 côtés de l'église, il y a les 14 stations du chemin de croix et de la traversée des épreuves du Christ, symbolisées par des petits tableaux.

Cela devient limpide... Avec le Cristal dans les mains, j'ai comme des flashes de compréhension. Je me symbolise l'église dans ma tête... Et je vois les 2 polarités : au sud le féminin, la grotte et la nuit, le solstice d'hiver (nuit la plus longue), l'eau et la terre... Au nord, le masculin, la montagne et le soleil, le solstice d'été (le jour le plus long), le feu et l'air...

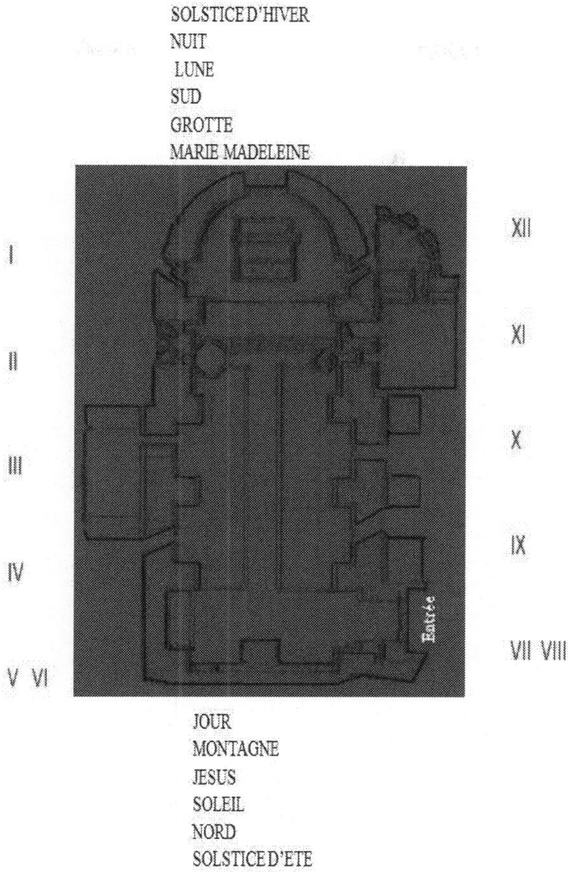

Et je me rends compte que j'ai suivi exactement ce chemin moi-même : d'abord la Grotte de Galamus et ma renaissance au féminin avec le Baptême ; puis ma traversée des ombres, de mes épreuves, et mon chemin de croix ; pour ensuite faire l'ascension du mont Bugarach et rencontrer l'esprit et le soleil !

C'est vraiment étonnant tout cela... Il devient évident pour moi que les figures de la religion catholique représentent des archétypes qui nous aident à faire notre propre évolution..., notre propre chemin initiatique... Et le chemin qui est représenté dans cette église est un chemin que j'ai emprunté moi-même, sans même avoir compris au préalable toute la symbolique de cette traversée...

Mes mains vibrent sur le cristal... Des visions et des pensées me transpercent...

Jésus ne serait-il pas un mythe solaire et Marie Madeleine un mythe lunaire nous montrant la voie qu'il fallait emprunter, ou des êtres ayant fait eux-mêmes ce chemin initiatique en ayant cette conscience ?

Et les vies de tous les sauveurs de l'humanité ne seraient-elles pas des exemples à suivre ayant pour but de nous initier à la base d'une connaissance cosmique : celle du soleil autour du zodiaque ? Ne ferions-nous pas nous humains partie intégrante de ces mouvements cosmiques comme des poussières d'étoiles ? Bouddha, Jésus n'étaient-ils pas des hommes devenus des dieux qui avaient ordonné leurs vies en accord avec la marche des astres parce qu'ils en connaissaient les enseignements ?

N'étaient-ils pas venus apporter une lumière de connaissance pour aider l'homme par leur exemple à trouver Dieu, qui est présent en toute chose, de la petite fourmi sous nos pieds, jusqu'aux astres et aux planètes ?

Marie Madeleine n'est-elle pas l'archétype de la terre et du corps dansant autour de l'axe solaire ? Les circonstances de la vie de ces personnages n'étaient-elles pas accordées sur les évènements que le soleil et la terre rencontrent dans leurs pèlerinages à travers une année ? Ne sont-ils pas un couple alchimique nous enseignant comment faire notre propre mariage intérieur avec toutes les forces qui nous habitent ?

Dans cette église de Rennes, n'y aurait-il pas la représentation d'un zodiaque, avec la représentation d'une humanité cosmique ? Les stations du Christ ne représenteraient-elles pas le mouvement du Christ-soleil dans les constellations ? Ces stations ne seraient-elles pas des passages à travers nos vies qui seraient en accord avec le rythme des cycles de la nature et des astres ?

Au solstice d'hiver, le 21 décembre, le soleil meurt pour laisser place à la lune. Symboliquement, nous avons, là, la grotte et la nuit obscure et la présence du féminin. Puis le 25 décembre, il renait et reprend son mouvement ascendant…, jusqu'au solstice d'été où le soleil est à son apogée et où Jésus est sur sa montagne !

Moi-même, je suis descendu dans mes ombres pour renaître à la lumière en suivant un calendrier bien précis, calendrier guidé par les forces cosmiques et non pas programmé par ma volonté mentale...

La vie de cet homme qui est crucifié et ressuscité, qui fait des miracles ne serait-elle pas fondée sur le mouvement du soleil dans les cieux ? Et Marie Madeleine n'est-elle pas celle qui vibre et qui danse autour de son axe comme la planète Terre tourne autour du Soleil ?

Ma prise de conscience est alors énorme... Si on remet le christ et Marie Madeleine au centre du zodiaque, ils ne seraient alors plus dissociés du cosmos... Et avec eux en exemple, nous ne serions plus, nous humains, dissociés des cycles de la nature et des mouvements du soleil et des astres. Nous serions en lien avec les 4 saisons et les 4 éléments qui composent la nature... Nous pourrions alors relier notre tête et nos corps, nos désirs et nos aspirations spirituelles, notre humanité et notre divinité, nos techniques et nos consciences... Nous serions des êtres intelligents, mais vivants, vibrants et reliés à nos cœurs... Nous aurions des techniques, mais conscientes et en harmonie avec la nature.

Je comprends alors qu'il est urgent de réhabiliter cette conception païenne des choses, dans ce monde déconnecté du vivant qui part à la dérive.

Ma vision du sceau avec les 4 éléments prend alors tout son sens ainsi que la vision de la croix. Ces symboles m'aident à harmoniser toutes mes dimensions au centre de moi-même...

Avec cette pièce de cristal dans les mains, je me sens unifiée. C'est comme si j'étais traversée par la conscience du tout, tout en sentant les sensations de mon corps. C'est comme si je pouvais sentir tout ce qui me traverse que ce soit bon ou douloureux avec un accueil inconditionnel... Je suis à la fois désirante et passionnée, et envahie d'une paix immense. L'Esprit en moi accueille toute mon humanité... Il se fait chair en cet instant...

Et je me sens universelle... Je suis un esprit incarné dans mon corps de chair, les pieds dans la terre et dans la réalité concrète. Je suis au centre de mon cœur, où je peux libérer mes apparents contraires... L'eau fertilise ma terre, et mon feu féconde mon air… Les 4 éléments s'harmonisent dans un juste équilibre, et ne s'autodétruisent pas les uns les autres… Mon corps n'est plus dispersé aux 4 points cardinaux, et mes parts ne se livrent plus aucune bataille.

Ce sceau-de-Salomon et cette croix me servent alors de fondements, à mes différentes étapes d'existence, et à mes différents niveaux de conscience. Ils sont comme une boussole. Ils ont une fonction de synthèse. Ils entrecroisent le temps et l'espace. Ils sont un intermédiaire ou une médiatrice. Ils portent en eux une force centripète qui diffuse, et une force centrifuge qui rassemble ; comme un cœur qui bat ou les mouvements du souffle…

Je comprends en cet instant que ces symboles peuvent nous servir de pont ou d'échelle d'évolution pour nos âmes sur nos pèlerinages d'ascension et d'incarnation.

Voilà comment se matérialise, là dans mes mains, grâce à ce sceau et à la croix, la quête difficile que j'ai faite toute cette année pour trouver mon centre unificateur…, pour assimiler toutes les forces différentes que j'ai pu rencontrer. Et c'est dans la radiance de mon cœur que je sens pouvoir trouver la magie de l'amour pour intégrer toutes mes polarités, et les rendre compatibles et complémentaires…

Je demande le prix de ce Cristal à Yolande qui consultant ses registres m'annonce le tarif de 150 euros, ce qui me parait tout à fait acceptable.

J'apprendrai par la suite par la rencontre de son fournisseur par hasard, qu'elle s'était trompée de ligne et que le tarif de cette pièce était de 900 euros. Je ne l'aurai jamais acheté à ce prix. À croire que ce Cristal était pour moi. Le jour où j'ai voulu venir la rembourser, le magasin avait disparu. Yolande était partie pour d'autres terres…

38. LA FONTAINE DES AMOURS

« Je n'écris pas des romans pour les vendre mais pour obtenir une unité dans ma vie. L'écriture est pour moi une colonne vertébrale. », Michel Butor.

Vendredi 21 mars

11h00 : J'ai passé la nuit à Rennes les Bains, à la maison d'hôte de Mathilde. J'ai retrouvé l'ambiance chaleureuse du petit déjeuner avec ses tartines grillées, et les jeux de cartes ésotériques éparpillés sur les tables.

Sur les conseils de Mathilde, me voilà en route vers « la fontaine des amours ». En effet, Mathilde s'est empressée de m'indiquer ce lieu comme un endroit de ressourcement incontournable, devant ma mine fatiguée et l'expression de mon besoin de repos.

Me voilà donc en direction du village de Sougraine, à quelques kilomètres de Rennes les Bains, où je devrais trouver la fontaine. Elle se situerait dans un torrent, en contrebas de la route.

Mathilde m'a fait tout un discours sur les sources sacrées de la région : des sources riches en soufre, en sel, chargées de fer ou de cuivre ; des sources chaudes et des sources froides… À l'évocation de tous ces éléments, j'ai eu l'impression que tous les ingrédients pour devenir un véritable alchimiste étaient présents dans cette région mystérieuse.

Je finis par me garer sur le côté, pressentant que la fameuse fontaine des amours ne devait pas être loin. D'après une étrange légende locale, il est d'ailleurs dit que si un homme et une femme se baignent ensemble dans cette source, ils tomberont éperdument amoureux l'un de l'autre, d'un amour tellement puissant qu'il durera jusqu'à la fin de leur vie.

Même si c'est une belle légende, et que la rencontre avec le beau Charlie est encore très présente à mon esprit, je cherche seulement pour l'instant à pouvoir enfin me reposer après toutes les expériences vécues depuis ces quelques mois.

La végétation alentour est tellement luxuriante que j'ai l'impression d'être nourrie en oxygène comme jamais auparavant. Tout en marchant sur le bord de la route, je finis par apercevoir en contrebas un lieu insolite. C'est sûrement la fontaine tant recherchée.

Je reste bouche bée. Ce lieu est à la fois magnifique et envoutant. Il donne l'impression d'être complètement retiré du monde.

Je remarque également des ruines se situant toutes proches. Une salamandre y est gravée sur une pierre. Cela me rappelle les salamandres gravées sous le Bénitier de l'église de Rennes le Château, salamandres qui représenteraient d'après ce que j'en ai lu, l'élément feu.

Cette fontaine, étendue d'eau en forme de cercle comme une vasque, me donne d'ailleurs l'effet d'un Bénitier. Après la source rouge aperçue près du fauteuil du Diable à l'époque et qui m'avait rappelé Asmodée, me voilà en lien avec ce que représenterait le Bénitier.

Je m'aperçois alors que tout mon périple dans ces lieux du Razes m'a connecté aux 4 éléments : l'élément terre avec la visite de la grotte, l'élément feu avec le fauteuil du diable et sa source sulfureuse, l'élément eau avec sa fontaine des amours, l'élément air et la tempête en montant sur la montagne du Bugarach…

Et je me remémore la vision que j'avais eue près du bénitier : le sceau de Salomon avec les 4 éléments… Je n'en avais pas compris le sens à l'époque. Mais là, cela devient encore plus clair qu'hier.

Dans cette nature qui m'entoure, je retrouve mon essence véritable. En me connectant à la nature, je sens qu'elle me divulgue la connaissance de ce que je suis. En me fondant dans les 4 éléments présents ici, en écoutant le bruit de la forêt, le chant des oiseaux, en plongeant mes mains dans la terre, en écoutant le bruit de l'eau, en sentant le vent dans mes cheveux, je pressens que je me connecte là au véritable savoir.

Et je me sens reliée… Je retrouve là mon centre… J'expérimente ici dans ma chair le sens du symbole du sceau de Salomon. Il prend corps dans cette nature luxuriante. Me vient alors la vision que j'avais eue près de l'arbre de vie…

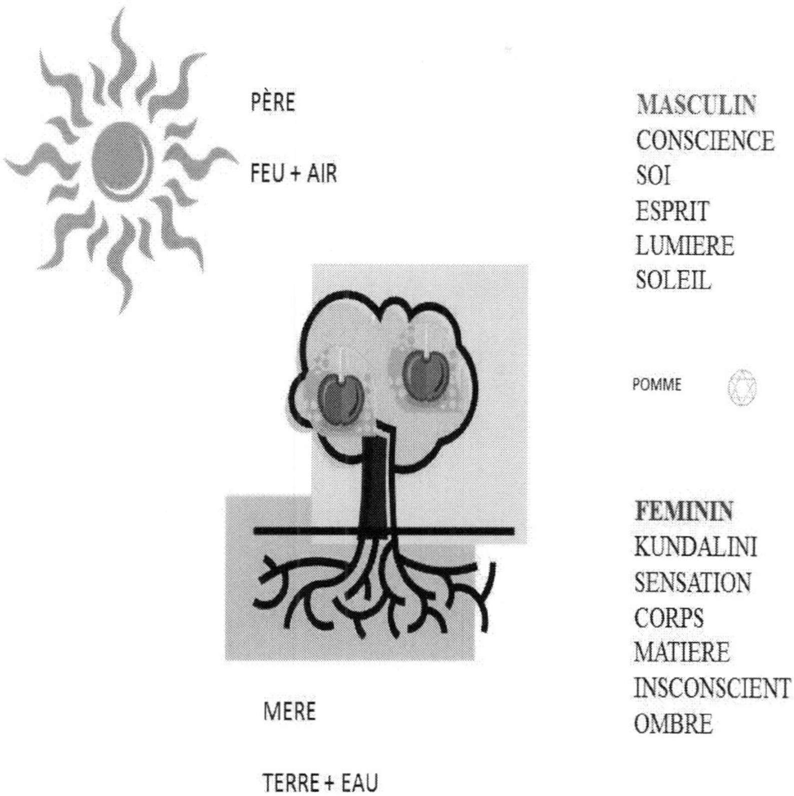

Et le sens de la phrase écrite sous le bénitier devient encore plus limpide …
Par le signe de la croix, tu relieras tout ce qui te constitue… ; tu embrasseras toutes tes parts… :

— Ton féminin représenté par l'eau et la terre : le serpent, le désir charnel, la pulsion de vie, le corps, l'inconscient et sa profondeur, l'ombre, les sensations, les émotions, l'énergie tellurique de la kundalini, la matière, les cryptes des églises, les vierges noires

— Ton masculin représenté par l'air et le feu : le soleil, la conscience, la lumière, l'esprit, les voutes des églises, le spirituel, les anges célestes, le mental, l'action

Et par ce signe de reliance au cœur des 4 éléments … tu vaincras… Là est mon véritable trésor et mon arbre… C'est le sens de l'écu que j'avais enterré à Rennes dans les jardins de Marie…

Le puzzle en entier se dévoile sous mes yeux. Et je souris en me souvenant de ma première méditation pendant le stage de coaching qui avait démarré par la connexion aux 4 éléments. C'était le début de mon processus. Je n'en connaissais pas la fin… Et tout avait commencé, comme si la fin était déjà écrite… Le début présageait déjà les symboles de la fin… Tout s'est parfaitement bien orchestré, et je suis emplie de gratitude de ce qui est à l'œuvre…

Je suis là, dans cette nature luxuriante, et je me sens réunie grâce aux multiples sensations qui me traversent et à la connexion aux 4 éléments… Je me repose là, en état de profonde relaxation et de paix.

Je suis d'un coup extrêmement reconnaissante de ce que mes parents m'ont laissé. Je ne m'attache plus à leur conflit du passé, leur bataille, leur règlement de compte qui m'avait laissé un gout amer. Je ne vois qu'une chose importante en cet instant : ce qu'ils m'ont transmis. La puissante connexion à la nature de mon père et la recherche intellectuelle de ma mère me paraissent être aujourd'hui la clé pour aller vers mon essence véritable. Je ne vois plus le cœur brisé au centre de mon mandala… Je ne vois qu'un cœur qui palpite… Il se contracte et il se gonfle…, comme le mouvement de la vie dans la nature qui croit et qui décroit, comme le souffle de la respiration…

Et je comprends maintenant le sens du mot Croix dans mon histoire à moi ! Ce n'est pas le symbole d'une souffrance, mais c'est le symbole de la réunion et de l'amour ! C'est un croisement entre deux opposés. C'est une réunion des complémentaires… Et moi, grâce à ce symbole, je vais pouvoir réunir la force de mon mental, et l'amour que j'ai pour la nature. Je vais pouvoir allier le plaisir de me laisser porter par l'instant présent dans la nature ; avec mes capacités intellectuelles, de travail et de recherche. Mon père passait son temps à naviguer et à marcher dans la nature. Ma mère elle aimait les livres et les connaissances. Je prends alors conscience que je peux réunir tout cela en moi. Je peux me nourrir de la nature et des lieux chargés ; et écrire sur les connaissances qu'ils gardent cachées en leur sein. Je peux Être (ressentir la nature) et Agir (écrire)... Moi qui pensai que les deux étaient mutuellement exclusifs ; je prends conscience de la force du ET, plutôt que de la séparation du OU... Avant, je ne faisais qu'agir. Aujourd'hui, je sens, je me laisse être ; et j'agis en accord avec cela.

Je me sens emplie d'une grande force tout à coup.

Et je me baigne, nue... Et là, je ressens dans tout mon corps ce qu'a voulu m'enseigner l'arbre de vie : la structure de la nature est basée sur le modèle Holoscopique. [46] La nature exprime sa totalité dans chacun de ses éléments. Pour nous intégrer à cette structure naturelle, il faut s'en imprégner. En se baignant dedans, on peut accéder à la créativité et à la spiritualité. J'intègre en cet instant que la vraie spiritualité est inséparable de la compréhension et du respect des lois de la nature. Les rythmes vitaux de notre organisme sont en résonnance avec des paramètres cosmiques.

Plongée dans cette nature, baignée dans une vasque d'eau, j'accède à mon essence et à ma source. Je détiens ma voie. Enfin, je sais ! Je sais que je ne sais rien, mais que JE SENS... ; et je sais que ce que je sens est la source de la vraie connaissance...

Et il ne me reste plus qu'une chose à faire : ÉCRIRE ! Par cette voie, je vais pouvoir réunir toutes les parties de moi qui étaient en conflit les unes avec les autres. Je vais pouvoir réunir par l'écriture ce qui me paraissait inconciliable : mon féminin et mon masculin ; ma nature rigide et structurée avec ma nature loufoque ; mon laisser-aller et ma rigidité ; mon ombre et ma lumière ; ma tête et mon corps ; ma sexualité et mon cerveau ; ma partie mystique et ma part plus rationnelle ; mon aspect divin et mon aspect profane ; mon ange et mon démon intérieur ; ma responsabilité et ma folie.

Par l'écriture toutes mes personnalités vont pouvoir marcher enfin main dans la main ; et je vais enfin pouvoir me sentir profondément en paix et réunie !

Après m'être gouté dans ma traversée des ombres d'abord et mon silence ensuite, je vais pouvoir offrir le parfum de ma fleur en pleine lumière. Je vais pouvoir donner la nourriture de mon fruit... Ma graine est en train d'éclore, et elle sort de son pot trop étroit

Je sais que je vais trouver dans l'écriture, mon ARC EN CIEL qui va réunir toutes les pluies et les soleils du passé, du présent et de l'avenir !

Je me laisse aller dans l'eau, dans la SOURCE ; et j'entends au fond de moi la voix de l'arbre de vie qui me murmure. C'est cela Charline : Écris... Écris, encore et encore. Transmets la connaissance de la nature. Baigne-toi dedans, vibre, ressens, danse, chante et écris.... Là est le cœur de ton être, ton paradis perdu, ta pierre philosophale, ton intérieur, ton alliance, ton alchimie...

Je sors de la fontaine nue. Le soleil me brouille la vue... Je sors mes lunettes de soleil... Et quelque peu aveuglée, je rentre dans le torse d'une personne que je n'ai pas vu arriver...

Je lève les yeux et mon regard plonge dans celui de Charlie... Il me regarde avec son air amusé légendaire.

— Je vous cherchai..., me dit-il.

En cet instant, je me sens fondre en lui ; et je sais malgré tout ce que j'ai vécu jusqu'à maintenant que c'est maintenant que commence ma véritable initiation ; car tout est un éternel commencement...

39. EPILOGUE

Elle est un sexe en creux, lui un sexe érigé vers les cieux.
Leur constitution était faite de contraire...
Là commençait une histoire extraordinaire.
Mais, elle pouvait tout aussi bien basculer dans les méandres de l'enfer.

Elle était comme le creux de la terre ; lui, comme le soleil et sa lumière.
Elle était la traversée des ombres et l'initiation ; lui, la montée vers la lumière et l'ascension.
Elle était le corps et ses sensations ; lui la conscience et l'Esprit du retour à la maison.
Elle était l'émotion et l'énergie du vivant ; lui, l'esprit et la vacuité du firmament.
Elle était les cycles des saisons et les mouvements de la terre ; lui, l'axe du soleil, des étoiles et des constellations de l'univers.
Elle était la force tellurique et volcanique, lui, la force céleste et cosmique.
Elle était le 2, la dualité, la matière et la Terre Mère ; lui le 1, l'unité et l'énergie du Père.

Ils étaient faits pour s'emboîter et se compléter.
Pourtant, la religion les avait séparés.
Les figures de la religion censées être des références à notre évolution ; ont été galvaudés par des discours qui nous ont fait tourner en rond.
Il ne faut alors pas s'étonner que beaucoup de couples en chemin se soient paumés.
Car, les sachants ont oublié de nous dire une chose essentielle : dans la religion, il y a aussi : Elle.
Or, Lui n'était soit-disant pas fiancé. Et cela nous a égarés...

Les religieux ont donc coupé la spiritualité et le sacré, de la matière ; ce qui n'a pas fait notre affaire.

On est donc culpabilisé et non sacré, si on se mettait à vouloir aimer vraiment celui ou celle reflétant notre altérité... ; parce qu'il n'existerait pas de couple dans la spiritualité...
On serait même des gros méchants, si on était désirant !
Ne trouvez-vous pas cela délirant !
Il n'existe dans les représentations christiques qu'un féminin uniquement mère ; ce qui n'aide pas les femmes à être entières.

Pourtant, elle et lui auraient pu être mariés, car telle était leur destinée.
Sans elle, il lui manque des pieds.
Elle est son ancre, son amarre et sa prise de terre pour mieux monter vers la lumière.
Elle est celle qui l'aide lui à plonger dans les sensations, pour ne pas être dans la raison et l'illusion.
Elle est celle qui l'aide à sentir son corps de chair, pour toucher le divin dans la matière.

Lui est sa lumière, son axe et sa conscience ; qui l'aide à sortir de ses sens.
Lui est celui autour duquel, elle a envie de danser, pour lui montrer sa beauté.

Elle est la crypte et la fondation ; Lui est la voûte céleste et l'ascension.
Elle est la grotte profonde et le puits ; Lui est le mont Golgotha et le Nirvana.
Elle est vêtue du rouge du sang de la vie ; Lui est drapé de blanc de la couleur de l'esprit.
Elle est la lune, la nuit et l'inspir ; Lui est le soleil, le jour et l'expir.
Elle lui oint les pieds du parfum de ses sens ; Lui, il lui touche la tête pour l'accès à sa conscience.

Tout cela est écrit dans le cantique des cantiques, poème au combien magnifique.

Pour nous montrer à quel point le couple peut être magique.

Les personnages de l'évangile incarnent des niveaux de conscience, dont on pourrait faire une science.

Mais on l'a oublié, car on a été trompé...

En entrant en résonance avec eux, on est inspiré par la terre et par les cieux ; et on est plus coupé en deux

NOTES

---

[1] Parc public de Marseille
[2] Kathleen McGowan « Marie-Madeleine, le livre de l'Élue », Pocket
[3] Dan Brown, « Da Vinci Code », Edition Lattes.
[4] Citation extraite de « Huis clos » de Jean-Paul Sartre.
[5] Philippe de Dieuleveult, reporter et animateur d'une célèbre émission de télévision « La chasse au Trésor », disparu dans des conditions mystérieuses
[6] Voir le site www.alchimia-magazine.com
[7] Voir à ce sujet tous les symptômes décrits dans le livre de Marc Alain Descamps, « L'Éveil de la Kundalini», Ed Broché, ou le livre de Gopi Khirshna et Michael Tara « Kundalini : Autobiographie d'un Éveil », ed Poche et tous les sites internet qui prolifère,t sur le sujet…
[8] Voir cette conception dans le tantra et dans le livre qui démontre très bien cette idée d'André Van Lysebeth « Tantra, le culte de la Féminité, l'autre regard sur la vie et le sexe », ed Broché - 143
[9] Exemple pris dans le livre de André van Lysebeth, *op cite,* p 107
[10] Exemple pris dans le livre de André van Lysebeth, *op cite*
[11] Voir cette conception chez Echart Tolle « Le pouvoir du moment présent »
[12] Idem , p 108
[13] Voir cette idée développée dans , Thérèse Bertherat : « Le corps à ses raisons »
[14] Voir le site internet www.lecoindelenigme.com
[15] Voir les informations prises dans www.lecoindelenigme.com
[16] Même site cité plus haut.
[17] Voir « La femme Shakti : le nouveau chamanisme féminin », Vicki Noble, Éd. Véga
[18] Voir « La femme Shakti : le nouveau chamanisme féminin », Vicki Noble, Éd. Véga
[19] Les monologues du vagin est une pièce de Théâtre d'Eve Ensler, créée en 1996 qui connut un grand succès à Brodway, puis dans le monde entier.
[20] Voir le site de l'école du tantra
[21] OSHO « Tantra, spiritualité et sexe », Ed Almasta
[22] OSHO, op cite
[23] Voir « La femme Shakti : le nouveau chamanisme féminin », Vicki Noble, Éd. Véga
[24] Voir « La Femme Shakti : le nouveau chamanisme féminin », Vicki Noble, Ed Vega
[25] Voir cette idée qui a été bien développée par Michael Brown dans thepresenceportal.com
[26] Voir Michael Brown, op cité
[27] Voir Jean Yves Leloup
[28] Notion expliquée par Jean Yves Leloup dans ces nombreux ouvrages

[29] Il s'agit de notre Dame de Brac Ellis…
[30] Voir cette idée chez Jean Yves Leloup
[31]Voir, Jean Yves Leloup
[32] Voir Jean Yves Leloup
[33] Voir Jean Yves Leloup
[34] Voir Jean Yves Leloup
[35] Voir Jean Yves Leloup
[36] Titre du livre de Gregg Braden
[37] Voir cet exemple dans Jean Yve Leloup « Jesus, Marie-Madeleine et l'incarnation », Albin Michel
[38] Jean Yves Leloup
[39] Jean Yves Leloup
[40] Titre du roman de Jean Yves Leloup, Albin Michel
[41] Voir Paul Degryse « Chamane : le chemin des immortels », Ed Broché

[42] Voir Jean Yves Leloup
[43] Camus, « Le mythe de Sisyphe »
[44] Voir A ce sujet : Leon Gineste « Holoscopie de la spiritualité occidentale », Edition MEMOR, p 49
[45] Voir l'article sur la symbolique de la croix dans www.lavoie-dessages.com
[46] Holo- du grec holos, ENTIER ; et –scopie, du grec skopein, REGARDER : VISION GLOBALE

7450233R00205

Printed in Germany
by Amazon Distribution
GmbH, Leipzig